— EL MÉTODO —
SOLID STARTS

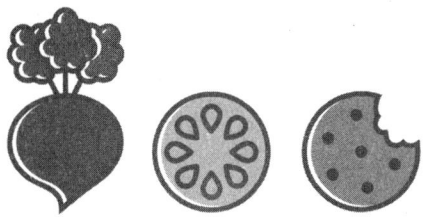

— EL MÉTODO —
SOLID STARTS

Cómo introducir la
alimentación sólida en bebés

Traducción de Antonela de Palma

Urano
Argentina – Chile – Colombia – España
Estados Unidos – México – Perú – Uruguay

Título original: *Solid Starts for babies*
Editor original: CROWN, un sello de Crown Publishing Group, una división de Penguin Random House LLC
Traductor: Antonela de Palma

1.ª edición: abril 2026

© 2025 by Solid Starts Inc.
All Rights Reserved
De la traducción *by* Antonela de Palma
Ilustraciones de interior *by* Carmen Deñó (aperturas de capítulos), Lucy Anderson (infografías y tablas) y Todd Detwiler (ilustraciones anatómicas).
© 2026 *by* Urano World Spain, S.A.U.
López de Hoyos, 92, Planta Baja Derecha – 28002 Madrid
www.edicionesurano.com
www.mundourano.com

ISBN: 979-13-87662-24-0
E-ISBN: 979-13-87899-32-5
Depósito legal: M-1.910-2026

Fotocomposición: Urano World Spain, S.A.U.

Impreso por: Liberdúplex, S.L. – Ctra. BV 2249 Km 7,4

Impreso en España - *Printed in Spain*

Dedicado a todos los niños a quienes obligaron a comer
o a terminarse el plato.
Y a los niños que están por venir.
Ojalá descubran el amor por la comida a su manera.

ÍNDICE

SOBRE LAS AUTORAS

Kary Rappaport
OTR/L, MS, SCFES, IBCLC
Especialista pediátrica en alimentación y deglución

Kary Rappaport es terapeuta ocupacional pediátrica certificada, especialista en alimentación y deglución certificada y consultora de lactancia certificada internacionalmente. Reside en Oregón, EE. UU.

Desde hace casi veinte años, Kary ayuda a las familias a evaluar y tratar problemas de alimentación y deglución en bebés y niños. Cuenta con una amplia experiencia y capacitación, incluida la realización de estudios de deglución con bario modificado en este grupo de edad, el manejo de problemas de alimentación complejos y la creación de protocolos y de programas de alimentación. Kary ha trabajado como terapeuta ocupacional pediátrica en entornos domiciliarios, ambulatorios, en consultorios de atención pediátrica primaria u odontológicos y en instituciones médicas de referencia, incluido el Hospital Infantil de Los Ángeles.

Como madre de dos niños, Kary defiende firmemente los cuidados médicos que facilitan que las familias accedan a prácticas respaldadas por la evidencia científica y que promueven el vínculo en lo que respecta a la alimentación de los niños, desde el nacimiento, pasando por el inicio de la alimentación complementaria, hasta las comidas en familia. Como parte de su trayectoria, ha capacitado a trabajadores médicos y ha creado programas de desarrollo profesional sobre alimentación y deglución infantiles en entornos clínicos muy diversos. Junto con Kimberly Grenawitzke, creó cursos de capacitación profesional sobre alimentación pediátrica que han modificado pautas de cuidado clínico pediátrico en distintos hospitales infantiles, programas universitarios y centros médicos de Estados Unidos. Kary sigue enseñando y guiando a sus colegas del ámbito de la pediatría al frente de Solid Starts PRO, una red internacional de profesionales médicos que ayudan a los padres que desean criar niños que disfruten de la comida.

Kimberly Grenawitzke
OTD, OTR/L, SCFES, IBCLC, CNT
Especialista pediátrica en alimentación
y deglución

Kimberly Grenawitzke es terapeuta ocupacional pediátrica certificada, especialista en alimentación y deglución certificada, consultora de lactancia certificada internacionalmente y terapeuta neonatal certificada. Reside en Míchigan, EE. UU.

Kim ayuda a las familias a evaluar y tratar problemas de alimentación y deglución en bebés y niños pequeños, incluidos casos de prematuridad extrema, enfermedades hematológicas, cardiopatías congénitas y otras afecciones. Durante más de 15 años, ha trabajado en entornos domiciliarios y en instituciones médicas de referencia, incluidos el Hospital Infantil de Los Ángeles y el Hospital de Niños Lucile Packard de Stanford. Kim obtuvo su doctorado en terapia ocupacional de la Universidad del Sur de California.

Como madre de dos niños, Kim es una firme promotora de la investigación y la educación como medio para cerrar la brecha entre el cuidado pediátrico y la experiencia de las familias con la alimentación de sus pequeños en las diferentes etapas, ya sea el nacimiento, el inicio de la alimentación complementaria o la mesa familiar. Ha creado numerosos programas de desarrollo profesional para orientar a trabajadores médicos, incluido el primer programa de residencia-doctorado en terapia ocupacional en el Hospital Infantil de Los Ángeles. En asociación con Kary

Rappaport, creó cursos de capacitación profesional sobre alimentación pediátrica para programas de formación clínica en la Universidad de Stanford, la Universidad del Sur de California, el programa de atención pediátrica California Children's Services y muchas clínicas pediátricas en Estados Unidos. Sus cursos son la base de Solid Starts PRO y su comunidad pediátrica de todo el mundo.

Dra. Rachel Ruiz
MD, FAAP, CLC
Pediatra y gastroenteróloga pediátrica

La doctora Rachel Ruiz es pediatra y gastroenteróloga pediátrica certificada. Reside en California, donde trabaja como gastroenteróloga pediátrica responsable en el Centro Médico del Valle de Santa Clara y es médica adjunta de gastroenterología pediátrica en el Hospital de Niños Lucile Packard de Stanford. Antes de esto, la doctora Ruiz completó su especialización en gastroenterología pediátrica en el Hospital de Niños Lucile Packard de Stanford. También es miembro de la Academia Estadounidense de Pediatría, consultora de lactancia certificada y miembro de la Sociedad Norteamericana de Gastroenterología, Hepatología y Nutrición Pediátrica. Obtuvo su doctorado en Medicina de la Facultad de Medicina en la Universidad Vanderbilt y luego completó su residencia pediátrica en el Hospital Infantil Monroe Carell Jr. de Vanderbilt.

Dra. Sakina Bajowala
MD, FAAAAI
Alergóloga e inmunóloga pediátrica

La doctora Sakina Bajowala es alergóloga e inmunóloga certificada y reconocida experta internacional en el tratamiento de alergias con riesgo para la vida. La doctora Bajowala reside en Illinois y es directora médica del centro de tratamiento de alergias Kaneland Allergy & Asthma Center y directora ejecutiva de la fundación Kaneland Food Allergy Foundation. Después de obtener su doctorado en Medicina en la Facultad de Medicina de la Universidad Rush, completó su residencia pediátrica en el Hospital Pediátrico Comer de la Universidad de Chicago y se especializó en inmunología clínica y alergología en el Centro Médico de la Universidad Rush. La doctora Bajowala participa activamente en la Academia Estadounidense de Alergología, Asma e Inmunología, el Colegio Estadounidense de Alergia, Asma e Inmunología y la Sociedad de Alergia, Asma e Inmunología de Illinois, que actualmente preside.

Venus S. Kalami
MNSP, RD, CSP
Dietista y nutricionista pediátrica

Venus Kalami es dietista registrada y especialista certificada en nutrición pediátrica, con especializaciones en salud digestiva y manejo nutricional de las alergias alimentarias. Reside en California. Con más de diez años de experiencia en el cuidado de la salud, ha trabajado principalmente en hospitales de referencia, incluido el Hospital de Niños de Stanford. Su experiencia abarca la alimentación, la nutrición de bebés y niños pequeños, la pediatría general y la atención de niños con complejidades médicas. Completó su capacitación como dietista en la Facultad de Medicina de la Universidad de Stanford y obtuvo el máster en nutrición y políticas alimentarias de la Universidad Tufts. En el hospital infantil Stanford Medicine Children's Health, estableció programas de iniciación en nutrición para centros de tratamiento de la enfermedad inflamatoria intestinal pediátrica y la enfermedad celíaca de excelencia reconocida a nivel nacional. Ha publicado trabajos sobre nutrición con abordaje psicosocial, ha expuesto en Estados Unidos sobre diversidad cultural en la alimentación infantil y dictado cursos de desarrollo profesional para miles de profesionales de la salud.

Jenny Best
Fundadora

Jenny es madre de tres niños y se ha propuesto ayudar a las familias a vivir las comidas con alegría. Inspirada por su amor por la comida y la cultura culinaria, fundó Solid Starts con la idea de ayudar a las familias para que aprendieran a ofrecer cualquier alimento a sus bebés. Jenny es la creadora de la premiada base de datos First Foods®, un catálogo en el que se puede buscar información sobre más de 400 alimentos con instrucciones paso a paso, vídeos, estrategias prácticas y recetas dentro de la aplicación de Solid Starts.

INTRODUCCIÓN

Cuando mis gemelos cumplieron seis meses, mostré a cada uno un muslo de pollo. ¡Y me pareció que les apetecían mucho! Daban pataditas entusiasmados e intentaban cogerlos... hasta que me los quitaron de las manos y se los llevaron a la boca. Yo me quedé quieta observándolos, absolutamente sorprendida. ¿Podía ser así de fácil lograr que un bebé comiera? ¿Así de natural? No daba crédito. Con nuestro primer hijo, habíamos seguido las recomendaciones tradicionales de alimentarlo con cuchara y la experiencia había sido muy diferente. De repente, mientras miraba a los gemelos masticar felices su comida sin que yo hiciera nada, empezaron a surgirme preguntas. Si dejar que un bebé se alimentara por su cuenta era tan evidentemente natural, ¿por qué no había más pediatras que lo dijeran?

Jenny Best, fundadora de Solid Starts.

Es maravilloso ver la cara de un bebé cuando acaba de probar algo que le encanta. Y son igualmente graciosos los gestos que hace cuando prueba un alimento que le resulta agrio o amargo, o que simplemente lo confunde. Toma dos o tres bocados, y luego ves que en realidad le gusta. O bien lo tira al suelo, que desde el punto de vista de un bebé es una respuesta perfectamente razonable.

Enseñar a un bebé a comer alimentos sólidos puede ser un proceso lento y constante. Busca el ritmo que os resulte adecuado a ti y a tu bebé. Los bebés necesitan mucho tiempo y mucha práctica para desarrollar las habilidades que necesitan para comer comida real. Y juntos aprenderéis muchísimo en el proceso. ¿Cuándo conviene empezar? Como verás, la mayoría de los bebés pueden empezar a comer comida real alrededor de los 6 meses de edad, cuando ya tienen la fuerza para permanecer sentados con la espalda recta y la motricidad para coordinar los muchos movimientos que necesitan para llevarse la comida a la boca y tragarla.

En ese momento culmina una etapa increíble en el desarrollo de la vida de los bebés, una época mágica en la que están tan ávidos por explorar las cosas con la boca como interesados en probar nuevos alimentos; además, tienen reflejos fisiológicos fundamentales que les permiten aprender a masticar. Esta etapa mágica es una maravilla biológica del desarrollo, y al final de este libro sabrás lo esencial para acompañar a tu bebé mientras aprende a comer de forma autónoma.

Nuestro abordaje se basa en la idea de que cualquier bebé puede comer lo mismo que nosotros. Que presentarles desde el comienzo las comidas y los sabores que nos gustan sienta una buena base para la experimentación. Partiendo de esa base, no solo es posible preparar una sola comida para toda la familia, sino que también los bebés pueden aprender por observación, mirando a quienes los rodean comer los mismos alimentos, que es exactamente lo que su cerebro está preparado para hacer.

Bienvenidos a la revolución en alimentación infantil

Solid Starts se creó con la idea de que había otros caminos posibles. Nos propusimos desafiar el *statu quo* y aportar una nueva voz, y nos hace muy felices saber que estás aquí, porque te trajo la curiosidad, porque quieres investigar y hacer preguntas importantes. Nuestra misión siempre ha sido, y sigue siendo, ayudar a las familias a criar niños que disfruten de comer y sepan escuchar a su cuerpo.

Últimamente, muchas investigaciones han demostrado que existen beneficios palpables para los bebés si se les permite comer de forma autónoma en cuanto están preparados para iniciar la alimentación complementaria (la introducción de alimentos sólidos o líquidos distintos de la leche materna o de fórmula) y que esa práctica es segura. Sin embargo, una gran parte de la literatura médica más difundida está muy desactualizada, y muchos organismos gubernamentales e instituciones de salud llegan tarde. Se ha generalizado la idea de que los bebés necesitan una comida especial, lo que lisa y llanamente no es cierto.

¿Qué pensarías si te dijéramos que la comida para bebés es esencialmente un invento comercial? ¿Que, en realidad, casi cualquier alimento puede adaptarse para que sea seguro para un bebé?

¿Y qué pensarías si te dijéramos que muchos de esos alimentos que se comercializan especialmente para los bebés ni siquiera contienen los nutrientes que estos necesitan? ¿O que, para el desarrollo de un ser humano, no hay ninguna necesidad de comenzar con un puré bien chafado para luego pasar a texturas más espesas? ¿Qué pensarías si te dijéramos que una buena parte de la información sobre la alimentación del bebé que hemos heredado son mitos y falacias?

¿Qué pasaría si nos concentráramos menos en cómo engañar al bebé para que abra la boca y tome lo que hay en la cuchara, o en cuánto puré traga, y nos detuviéramos más en la alegría de comer? ¿Y si tuvieras el conocimiento para iniciar la alimentación complementaria de tu bebé de una forma más flexible y práctica para toda tu familia? ¿Y si confiáramos en que nuestros bebés saben cuándo están llenos? ¿Cómo ayudaría a nuestros niños que nos centráramos menos en el «cuánto» y más en la relación que forjan con la comida?

Si quieres criar a un niño o una niña que tenga un vínculo sano con la comida, que confíe en sí mismo y en ti, y que se aventure a probar cosas nuevas, estás en el lugar indicado. Queremos darte información que te dé confianza para dejar que tu bebé coma con ganas y de forma autónoma. Cuando les damos espacio para experimentar y usar los dedos, los bebés desarrollan habilidades sumamente transferibles que los ayudarán a ser personas más flexibles e independientes, tanto a la hora de comer como en cualquier otro aspecto de la vida.

El equipo de Solid Starts

Nuestro equipo está formado por profesionales pediátricos: una pediatra certificada y gastroenteróloga pediátrica, terapeutas certificados especializados en alimentación y deglución infantil, una dietista y nutricionista certificada y una inmunóloga y alergóloga certificada. Nos hemos propuesto crear un equipo variado, que nos diera la oportunidad de salir de nuestros espacios y crear algo útil que cubriera todas las inquietudes de los padres y los profesionales.

Nuestro abordaje se desprende del trabajo de la Dra. Gill Rapley, que acuñó y definió el término *baby-led weaning*1, y el de Kary Rappaport y Kim Grenawitzke, dos terapeutas ocupacionales con una amplia experiencia en alimentación pediátrica y lactancia; con su trabajo en hospitales, Kary y Kim se han dedicado a promover la alimentación autónoma en niños con diferentes complejidades médicas para favorecer el desarrollo de su motricidad oral y construir relaciones positivas con la comida.[1]

Juntas, Kim y Kary han asesorado a miles de profesionales de la salud en todo el mundo. Están a la vanguardia en alimentación infantil y poseen una amplia experiencia en la aversión alimentaria a todas las edades. Sus aportaciones y su sabiduría impregnan cada frase de este libro.

Nuestro equipo también lo integran la Dra. Rachel Ruiz, pediatra y gastroenteróloga pediátrica certificada, y formadora clínica en el Hospital Infantil Lucile Packard de Stanford, que no teme analizar a fondo las normas de la medicina. La Dra. Ruiz, una de las primeras pediatras que defendió abiertamente la idea de dejar que los niños se alimenten de forma autónoma, indaga en las investigaciones y a menudo pone al descubierto sus puntos

---

1. *N. de la T.:* También llamado BLW; en español: «alimentación complementaria dirigida por el bebé».

débiles. Juntas, hemos descubierto errores en la manera en que el gobierno de EE. UU. recopila datos sobre atragantamientos y también hemos observado cómo esos datos erróneos se han transmitido y malinterpretado en varias publicaciones y medios de comunicación a lo largo de los años, todo lo cual ha generado un temor al atragantamiento que, lisa y llanamente, es desproporcionado en relación con la probabilidad estadística de que eso ocurra.

Nuestras recomendaciones sobre los alérgenos alimentarios surgen del trabajo de la Dra. Sakina Bajowala, una médica referente en la prevención y el tratamiento de alergias alimentarias en pediatría, y autora de su propio libro, *The Food Allergy Fix* (La solución a las alergias alimentarias). Mientras que muchos profesionales de la salud someten a sus pacientes a dietas ultrarrestrictivas, quitándoles la posibilidad de poder tolerar alguna vez esos alimentos, la Dra. Bajowala defiende la dieta diversa y está al frente de algunos de los tratamientos de alergias alimentarias que más rápido han evolucionado, incluidas las inmunoterapias sublinguales y orales, que permiten ampliar la dieta del paciente de forma segura, reducen la probabilidad de reacciones alérgicas y mejoran la calidad de vida.

Para abordar la especificidad de la nutrición y la alimentación, adoptamos un abordaje práctico guiado por Venus Kalami, nuestra nutricionista y dietista pediátrica certificada, que trabaja incansablemente para que la alimentación autónoma de los niños sea un proceso viable y accesible para todos. Ha publicado trabajos en revistas prestigiosas y ha dado conferencias en diferentes lugares de EE. UU. sobre la importancia de que la alimentación tenga en cuenta factores psicosociales y culturales, y diferentes pesos corporales. Su objetivo es ayudar a que las familias confíen en que pueden sustentar la relación de su bebé (y la propia) con la comida y con su cuerpo.

La inspiración que hizo posible Solid Starts surgió de mi propio recorrido vital, pero nuestro trabajo hoy representa la experiencia y el conocimiento de todo el equipo, además del deseo de ayudar a las futuras familias.

Jenny Best

La evidencia que respalda nuestro abordaje está entretejida en cada página de este libro. Hemos hecho un esfuerzo minucioso para desentrañar la literatura médica existente, reconocer los puntos que requieren más investigación y destacar estudios y hallazgos que suelen pasar inadvertidos. Pero las pruebas reales se hallan en todas partes. Están en los padres que han decidido dejar que sus hijos se alimenten de forma autónoma y han visto cómo sus bebés hoy son niños que disfrutan de comer; están también en la pujante comunidad de profesionales pediátricos que animan a los pacientes a compartir la comida que les gusta con sus bebés; y están en personas como tú, que se toman la molestia de aprender y cuestionar el *statu quo*.

Hemos colaborado con casi 20 millones de madres y padres de todos los países del mundo. Estos son algunos de los mensajes que hemos recibido y queremos compartir. Quizá te hagan sentir que hay muchos otros como tú:

«Cuando inicié el proceso que propone Solid Starts, necesité mucho tiempo, mucha paciencia, y dedicar mucha atención a mi hijo y a lo que estaba tratando de decirme, pero definitivamente estamos viendo avances. Ya hemos preparado diferentes recetas, probado más alimentos y experimentado cosas nuevas. Mi hijo realmente está empezando a disfrutar de la comida gracias a Solid Starts».

«Solid Starts me ha dado una nueva perspectiva sobre la maternidad. Ha sido un pilar en mi proceso de sanación de la depresión posparto y una gran ayuda para recobrar el sentido de propósito con mi bebé [...] me ha dado confianza y me ha ayudado a cuidar de nuestro hijo».

«Me daba muchísimo miedo ofrecer alimentos sólidos a mi hija. Mi deseo de que tuviera un vínculo sano con la comida, algo que yo sin duda nunca tuve, me generaba muchísima ansiedad. No tengo palabras para agradecer la confianza que me han dado y la seguridad para enseñarle a mi hija a comer y a disfrutarlo».

Cómo usar este libro

Escribimos *El método Solid Starts* para padres, para quienes van a serlo, para cuidadores y también para profesionales de la pediatría: nuestro objetivo es compartir el mensaje de que, cuando el bebé está preparado para hacer la transición de la lactancia materna o el biberón a la alimentación complementaria, puede comer casi cualquier alimento con algunas modificaciones de seguridad básicas.

Ten en cuenta que nunca vamos a prescribir alimentos concretos para el bebé. No queremos que tengas que preparar comidas especiales (diferentes) para tus hijos, ni ahora ni en el futuro. De hecho, todo lo contrario: lo mejor que puedes hacer es dejar que el bebé incorpore la cultura culinaria de tu familia desde el inicio.

En la **parte 1, Experimentar con los alimentos sólidos**, tendrás una idea general de por qué dejar que los bebés coman de forma autónoma es una inversión de futuro, conocerás la evidencia científica, te asombrará el mito de la comida para bebés y te maravillará la sabiduría de la naturaleza y los fundamentos biológicos que explican por qué iniciamos la alimentación complementaria alrededor de los 6 meses de vida.

En la **parte 2, La confianza se construye**, explorarás la conexión entre los horarios de las comidas, nuestra relación con el bebé y la relación de este con su propio cuerpo. También aprenderás sobre la alimentación perceptiva, que contempla el interés del bebé y puede contribuir a que aprenda, crezca y alcance nuevos hitos. También aprenderás sobre la biología del bebé y los reflejos que contribuyen a prevenir el atragantamiento mientras aprende a comer.

La **parte 3, Desarrollar habilidades**, se sumerge directa en la práctica (desde cuándo empezar hasta qué cosas se necesitan) antes de indagar en cómo elegir los primeros alimentos y prepararlos según la edad del bebé, cómo prepararte para lo esperado (y lo inesperado) y cómo introducir los vasos y otros utensilios para que el bebé los manipule.

La **parte 4, Ejercitar la resiliencia**, explora los conceptos básicos sobre las señales de hambre y saciedad, examina la nutrición del bebé y desmitifica las gráficas de pesos y tallas. Esta parte también es especialmente importante, ya que las investigaciones sobre cuándo introducir algunos alérgenos comunes han evolucionado mucho en los últimos años. En concreto, hoy se sabe que existen beneficios preventivos que justifican la introducción de los cacahuetes, la leche, los huevos y otros alérgenos alimentarios en cuanto el bebé está preparado para iniciar la alimentación complementaria (y en algunos casos, antes).

Te daremos información muy clara para que sepas qué, cuándo y cómo, incluido un plan detallado para la introducción de alérgenos alimentarios.

En la **parte 5, El alimento y el crecimiento**, se describen varias maneras de involucrar al bebé y se ofrecen datos sobre su crecimiento y su aprendizaje en cada etapa para que puedas promover su autonomía.

Y eso no es todo, porque cuando se trata de enseñar a un bebé a comer surgen muchas preguntas, y en Solid Starts tenemos las respuestas. Te guiaremos paso a paso para que sepas cómo actuar ante algunas de las situaciones más comunes relacionadas con la alimentación, como cuando el bebé se pone demasiada comida en la boca, tiene arcadas o rechaza la comida debido al reflujo.

Una gran cantidad de familias nos han dicho que se guían por datos sueltos que encuentran en diferentes fuentes incompletas, muchas de las cuales están desactualizadas y son contraproducentes. Las familias se merecen algo mejor y sus niños también. Por eso desarrollamos nuestra aplicación y escribimos este libro: para ofrecer un recurso estudiado y útil al que puedas volver siempre que lo necesites, desde la primera vez que pongas a tu bebé en la trona hasta todos los años de su infancia. Usa estos recursos en conjunto. Descarga nuestra aplicación para acceder a la premiada base de datos First Foods y ten a mano el libro para buscar información más detallada.

Deseamos que este libro te inspire a vivir con alegría el hecho de compartir la comida con tu bebé y te ayude a confiar en sus habilidades para comer. Dale espacio para que experimente, manipule y aprenda. Confía en que, con ciertas modificaciones, puede incorporar los mismos alimentos que te gustan a ti. Confía en que sabrá cuándo tiene hambre o está satisfecho. Confía en que, incluso si los primeros momentos te generan nervios, con cada día que pase, tanto tu bebé como tú ganaréis seguridad. Y confía en que, cuando te parezca que ha salido todo mal, siempre se puede volver a empezar al día siguiente.

DESCARGO DE RESPONSABILIDAD

Mientras lees, por favor ten en cuenta que este libro contiene información general sobre alimentación basada en el desarrollo típico de un niño.

Nuestra guía se orienta a niños sanos cuyo desarrollo sigue los parámetros típicos esperados por su equipo médico. Como cada bebé y cada familia son únicos, entendemos que parte de esta información no se aplicará o tendrá que modificarse en cada caso. Si tu bebé se está desarrollando de una manera diferente a la esperada, o si tiene alguna discapacidad o necesidad médica, es probable que esta información deba adaptarse. Las pautas incluidas en este libro pueden adaptarse fácilmente a las necesidades particulares de tu hijo o hija, en colaboración con su equipo médico.

Para los niños con restricciones de dieta o alergias alimentarias, los alimentos que se sugieren pueden reemplazarse por otros aptos. Por ejemplo, un bebé alérgico a la leche de vaca podría tomar un yogur hecho a base de leche de coco en lugar de leche de vaca. Los niños con restricciones de dieta, alergias alimentarias o enfermedades que afectan a su desarrollo y alimentación (como la fibrosis quística y enfermedades coronarias o digestivas), pueden necesitar suplementos nutricionales, fórmulas especiales y un mayor seguimiento alimentario y nutricional por parte de especialistas pediátricos.

Muchos niños con retrasos del desarrollo, discapacidades, diferencias sensoriales o alguna complejidad médica necesitarán más tiempo y apoyo para adquirir las habilidades, la confianza y la seguridad necesarias para incorporar alimentos sólidos. Si tu bebé ha tenido alguna experiencia negativa relacionada con su rostro o su boca (como una intubación, el uso de sondas de alimentación, labio leporino o paladar hendido), o dificultades para respirar (que hayan requerido terapia de oxígeno), quizá necesite más paciencia y más experiencias positivas con la comida (incluso más que las habituales) para ganar confianza.

Otros factores que pueden influir en la duración de esta transición (y que conviene tener en cuenta para tener expectativas realistas sobre lo que puede esperarse del bebé mientras aprende a comer) son tener un historial de alergias alimentarias, dolor asociado a la alimentación y hasta miedo a ciertos alimentos. Incluso cuando parece que hay mucho en juego, es importante no desoír las necesidades del niño, su autonomía y sus ganas de participar en las comidas. Cada niño empieza desde un lugar que le es propio y avanza a su ritmo. Por eso, usa este libro, pero también consulta de manera regular con tu equipo médico de confianza para verificar que estás cubriendo las necesidades particulares de tu hijo o hija. También puedes consultar *Your Baby Can Self-Feed, Too: Adapted Baby-Led Weaning for Children with Developmental Delays or Other Feeding Challenges* (Tu bebé también puede alimentarse solo: Baby-Led Weaning adaptado para niños con retrasos del desarrollo u otras dificultades de alimentación), un excelente recurso que te ayudará a adaptar el proceso de la alimentación de tu bebé según sea necesario.

PARTE 1
Experimentar con los alimentos sólidos

CAPÍTULO 1

Elegir una estrategia
a largo plazo

Te sientas a cenar con tu bebé. Vais a comer algo sencillo, fácil de preparar y que te gusta. Le das a tu bebé la misma comida que vas a comer tú. No hay ninguna presión por comer nada. Feliz, te concentras en tu comida y la disfrutas mientras tu bebé aplasta y explora la suya. Hablas con tu bebé, aunque no estás segura de que te entienda. Todo es risa. Ambos estáis relajados y tranquilos. Coméis lo que queréis y dejáis lo que no queréis, incluido tu bebé, que aparta la comida de la mesa para hacerte saber que ya ha terminado. Tiene la cara llena de comida y eso también te da risa.

Los seres humanos buscan la conexión. Cuando hacemos algo con nuestros seres queridos, se genera un sentimiento especial de tranquilidad y comodidad.

A la hora de comer, importa tanto la conexión personal como la comida. Y eso se aplica también al bebé. Para tu bebé, comer contigo es un espacio para desarrollar tanto vínculos como habilidades que le permitan alimentarse. En la anécdota anterior, lo que importa en realidad no es la cena, sino los vínculos: entre el bebé y la comida, entre el bebé y su cuerpo, entre el bebé y tú. Toda ocasión de sentarse a la mesa puede reforzar esas conexiones.

Decir que el amor y la confianza son esenciales en todo este asunto puede parecer obvio, pero a veces lo más básico es lo que más conviene repetir. Los padres y los cuidadores quieren alimentar a sus bebés de la mejor manera posible, pero incluso el cuidador más atento puede caer en la trampa de centrarse tanto en el detalle de qué darle de comer al bebé (o cuánto ingiere efectivamente) que pierda de vista lo importante: la alegría y la conexión a la hora de comer.

Cuando una comida se transforma en un espacio de conexión en que todo el mundo se siente seguro, cuidado y escuchado, tu hijo o hija querrá que se repita. Se sentirá visto y estará ansioso por aprender. Comprenderá cómo es tomar la decisión de que ya está satisfecho. Esta mirada puesta en tu relación con tu bebé en la mesa es lo que entendemos como una estrategia a largo plazo: una en la cual todas nuestras pequeñas decisiones van construyendo la relación a largo plazo del niño con la comida, con el hecho de comer y contigo.

Lo opuesto es una estrategia a corto plazo: contar bocados. Estresarse por el número de miligramos de esto o aquello que come el bebé. Distraerlo para que abra la boca y tome una cucharadita más. Todo esto nos aleja de lo que es más importante: crear una dinámica en la que el bebé esté preparado y abierto a aprender a comer.

Crear un espacio para la conexión

El primer paso que debe dar el bebé para aprender a comer es tener interés. La clave para interesarlo y estimularlo para que experimente con la comida es su conexión con la persona que lo acompaña en la mesa.

Una cuestión que abordaremos en el capítulo 4 es la conexión como una necesidad humana básica. Cuando el bebé genera un vínculo contigo, quiere tenerte cerca y observarte. Un bebé que se vincula con un cuidador amoroso naturalmente querrá imitarlo y aprenderá más fácilmente de esa persona. Los bebés tienen todas las herramientas necesarias para aprender a comer de forma segura y, casi siempre, estas habilidades se manifiestan naturalmente cuando el bebé tiene un vínculo fuerte con un cuidador en el momento de comer.

A lo largo de este libro, te daremos ejemplos sobre cómo crear un espacio en la mesa compartida donde el bebé quiera estar. Te ayudaremos a comprender cuál es tu rol y cómo proteger tu conexión con el bebé durante todo el proceso. Para cuando termines el libro, comprenderás por qué tantas personas eligen dejar que sus bebés se alimenten de forma autónoma y qué beneficios tiene eso para tu niño o niña, cuándo empezar, qué se necesita y cómo se pueden implementar estas ideas desde el primer día.

También estudiaremos todos los detalles (los materiales, los alimentos y cómo prepararlos), porque los detalles son importantes, pero solo si el bebé está preparado y bien dispuesto para participar en la experiencia de comer.

Es muy difícil hacer que un bebé coma cuando no quiere. Puedes crear las condiciones adecuadas para que se interese por una comida, pero, en última instancia, es el bebé el que debe elegir comer. Para lograrlo, debe decidir coger un cubierto o un alimento, abrir la boca y aceptar el alimento. Cualquier esfuerzo por hacer que coma si no tiene ganas tendrá el efecto contrario, y la evidencia demuestra que eso impacta negativamente en su relación con la comida y contigo.[1]

A lo largo de un día, las personas hacemos diferentes comidas, lo que ofrece una ventana única para adquirir y reforzar habilidades manifiestas como usar un tenedor, masticar y beber con pajita, pero también otras imperceptibles como la gestión de la desilusión, la autosuficiencia, la resolución de problemas y la autorregulación. Los adultos que comparten la mesa también aprenden a ceder el control y a confiar en el bebé. El bebé y su cuidador aprenden a confiar el uno en el otro.

Por eso comenzamos así este libro, y esta idea de la conexión a la hora de comer es algo a lo que volveremos. Todo lo demás se desprende de eso.

Elegir una estrategia a largo plazo tiene su recompensa

Enseñar a un bebé a comer alimentos sólidos no es una cuestión de cuánto come en ese momento, sino de cómo esperas que se sienta con respecto a su alimentación y a las comidas en las semanas y los años siguientes. Esa es la estrategia a largo plazo. Para algunos, esta expectativa podría ser que el niño disfrute de sentarse a la mesa y de comer, y que tenga una relación positiva con la comida y con su cuerpo. Para otros, podría ser que el niño se adapte muy fácilmente a diferentes comidas y acepte probar nuevos alimentos y sabores. Estas son metas a largo plazo.

Usar una estrategia a corto plazo, por el contrario, implica centrarse en el aquí y ahora. Y esto depende en gran medida de cómo esté siendo tu día. Está más relacionado con lo que tenemos que hacer minuto a minuto para superar un determinado momento que con la meta a futuro. En un mundo ideal, nuestras estrategias a corto plazo estarían perfectamente alineadas con las de largo plazo, y las complementarían, pero lo que sucede en la vida real es que casi siempre lo inmediato se interpone.

Una decisión que responde a la estrategia a corto plazo podría ser alimentar al bebé con cuchara para minimizar la suciedad y poder salir de casa a tiempo. Otra podría ser poner al niño pequeño frente al televisor para tener la comida en paz. U ofrecerle sus tentempiés favoritos para evitar berrinches o rabietas. En el momento en el que necesites un atajo, cualquiera que sea, no lo dudes: haz lo que necesites. Siempre puedes volver a probar.

Si el bebé está a punto de cumplir 6 meses, es un gran momento para que pienses en cómo esperas que sean las comidas y empieces a promover patrones y prácticas que vayan en esa línea. Si lo que quieres es compartir cenas en familia, empieza ya. Si quieres que a tu bebé le encanten las comidas típicas de tu cultura, comparte con él esos platos en cuanto puedas. Aunque esperar podría parecer el camino más fácil, está a punto de abrirse una ventana irrepetible en el tiempo en la que el bebé se encuentra increíblemente receptivo a incorporar nuevos alimentos y prácticas. Dicho de otro modo, es más sencillo enseñarle esto ahora que en unos meses.

Después de los 12 meses de edad, muchos niños desarrollan una resistencia natural a probar nuevos alimentos, lo que algunos investigadores han llamado *neofobia*, porque se manifiesta como un miedo significativo a probar cosas nuevas, incluidos alimentos.

Durante el primer año, suele ser más difícil, no más fácil, enseñarle al bebé a masticar la comida y probar nuevos sabores. No solo es más difícil enseñarle a masticar cuando se niega a llevarse la comida a la boca, sino que además los reflejos fisiológicos que favorecen el aprendizaje de estas nuevas habilidades se debilitan con la edad. ¿Eso significa que si se empieza tarde el bebé no aprenderá nunca? Por supuesto que no. Pero cuando hablamos de alimentación, siempre es más fácil enseñar muchas de estas habilidades a los bebés cuando son más pequeños. ¿Y eso garantiza que de niños vayan a comer todo lo que les ofrecieron de bebés? Desafortunadamente, no. Pero la evidencia es contundente: cuanto más expuesto esté un bebé a una amplia variedad de alimentos, más probable es que siga comiéndolos o vuelva a comerlos durante la infancia.[2,3,4]

Para desarrollar nuevas habilidades, los bebés necesitan muchísimo tiempo y espacio de práctica constante. Y lo mismo se aplica a la comida. Cuanto más se alimente al bebé con cuchara, más tiempo tardará en aprender a comer de forma autónoma. Del mismo modo, cuantos más alimentos envasados le ofrezcas, más tiempo tardará en aceptar lo que come el resto de la familia. Sí, las bolsitas y los cereales inflados pueden tener su lugar cuando necesitas un atajo. Úsalos en ese caso, pero no pierdas de vista la estrategia a largo plazo.

Cuando priorizamos la estrategia a largo plazo y dejamos que los bebés usen las manos y experimenten, les damos oportunidades esenciales para que aprendan. En un sentido amplio, queremos que el bebé internalice que es capaz de aprender cosas nuevas y superar desafíos. En un sentido más acotado, queremos que consolide habilidades básicas, como comer de forma autónoma y masticar. Cuanto menos interfieras y más dejes que el bebé practique y se exponga al ensayo y error, más rápido aprenderá... y, sí, ese camino es largo, pero beneficia tanto a los niños como a los padres.

Optar por la alegría

Nuestro abordaje se basa en la idea de promover la motivación de los niños frente a la comida, algo que les es inherente. Por eso, te invitamos a olvidarte de las reglas y los requisitos heredados respecto a la alimentación.

Olvídate de cualquier deseo de perfección. Ignora las sugerencias que creas que no funcionan para tu bebé y tu familia. Olvídate de posturas rígidas y promueve la experimentación a partir de algo mucho más importante: la alegría. No existe la comida perfecta. No existe el alimento perfecto. No existe la trona ni el plato ni el cubierto perfectos. Lo que sí existe es un ambiente ideal para aprender, y es uno de alegría y disfrute.

Si quieres que, el día de mañana, tu bebé sea un niño o una niña que escucha a su cuerpo y confía en sus señales de hambre y saciedad, que vive sin presiones el hecho de comer y que disfruta de compartir la comida contigo, haz que la mesa sea un lugar donde quiera estar. Concéntrate en el vínculo, en compartir comidas que os gusten a todos y en confiar en lo que puede hacer tu bebé. El resto se dará naturalmente.

Resumen

✔ Los bebés aprenden mejor cuando desarrollan una conexión o un vínculo con su cuidador (y confían en esa persona).

✔ Los bebés aprenden a comer cuando te ven comer los mismos alimentos.

✔ Valora las metas y las expectativas que tienes para tu hijo o hija respecto a su alimentación y las comidas, y cómo te propones alcanzarlas.

✔ El bebé es más receptivo a incorporar nuevas comidas y prácticas antes de los 12 meses de edad.

✔ Después del primer año, muchos niños pequeños desarrollan una resistencia a probar alimentos nuevos.

✔ Si conviertes la mesa en un espacio para la conexión, tu hijo o hija deseará volver.

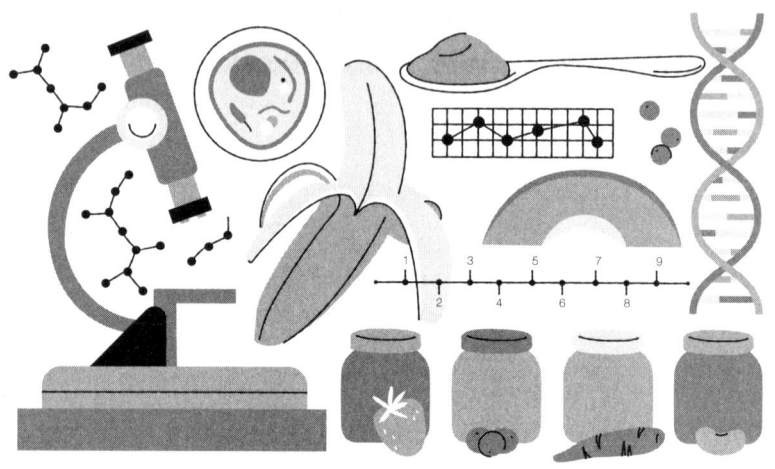

CAPÍTULO 2

Evolucionar con la evidencia científica

La mujer que da el pecho puede beber una cantidad moderada de cerveza (no muy añejada ni fuerte) en la cena. La merienda debe ser a las cinco y media o seis de la tarde; la cena, a las nueve, y debe consistir en una rebanada o dos de algún fiambre, o queso si lo prefiere, con media pinta de cerveza ligera, que ocasionalmente conviene sustituir por un tazón de cereal con leche o agua. Las cenas calientes que se toman tarde por la noche son perjudiciales para la madre, o nodriza, y por tanto para el niño. La mujer que da el pecho debe irse a la cama como máximo a las 10 de la noche.

Advice to a Young Mother on the Management of Her Children (Consejos para la madre joven sobre el manejo de sus hijos), de Pye Henry Chavasse, 1865.

Los consejos sobre el cuidado del bebé pueden ser muy vehementes e inflexibles. Afortunadamente, muchas demes ideas cambian con cada generación. En Solid Starts creemos en aferrarnos a la evidencia científica y, cuando falta, a la ciencia de la fisiología y el desarrollo infantil. Demos una mirada retrospectiva para entender qué se creía antes, por qué cambiaron esas ideas y cómo llegamos desde los mitos del pasado hasta las prácticas avaladas por la ciencia que recomendamos en estas páginas.

Nuestro recorrido comienza en la década de 1800. Eres madre primeriza y, durante su primer año, al bebé solo debes darle el pecho, con la ayuda de nodrizas para lograrlo. No le ofrecerás alimentos sólidos hasta alrededor del año de vida.

Ahora avancemos a la década de 1950, cuando en las revistas pululaban imágenes de niños que comían con cuchara algo salido de un frasco de vidrio. Cuando tu médico te dice que tu pequeño de un mes ya puede comer esa comida comercial para bebés, tú haces lo que se te indica. Al fin y al cabo, esa comida la fabrican «científicamente» hombres con batas de laboratorio.

Ahora viajemos a la década de 1980. Ves un anuncio en una revista que sugiere que tu leche materna tal vez no sea suficiente y que deberías darle un suplemento de comida comercial a tu bebé. Al mismo tiempo, te recomiendan empezar a ofrecerle alimentos sólidos alrededor de los 4 meses, pero evitando darle alérgenos alimentarios comunes (alimentos que suelen causar alergias), como el huevo y el cacahuete, hasta que cumpla tres años.

Y hoy, cuando navegamos la década de 2020, el consenso entre las voces más autorizadas de la pediatría es que el momento óptimo para iniciar la alimentación complementaria es alrededor de los 6 meses de vida o cuando el bebé ha alcanzado el desarrollo psicomotor adecuado. Y dado que se ha visto un aumento de las alergias en la población pediátrica en sintonía con las antiguas recomendaciones, los médicos hoy saben (o deberían saber) que necesitamos introducir alérgenos alimentarios comunes como el huevo y el cacahuete al iniciar la alimentación complementaria, si no antes.

Con los años, a medida que los profesionales médicos adquirían más conocimientos sobre nutrición, alergias, inmunología y desarrollo infantil, las ideas sobre cuándo y cómo iniciar la alimentación complementaria de un bebé han cambiado drásticamente.

En paralelo a estos cambios en la comunidad médica, hemos visto un giro en la manera en que elegimos criar a nuestros hijos e interactuar con ellos; así, muchas personas no están de acuerdo con lo que les han dicho o les dicen sus padres, sus abuelos o sus suegros sobre la alimentación del bebé, algo que quizá te suceda a ti. Incluso a veces recibimos opiniones contradictorias de diferentes profesionales de la salud. Las investigaciones han evolucionado rápidamente, y es difícil estar al día.

Edad de inicio de la alimentación complementaria en el tiempo

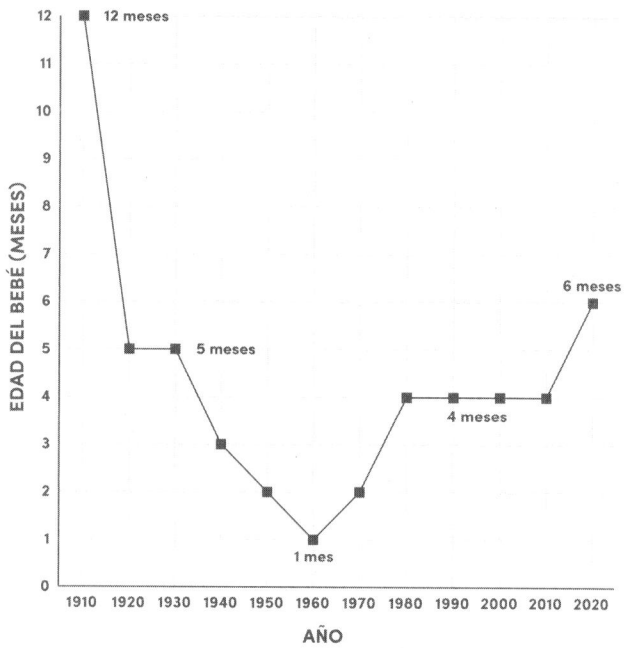

Esta gráfica lineal, basada en la investigación de la profesora de la Universidad de Nueva York Amy Bentley, demuestra cómo ha cambiado con el tiempo la edad de inicio de la alimentación complementaria. En épocas de mucha variación, como las décadas de 1950 y 1960, encontramos la menor edad recomendada. Desde finales del siglo XIX, las investigaciones y la pediatría han hecho avances. Hoy en día, las máximas autoridades en pediatría coinciden en que alrededor de los 6 meses es el momento ideal para introducir los alimentos sólidos en la dieta del bebé.

La evidencia actual muestra que, cuando se exponen a una amplia variedad de alimentos de muchos colores, sabores y texturas (antes de los 12 meses de edad), es más probable que los bebés estén dispuestos a experimentar con nuevos alimentos más adelante en la vida.[1]

También sabemos que hay una ventana de edad clave en la infancia cuando es más fácil (y seguro) para un bebé aprender a masticar.[2,3] Y tras décadas de ver aumentos en las alergias alimentarias, hoy hay evidencia sólida de que la exposición temprana y sostenida a los alérgenos alimentarios, en efecto, puede disminuir la probabilidad de que el niño desarrolle una alergia a estos.[4,5,6]

A veces sorprende saber cuánto pueden tardar las instituciones sanitarias en cambiar las recomendaciones, incluso frente a la evidencia irrefutable. Un estudio demostró que puede llevar hasta diecisiete años que los resultados de nuevas investigaciones se traduzcan en cambios generalizados en las recomendaciones sobre el cuidado de la salud.[7]

Hoy, mientras escribimos esto, las investigaciones más recientes afirman lo siguiente:

→ El mejor momento para iniciar la alimentación complementaria es cuando el bebé da señales de haber alcanzado el desarrollo psicomotor adecuado, lo que sucede alrededor de los 6 meses de vida.[8]

→ Prácticamente cualquier alimento que se come en tu familia puede adaptarse de forma segura para el bebé cuando haya alcanzado el desarrollo adecuado.[9] Los bebés sanos que crecen según parámetros típicos no necesitan comida para bebés para nutrirse ni para aprender a comer alimentos sólidos.[10]

→ Los bebés no necesitan incorporar gradualmente diferentes texturas, como se indica en los anuncios de la comida comercial para bebés. No solo no es necesario, sino que tampoco es una manera muy eficaz de que la mayoría de los bebés aprendan a masticar.[11]

→ Los bebés tampoco necesitan dientes para triturar la mayoría de los alimentos y la función masticatoria del bebé no aparece de golpe cuando este llega a cierta edad o tiene una determinada cantidad de dientes. Los bebés nacen con reflejos para aprender a masticar.[12,13]

→ Introducir alérgenos alimentarios (es decir, alimentos potencialmente alergénicos) comunes como el huevo y el cacahuete en cuanto el bebé está preparado para iniciar la alimentación complementaria, y luego ofrecérselos al menos una o dos veces por semana durante los primeros años de infancia, ayuda a prevenir el desarrollo de una alergia a estos alimentos.[14,15]

→ Cuantos más sabores, texturas y alimentos se ofrezcan al bebé antes de los 12 meses, más probable será que esté dispuesto a probar nuevos alimentos después de ese tiempo.[16]

Aunque las investigaciones no son perfectas, son un comienzo, y mucho mejor que la falta absoluta de investigación que ha respaldado a la industria de la comida para bebés en su totalidad (hablaremos sobre esto más adelante). Esperamos que se siga investigando sobre este tema en los próximos diez años. En resumidas cuentas, las comidas especialmente procesadas para bebés no son en absoluto necesarias para su desarrollo, aprendizaje o crecimiento. Sabiendo esto, quizá te preguntes: ¿por qué hay comida para bebés en todas partes y por qué todo el mundo cree que es tan importante? Esa es una historia que tenemos muchas ganas de compartir contigo.

Los orígenes de la «comida para bebés»

La profesora de la Universidad de Nueva York Amy Bentley ha escrito mucho sobre la historia de la comida para bebés en un libro revelador llamado *Inventing Baby Food: Taste, Health, and the Industrialization of the American Diet* (La invención de la comida para bebés: Sabor, salud y la industrialización de la dieta estadounidense).[17] Como explica en su obra, hace unos 100 años, en 1921, una tal señora Clapp, madre del bebé Jack, se enfermó. El señor Clapp, dedicado a la tarea de alimentar a su bebé, le dio una sopa de carne, verduras y cereales al pequeño Jack, a quien según parece le gustó muchísimo. Entusiasmado por la respuesta de su hijo, el señor Clapp preparó una gran olla de sopa y la llevó a la farmacia local para vendérsela a otros padres. Esta anécdota, que puede parecer inocua, sentó las bases del furor actual por la comida comercial para bebés, y es tanta la adherencia cultural que han generado estos productos que se han convertido en una de las mayores industrias actuales.

Unos años después de que la empresa Clapp's Baby Food llevara sus productos a los supermercados, otro padre comenzó a experimentar con purés para bebés. Esta vez no la cocinaba para su hijo, sino con su hijo. Eran Frank y Dan Gerber.

En 1928, los Gerber pusieron un anuncio: buscaban un adorable bebé para que fuera el rostro de la campaña con la que comercializarían su comida, una idea de *marketing* que produjo una de las imágenes más omnipresentes en la historia de la publicidad. También convocaron a los pediatras para que hicieran correr la voz, a pesar de la falta de investigación sobre sus productos.

Las primeras comidas para bebés aparecieron en las tiendas junto con las entonces novedosas leches de fórmula. A diferencia de las actuales, esas primeras leches de fórmula carecían de sustento nutricional y los bebés que las tomaban no solían crecer según lo esperado. La comunidad médica tomó nota y empezó a recomendar la introducción de alimentos sólidos ricos en hierro a las 4 semanas de vida del bebé para compensar esa carencia. En aquella época, muchas de las primeras comidas para bebés eran alimentos con un alto contenido en hierro: carne de buey, hígado, ternera y sopas de carne y verduras.

Con el ojo puesto en ese mercado, otras empresas como Heinz y Beech-Nut también empezaron a producir comida para bebés y, ya en 1940, alrededor del 35 por ciento de los bebés de Estados Unidos se alimentaban con esos productos. Las empresas fabricantes, por su parte, generaban beneficios de 15 millones de dólares al año.[18] Fue alrededor de esta época cuando se empezaron a entregar muestras de producto a los médicos para que las distribuyeran gratuitamente a las familias, lo que garantizaba la continuidad de las promesas de la comida envasada para bebés.

Diferentes estudios corporativos de *marketing* y *focus groups* demostraron al poco tiempo que tanto bebés como madres preferían los purés dulces a base de frutas a los alimentos ricos en hierro que hasta entonces había en el mercado. Así, la comida para bebés pasó a ser sinónimo de purés y postres endulzados, una elección *ad hoc* para la preferencia innata de un bebé por los alimentos dulces. Estos purés de fruta y postres a base de leche aparecieron al poco tiempo en el mercado y se vendían a las madres como un producto que las ayudaba a controlar su peso y que podían comer junto con su bebé.

Para la década de 1960, la edad promedio de inicio de la alimentación complementaria cayó: muchos bebés en Estados Unidos comenzaron a incorporar comida envasada entre las 4 y las 6 semanas de vida, lo que a su vez amplió significativamente el tiempo que los padres compraban comida para sus bebés, y los niños comían alimentos sin textura. Era un momento extraordinario para dedicarse al negocio de la comida para bebés.

Lo que sabemos ahora es que era a todas luces demasiado pronto para que un bebé recibiera alimentos sólidos de cualquier tipo, ya que esa comida desplazaba las tomas de leche materna o de fórmula, que son increíblemente importantes durante el primer año de vida.

El mercado de la culpa materna

Al principio, parece que los inventores de la comida para bebés tenían buenas intenciones; al fin y al cabo, querían que fuera más fácil alimentar a los bebés. Sin embargo, una vez que las corporaciones descubrieron los beneficios que comportaba esa idea, se dedicaron a explotar la pieza más importante de esa maquinaria: la preocupación de una madre por la salud de su hijo o hija.

Los primeros anuncios ocupaban grandes espacios en las revistas femeninas. Las madres primerizas, deseosas por hacer las cosas bien, fueron el primer nicho. Hay un anuncio impactante que muestra a un bebé que no llega a los 2 meses de vida y está en brazos de su madre; el pie de foto dice: «¿Qué es mejor que la lactancia materna? La lactancia materna y las peras Gerber».

Durante un siglo, además de conseguir que los pediatras distribuyeran sus productos, las empresas de comida para bebés promovieron la culpa y la angustia maternas en sus campañas de *marketing* con anuncios diseñados para que las madres primerizas dudaran sobre si su leche materna era suficiente para nutrir al bebé o si se pasaban demasiado tiempo en la cocina.

En otro anuncio de Heinz, una imagen de un bebé que está en el suelo y se estira como buscando a su madre llevaba el texto «¡Sal de la cocina, mamá! Es mucho mejor para tu bebé. [...] Las madres que saben están más tiempo en la habitación del bebé».

Y luego estaban los anuncios en las revistas masculinas, que les decían a sus lectores padres primerizos que si habían «cambiado a sus adorables esposas por amas de casa agotadas», la comida para bebés podía inclinar la balanza a su favor.

En el contexto del siglo xx, estos mensajes, aunque políticamente incorrectos, no estaban necesariamente equivocados: el hecho de preparar la comida para el bebé sí hacía que las madres se pasaran demasiado tiempo en la cocina. La comodidad existe. Pero lo que se diseñó como una campaña para inducir a los padres a comprar un producto tuvo una cantidad de consecuencias imprevistas, entre ellas, implantar en la opinión pública muchos mitos que todavía hoy se aceptan como verdades absolutas.

Esclarecer los mitos de la comida para bebés

Uno de esos mitos era la idea de que la comida para bebés era necesaria para el desarrollo de los niños y más segura que cualquier otro alimento que pudieran ofrecerles sus familias. Los fabricantes de comida para bebés promovieron la idea de que los bebés debían empezar con papillas sin textura para pasar gradualmente a alimentos más espesos. Aunque esto puede haber sido una necesidad en las décadas de 1940 y 1950, cuando a los bebés se les daban alimentos sólidos al mes de vida como complemento nutricional (una papilla semisólida es la única textura que puede tolerar de manera segura un bebé de un mes), hoy en día ese abordaje no se considera deseable (ni necesario). Cuando el bebé se acerca a los 6 meses de edad, tiene las habilidades necesarias para experimentar de manera segura y aprender a comer alimentos de texturas y tamaños mucho más variados.

«Hoy empezamos a enseñarle a Lee a masticar», decía un anuncio en el que se veía un frasco de comida para bebés «júnior» hecha de carne de buey procesada y fideos «con partículas blandas que favorecen la masticación» y una cuchara de metal a un lado. «¡Lee tiene dos dientes frontales!». El anuncio se lee como una celebración e incita al lector a creer que el bebé está preparado para incorporar alimentos que debe masticar.

Omitiendo el hecho de que los seres humanos no mastican con los dientes frontales o incisivos (masticamos con los molares, que no terminan de salir hasta después del primer año de vida), la afirmación de que un puré «con partículas blandas» servido con cuchara ayudaba al bebé a aprender a masticar sencillamente no es verdad. Probablemente el bebé estaba tragando trozos no masticados de carne y fideos. Si bien esos purés permiten al bebé experimentar texturas diversas, son ineficaces a la hora de activar los reflejos necesarios para masticar. Un frasco de papilla triturada con trocitos tiende a enseñarle al bebé a succionar y tragar la comida sin masticarla. La idea misma de la comida para bebés «por etapas» (empezando por los purés semisólidos para pasar poco a poco a otros alimentos con más textura) puede parecer lógica, pero es imprecisa y no está fundamentada en la ciencia del desarrollo motor oral.

No creemos que las empresas de comida para bebés hayan querido causar un mal cuando diseñaron sus líneas de alimentos, pero la mera existencia de estos productos hizo que generaciones y generaciones de padres dieran por sentado que hay que comprar una comida especial para cada etapa de la vida del bebé y el niño pequeño. Y estas campañas de *marketing* afirmaban que, de lo contrario, las madres no cuidaban bien a sus hijos (ni a sus maridos). Afortunadamente, hoy sabemos que eso no es cierto y la evidencia muestra que los bebés no necesitan ningún tipo de alimento especial y que, de hecho, se desarrollan muy bien cuando se los invita a compartir la comida familiar.[19]

Olvidarse de lo estándar

Los bebés, como los adultos, tienen diferentes formas y tamaños, y todos pueden ser perfectamente normales. La idea de que un frasco de comida comercial en raciones es la cantidad perfecta para todos los bebés es problemática. Del mismo modo que la ingesta de leche materna o de fórmula puede variar significativamente entre un niño y otro (y aun así ser la cantidad adecuada para cada niño en concreto), la cantidad de alimentos sólidos que necesita un bebé varía ampliamente según la genética, el nivel de actividad, los saltos de crecimiento y las necesidades nutricionales de ese bebé. Cuando dejamos que las empresas fabricantes de comida nos digan cuánto deben comer nuestros hijos, lo que estamos haciendo, en esencia, es desviar la mirada de nuestro bebé y sus necesidades únicas.

Pero desde la década de 1970, ha aumentado la preocupación y la atención al peso de los bebés, en parte desde que apareció un instrumento concreto en medicina: las curvas de crecimiento. Cuando se confirma el embarazo y luego en los diferentes controles médicos, se pesa y se mide al bebé constantemente. El crecimiento del bebé se ha convertido, en poco tiempo, en sinónimo de éxito parental.

En realidad, el rango de lo que es normal en cuanto al tamaño y el apetito de un bebé es amplio, como veremos en el capítulo 15. Por eso en Solid Starts no especificamos cuánta comida «debería» ingerir un bebé a cierta edad. Cada bebé es único. Lo más importante es prestarle atención y responder adecuadamente.

Un anuncio de la comida para bebés de la marca Gerber de 1947.

Aun así, durante mucho tiempo, las empresas de comida para bebés han aprovechado la preocupación por el peso del bebé para convencer a padres y médicos por igual para que consuman sus productos. Así como los anuncios de comida para bebés insistían en que esos alimentos eran necesarios, también instaban abiertamente a restringir el tamaño de las porciones: dar a los bebés menos cantidad de la que quizá necesitaban, como si su hambre fuera algo sospechoso o malo en lugar del indicador más certero de que necesitaban comer más en ese momento.

«¡Pequeñín, ya basta por hoy!». Eso decía un anuncio de Gerber que alertaba sobre los peligros de dar demasiada comida a un bebé hambriento. «Cuando le empieces a dar cereales Gerber a tu bebé, dale la cantidad que te sugiera el médico. Las comidas (listas para servir) de Gerber son tan deliciosas que hasta los más pequeños suelen querer más de lo que necesitan».

A muchos, estos anuncios anticuados hoy les dan risa, pero recordemos que algunos eran bastante modernos en su afirmación de que la comida comercial para bebés era nutricionalmente superior. Hoy en día, las empresas de comida para bebés siguen apelando a ese guion para comercializar bolsitas y cereales inflados con términos como «supervegetales», «alimentos inteligentes para el desarrollo del cuerpo y el cerebro» o «la combinación para reforzar el sistema inmunitario», aunque estas afirmaciones son cuando menos dudosas a juzgar por lo que indica la ciencia sobre la nutrición infantil.

No hay ningún presupuesto para publicidad, por abultado que sea, que pueda comprar la verdad. Las empresas podrán invertir mucho en comercializar sus productos, pero, en última instancia, la leche materna y la de fórmula son los alimentos considerados óptimos y deberían ser las principales fuentes de nutrición durante el primer año de vida.[20]

Las comidas envasadas sin duda facilitan las cosas. Pero lo fácil no siempre se traduce en los resultados esperados. Ya es hora de que la comunidad médica sea más rápida a la hora de plasmar la evidencia en pautas abiertas al público, que se puedan comunicar en todas partes. Cada madre y padre necesitan saber que una cosa es darle al bebé algo sacado de una bolsita de vez en cuando y otra muy diferente es darle solo purés durante demasiado tiempo, porque eso tendrá consecuencias.

Entre los 12 y los 15 meses de edad, la mayoría de los niños necesita recibir la mayor parte de su aporte nutricional de alimentos sólidos. Suena bien, pero la masticación es una habilidad que lleva meses desarrollar. Un bebé no puede apretar un botón para empezar a masticar de repente al cumplir un año. Necesita tiempo y espacio para practicar una y otra vez.

En su gran mayoría, según su desarrollo psicomotor, los bebés de entre 6 y 7 meses de edad ya están preparados para incorporar comida (comida real, como la que comes tú). Y para cuando termines de leer algunos de los próximos capítulos, tú también lo estarás.

Resumen

✔ Las recomendaciones sobre cuándo iniciar la alimentación complementaria del bebé han cambiado significativamente a lo largo de los años.

✔ Hoy en día, la evidencia respalda la recomendación de iniciar la alimentación complementaria solo cuando el bebé muestre señales de que ha alcanzado el desarrollo psicomotor adecuado.

✔ La necesidad de ofrecer comida comercial para bebés es un mito que se ha vendido al público durante un siglo.

✔ La mayoría de las veces, los bebés están preparados para incorporar comida real, como la que comen los adultos, alrededor de los 6 meses de vida.

CAPÍTULO 3

La magia de los seis meses

En una cafetería, William, de 6 meses, se sienta en el regazo de su madre mientras ella se toma un café y come un trozo de bizcocho de plátano con una amiga. Antes de que su madre se dé cuenta, William coge parte de su desayuno y se lo lleva a la boca para masticarlo. El pequeño le está diciendo a su madre «¡Estoy preparado!» y el hecho de compartir comidas «de adulto» ahora (a los 6 meses) le permitirá aprovechar lo que las investigaciones han señalado como una ventana crítica para el desarrollo de la alimentación.

La mayoría de los bebés de 6 meses se lo llevan todo a la boca. Si tienen algún objeto cerca, seguro que va a parar ahí. La boca es uno de los medios principales con los que un bebé comprende su entorno. Y, afortunadamente, su desarrollo le permite permanecer perfectamente sentado y hacer movimientos con los brazos para llevarse cosas a la boca. Entre los

6 y los 8 meses de edad, los bebés también desarrollan habilidades naturales mediante los reflejos, el gusto y las ganas de probar texturas. En este momento de su vida, están más ávidos que nunca por probar nuevos sabores y texturas, y son menos propensos a desarrollar alergias cuando se exponen a alérgenos alimentarios comunes. Esta es una etapa que nos parece mágica y por eso la llamamos, precisamente, «la ventana mágica». Es realmente increíble que estas características se solapen así justo cuando el bebé está en el momento óptimo para aprovecharlas.

Las investigaciones más recientes demuestran que el momento ideal para iniciar la alimentación complementaria comienza cuando el bebé tiene unos 6 meses de edad y puede permanecer sentado con la espalda recta, coge la comida con las manos y muestra interés. Este periodo óptimo culmina aproximadamente cuando el bebé cumple 12 meses.[1,2,3]

Durante este tiempo, hay tres oportunidades clave que no deberíamos dejar pasar:

→ Prevenir las alergias alimentarias mediante la introducción de alérgenos alimentarios desde muy temprano.
→ Acostumbrar al bebé a sabores y texturas especiales.
→ Promover la práctica de la masticación antes de que esos reflejos clave desaparezcan.

Además, durante la ventana mágica, la leche materna y la de fórmula siguen apuntalando el crecimiento del bebé, por lo cual es un buen momento para experimentar y practicar la ingesta de comida real sin preocuparse por si el bebé va a tragarla o no.

En este capítulo profundizaremos en por qué y cómo nos conviene aprovechar este importante periodo en que el bebé está mejor dispuesto y preparado para aprender a comer.

Prevenir las alergias alimentarias

Como veremos más en detalle en el capítulo 14, muchas alergias alimentarias pueden prevenirse. ¿Cómo? Ofreciendo al bebé alimentos como huevo, cacahuetes y leche de vaca desde muy pequeño: alrededor de los 6 meses de vida en la mayoría de los casos, y alrededor de los 4 meses en otros pocos. Cuando se introducen alimentos alergénicos regularmente y de forma temprana, la aparición de muchas alergias se puede retrasar o incluso evitar. Por ejemplo, las personas con una fuerte propensión a desarrollar alergias alimentarias tienen un 80 por ciento menos de probabilidades de ser alérgicas al cacahuete si se exponen a este alimento desde bebés y se les ofrece regularmente en la dieta durante los primeros años de la niñez.[4,5] La clave está en el inicio temprano. Esperar demasiado para introducir el cacahuete, de hecho, puede aumentar el riesgo de alergia.[6,7] No todas las alergias son prevenibles, pero hay evidencia cada vez más sólida que respalda estas recomendaciones.

Formar el paladar del bebé

Desde los 6 a los 8 meses, los bebés se muestran increíblemente abiertos a probar nuevos sabores y texturas. Si quieres que tu hijo o hija se anime a probar diferentes texturas y se interese por explorar nuevas cocinas, lo ideal es usar esta ventana mágica de oportunidad para que se acostumbre al amplio rango de posibilidades culinarias antes de que ese interés que tienen por llevarse cosas a la boca se desvanezca y aparezca la neofobia.

Los sabores

Así como su cerebro tiene todo el potencial de absorber y aprender idiomas a los que están expuestos, durante esta ventana, los bebés también son asombrosamente capaces de disfrutar sabores y texturas desconocidos: simplemente, los prueban y luego los vuelven a probar, y así sucesivamente.

Esto es muy importante, porque para llegar a disfrutar de un nuevo sabor, suele ser necesario probarlo en diferentes ocasiones; el niño debe estar dispuesto a esa exposición repetida.

Cuanto más probamos un sabor, más familiar se nos hace y más probable es que el cerebro lo registre como agradable. Entre los 6 y los 8 meses de edad, los bebés tienen el impulso de llevarse todo a la boca, así que esta ventana es ideal para presentarles una gran cantidad de sabores.

Las texturas

La exposición a diferentes texturas es un poco más compleja. El impulso de los bebés de llevarse alimentos de diferentes texturas a la boca tiene una doble recompensa, si se lo permitimos. En primer lugar, el bebé aprende a tolerar la sensación de tener una nueva textura en la boca y, en segundo lugar, necesita desarrollar las habilidades para masticar y  triturar cada textura para poder tragarla. Cuando toma contacto con una textura en concreto, el bebé se acostumbra a la sensación y, en adelante, estará más dispuesto a aceptar esa y otras texturas similares. Con la exposición repetida, se reducen las probabilidades de que rechace comidas o alimentos de texturas similares en el futuro. Además, mejora su habilidad para triturar esa textura. De hecho, los patrones masticatorios de un bebé se ven directamente afectados por lo que siente al tener esa textura en la boca. En parte, es la misma textura la que influye en la capacidad del bebé para masticarla.[8]

El interés por experimentar con alimentos de diferentes texturas y la mejora de la masticación producto de la exposición parecen alcanzar su punto máximo entre los 6 y los 8 meses de edad. En diversos estudios, los bebés que habían recibido alimentos con texturas para masticar durante la ventana mágica comían más variado después del primer año; además, tenían más probabilidades de comer lo mismo que el resto de la familia y menos probabilidades de tener conductas selectivas en la mesa.[9,10] Los niños que habían recibido alimentos con texturas para masticar después de los 9 meses, estadísticamente, comían menos frutas y verduras después del primer año y eran más selectivos en general sobre lo que aceptaban comer.

Esto se ha replicado en diversos estudios que indagaron sobre el momento óptimo de ofrecer alimentos con texturas para masticar a los bebés para prevenir la aversión (o el rechazo) a diferentes texturas, dificultades con la motricidad oral y conductas alimentarias selectivas en el futuro.[11,12,13,14,15]

Dejar que el bebé mastique cuando le resulta más fácil

Los bebés nacen con un conjunto de reflejos que los ayudarán a aprender a masticar después. Esos reflejos son los que hacen que el bebé naturalmente abra la boca, saque la lengua, muerda y trate de masticar y mover lo que tenga en la boca, incluso desde la primera vez que prueba un alimento sólido. Se trata de reflejos automáticos (el bebé no necesita aprenderlos, sino que nace con ellos). Pero los reflejos automáticos no son movimientos coordinados: el bebé necesita meses de práctica repetida para masticar y tragar la comida correctamente. Lo que hacen sus reflejos es iniciar los movimientos necesarios para el aprendizaje.

El fuerte impulso de llevarse comida a la boca durante la ventana mágica genera una importante reacción en cadena. Frente a un alimento del tamaño, la forma y la textura adecuados, los reflejos de masticación del bebé se activan y hacen que la lengua y la mandíbula automáticamente ejecuten un movimiento masticatorio.[16] Puedes confirmarlo: prueba un bocado de algún alimento. Fíjate qué hace la lengua inmediatamente cuando toma contacto con ese alimento. La masticación madura y coordinada requiere que la lengua lleve la comida hacia los costados para que las encías (y finalmente, los dientes) la trituren. El reflejo de lateralización lingual del bebé hace precisamente eso, y el reflejo fásico empieza a desintegrar los alimentos. Cuando el bebé experimenta con alimentos que debe triturar en la boca, desarrolla activamente su masticación; los purés no activan estos reflejos.[17,18,19,20] Los reflejos de masticación del bebé están más activos que nunca durante la ventana mágica.

Cuanto antes empiece el bebé (una vez que muestre que ha alcanzado el desarrollo psicomotor adecuado), más tiempo tendrá para que se activen esos reflejos, lo que favorece la creación de patrones motores en el cerebro. Como sucede con cualquier actividad, a mayor práctica, más habilidad y coordinación se adquieren.

¿Eso significa que un bebé de 12 meses no puede aprender a masticar si ya se le ha pasado esa ventana? No, esas habilidades se aprenden a cualquier edad, solo que aprender a masticar es más fácil entre los 6 y los 8 meses de vida.

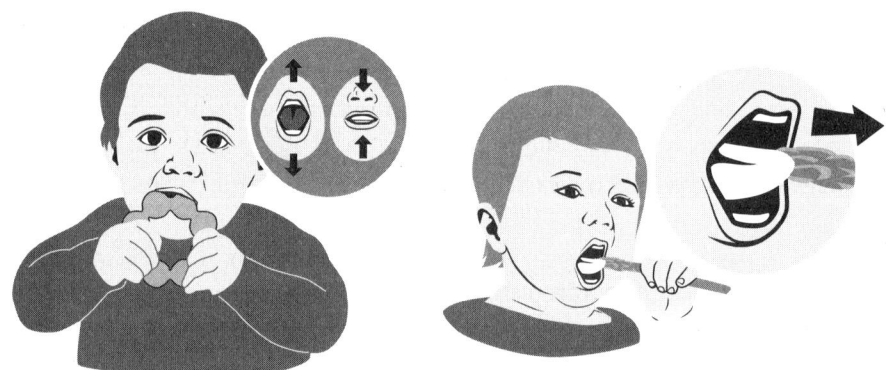

La mordida de la etapa fásica (arriba) y la lateralización lingual son dos reflejos que permiten que el bebé aprenda a masticar.

¿Y todas estas prácticas son seguras? Aunque todos nacemos con mecanismos protectores contra el atragantamiento, durante la ventana de los 6 a 8 meses, además, hay otra serie de mecanismos diseñados para dar más protección a las vías respiratorias del bebé y reducir el riesgo de atragantamiento. En los capítulos que siguen, hablaremos sobre estos reflejos protectores; por ahora, solo diremos que algunos son más fuertes y eficaces entre los 6 y los 8 meses de edad. Luego empiezan a cambiar y, en algunos casos, desaparecen.

Estos reflejos, y los mecanismos sobre los que hablaremos a continuación, ofrecen un ambiente ideal para que el bebé aprenda a masticar y cometa errores de manera segura. Así como un salvavidas funciona mientras se aprende a nadar, estos reflejos protegen al bebé del atragantamiento mientras aprende a comer.

La anatomía humana entre los 6 y los 8 meses de edad también le brinda cierta protección al bebé mientras aprende a masticar.[21] La cara y el cuello de un bebé son pequeños, por lo cual la boca y las estructuras de la garganta están muy juntas. Eso implica que hay menos espacios y conductos en la boca y la garganta en comparación con los de un niño pequeño. Por eso la comida es más fácil de gestionar y la deglución es más rápida y segura, ya que hay un paso muy claro y bien definido para que la comida viaje de la boca al estómago. También las vías respiratorias del bebé están más arriba en la garganta y, por tanto, más lejos del lugar por donde pasa la comida. Además, su lengua tiene una gran habilidad para expulsar cosas de la boca, lejos de las vías respiratorias. Este patrón de movimientos empieza a desvanecerse a medida que el bebé aprende a mover la lengua de formas más complejas.

Una red de contención nutricional

Ofrecer al bebé alimentos para masticar entre los 6 y los 8 meses también es ideal, porque cuenta con la red de contención nutricional de la leche materna o de fórmula mientras experimenta y aprende. De la misma manera que no esperaríamos que un bebé que está aprendiendo a caminar bajara las escaleras con nosotros, tampoco deberíamos esperar que un bebé que está aprendiendo a comer alimentos sólidos ingiriera mucho al principio. A esta edad, la introducción de alimentos nutritivos variados, en particular, alimentos ricos en hierro, abre una gran oportunidad para experimentar, en una etapa en la que las necesidades nutricionales del bebé empiezan a cambiar y, poco a poco, requieren hierro y otros nutrientes presentes en los alimentos sólidos. Con el desarrollo de la masticación y su habilidad para comer de manera autónoma, junto con su mayor ingesta de alimentos sólidos, el bebé ya sabrá cómo gestionar alimentos ricos en hierro y nutritivos que favorezcan su rápido crecimiento, desarrollo cerebral, energía, curiosidad y sus ganas de explorar el entorno.

Un niño que se alimenta exclusivamente con cuchara entre los 6 y los 8 meses de edad, en realidad no practica ninguna habilidad nueva. Darle de comer purés líquidos con cuchara activa patrones motores muy similares al patrón de la succión antes de la deglución, lo que el bebé ya usa desde su nacimiento para la lactancia materna o el uso del biberón. Dicho de otro modo, dar de comer una papilla con cuchara solo refuerza la motricidad que el bebé necesita para tomar leche materna o de fórmula.

Los niños alimentados durante mucho tiempo con cuchara o con comida de bolsitas tienen más probabilidades de usar ese mismo patrón de deglución de líquidos cuando tratan de comer otros alimentos, lo que suele concluir cuando se les presentan alimentos con más textura.[22] Esto también retrasa la práctica de nuevos patrones de masticación más complejos, dado que los purés semisólidos no activan ningún reflejo de masticación.

Para aprender a tragar, el bebé debe probar repetidamente alimentos que tenga que masticar.

¿Y si ya se ha pasado la ventana?

No es un problema. Aunque ese es el momento ideal para que el bebé reciba alimentos sólidos y alergénicos, la ventana de aprendizaje en realidad nunca se cierra del todo. El cerebro del bebé puede aprender las habilidades necesarias después de los 9 meses siempre que se le den las oportunidades para practicar regular y adecuadamente. Enseñar a un niño pequeño a masticar puede ser más difícil y largo, pero, por supuesto, no es imposible.

Si no le has ofrecido ningún alimento para masticar a tu bebé a los 9 meses y necesitas ayuda para que pase de comer purés con cuchara a masticar y comer alimentos variados de forma autónoma, ve directamente al capítulo 13. Si ya se ha pasado el momento para introducir los alérgenos alimentarios, no todo está perdido: el capítulo 14 te ayudará a encarrilar el asunto.

 ## La ansiedad, y por qué a veces ayuda alimentar al bebé con cuchara

Las investigaciones demuestran claramente que la ansiedad de los padres por la alimentación de sus bebés, y su percepción sobre las dificultades que puedan tener, son indicadores de posibles problemas con la comida en el futuro.[23] Es muy difícil construir una relación de confianza con el bebé a la hora de comer si lo que prevalece es la ansiedad.

Para quienes sufren por este tema, dar de comer al bebé con cuchara puede ser una ventaja, ya que les permite ver resultados positivos rápidos y tal vez les dé confianza en la capacidad del pequeño para hacer esa transición.[24] Si la idea de empezar a ofrecerle directamente trozos de comida te resulta excesiva o abrupta, puedes intentar ofrecerle la comida con cuchara. Sin embargo, recomendamos que, en cuanto todos os sintáis cómodos, paséis primero a que el bebé coma con cuchara de manera autónoma y luego a ofrecerle alimentos en trozos. Para algunas familias, el apoyo de un especialista en alimentación infantil es una tranquilidad y una ayuda para dar el siguiente paso.

Practicar es aprender

Desarrollar las habilidades para comer alimentos sólidos lleva tiempo y es un gran desafío para la mayoría de los bebés. Durante un tiempo, no podemos esperar que ingieran mucha cantidad, si es que llegan a ingerir algo. Cuanto antes empiece el bebé a incorporar alimentos que deba masticar, más tiempo tendrá para practicar y aprender hasta que su nutrición se sustente con los alimentos sólidos, lo que sucede alrededor del año de vida.

Aprovechar la ventana mágica dará al bebé la práctica sostenida que necesita para masticar bien los alimentos y tragarlos, cosa que favorece su salud y su crecimiento en años posteriores.

Resumen

✔ El periodo entre los 6 y los 8 meses marca el comienzo de una etapa de especial predisposición del bebé, cuando está preparado como nunca antes para aprender a disfrutar de nuevos sabores y gestionar alimentos con textura.

✔ Esta ventana de los 6 a los 8 meses también es un momento crucial para introducir alérgenos comunes como el huevo y el cacahuete con el objetivo de prevenir alergias alimentarias.

✔ Entre los 6 y los 8 meses de edad es cuando más fácil se aprende a masticar, antes de que desaparezcan una serie de reflejos fundamentales.

✔ Ofrecer al bebé alimentos en bolsitas o con cuchara refuerza patrones motores orales que se asemejan a la succión, no a la masticación.

✔ Se ha demostrado que los niños expuestos a alimentos para masticar muy variados entre los 6 y los 8 meses de edad también comen más variado en la niñez.

✔ Aunque la ventana de los 6 a los 8 meses es el momento óptimo para la adquisición de estas habilidades, el bebé puede aprenderlas más adelante con el apoyo adecuado.

PARTE 2
La confianza se construye

CAPÍTULO 4

La confianza a la hora de comer

Li y su abuela están sentados cenando. El pequeño tiene 11 meses. El menú son fideos con caldo, la comida favorita de la abuela. Li va a comer lo mismo, pero con menos caldo, porque todavía no sabe usar la cuchara sopera. La abuela disfruta mucho la comida y sorbe los fideos, y Li explora con muchas ganas los suyos: los saca del tazón con las manos y el caldo le cae por los brazos. Unos 10 minutos después, cuando Li empieza a ponerse inquieto, la abuela le pregunta si está lleno. La respuesta del bebé es querer bajarse de la trona. La abuela interpreta eso como una señal de que el pequeño ya ha terminado de comer, entonces lo lleva al lavabo, donde Li juega con el agua y se lava.

A simple vista, el inicio de la alimentación complementaria consiste en ofrecer al bebé nuevos alimentos y texturas. Si aguzamos un poco la mirada, puede ser una oportunidad única para vincularse y aprender. Hay un motivo por el cual mencionamos esta idea en la primera página del capítulo 1. Los bebés que confían en sus cuidadores y se sienten conectados con ellos están mejor dispuestos y preparados para aprender nuevas habilidades. Y al final se espera que aprendan a confiar en su propio cuerpo y en sus señales internas.[1] Mientras aprendes a confiar en el bebé para comer, el bebé aprende a confiar en ti y en sí mismo.

Para las familias, esta es una oportunidad de hacer que su bebé conozca el gratificante, asombroso y delicioso mundo de la comida, los sabores y las prácticas culturales, y mostrarle cuánto creemos en lo que puede hacer. Para muchos padres y cuidadores, esta también puede ser una etapa de ansiedad. Dejar que el bebé tome un bocado de comida cuando hasta ahora solo ha ingerido leche materna o de fórmula puede dar un poco de miedo, sobre todo si nunca se ha visto a un bebé hacer eso. Puede que te hagas preguntas como «¿Es seguro que el bebé haga esto?» o «¿Podrá?». El bebé probablemente también tenga las suyas: «¿Qué es esto?» o «¿Qué pasa si me lo pongo en la boca?». Ambos tendréis que buscar las respuestas y la seguridad el uno en el otro, porque el trabajo conjunto es fundamental.

Ganarse la confianza del bebé

A lo largo de los años, hemos trabajado con miles de familias que intentan reparar la confianza rota a la hora de comer, lo que puede suceder cuando los padres ejercen demasiado control. Una de las maneras más rápidas de desbaratar el fabuloso y equilibrado sistema de curiosidad, exploración, hambre y saciedad inherente a todo bebé es tratar de controlar demasiado: controlar si el bebé come en cierta comida, cuánto come, controlar el

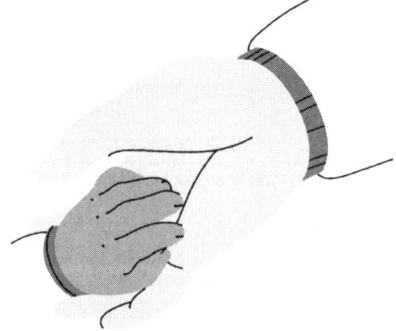

desorden y controlar qué hace cada vez que busca algo con los dedos o tiene alguna dificultad, por mínima que sea.

Inhibir el deseo del bebé de aprender y experimentar puede ser algo bastante difícil de desarticular. A veces hacen falta meses, y hasta años, de trabajo para que vuelva a un lugar de motivación interna y a vivir las comidas con alegría. Por eso, insistimos en la importancia de darle espacio para que aprenda, incluso si se ensucia mucho y tarda más. Y por la misma razón nos centramos también en cómo interpretar y respetar las señales que da el bebé naturalmente respecto a su interés o desinterés, y, en definitiva, respecto a su hambre o saciedad.

Hay varias maneras de inspirar confianza al bebé a la hora de comer. Por ejemplo, podemos mostrarle que confiamos en él, darle espacio para experimentar con la comida sin interrumpir, respetar lo que intenta comunicar y confiar en que su cuerpo es capaz de adquirir habilidades y regular su propia hambre. También confiará en nosotros si somos coherentes en nuestras respuestas, tanto como sea posible, y le mostramos que disfrutamos de lo que estamos haciendo, que nos da alegría. Cuando el bebé te tiene confianza, está más dispuesto a aprender de ti, imita naturalmente tus comportamientos y acciones, y siente la seguridad necesaria para intentar, equivocarse y volverlo a intentar.

Dar espacio para la práctica sostenida

Cuando un bebé está aprendiendo a caminar y practica sin parar, los movimientos que hace al cabo de una hora equivalen a la distancia de siete campos de fútbol americano.[2] Prueba diferentes patrones, se cae y luego sigue practicando en diferentes ambientes y superficies. Se arrastra por el césped y por otras superficies como madera, alfombras y cemento. Además, aprende a cambiar sus patrones de movimiento para adaptarse a cada ambiente. Resuelve problemas, cambia de dirección y sigue. Las investigaciones concluyen que un niño que está aprendiendo a andar aprende a aprender: a anticiparse y adaptarse a cualquier ambiente.[3]

Esto tiene algunas similitudes sorprendentes con el hecho de aprender a comer. La transición que atraviesa un bebé cuando empieza a recibir alimentos sólidos implica, sobre todo, aprender a comer, pero también a resolver problemas para gestionar los cambios, la desilusión y las dificultades, mientras desarrolla la resiliencia y la confianza para hacer una tarea nueva.

Cuando los bebés conocen nuevas texturas y ambientes, aprenden a adaptar sus habilidades a lo desconocido, a anticiparse y a cambiar. La mayoría nace con la capacidad de beber líquidos (la succión y la deglución son reflejos automáticos), pero masticar y comer de manera segura son habilidades totalmente nuevas, que requieren un nivel considerable de precisión y coordinación. La masticación también se asienta sobre reflejos innatos, pero esos reflejos deben ser estimulados repetidamente y con una gran variedad de alimentos que reaccionen de maneras diferentes dentro de la boca. Hace falta práctica repetida y a la vez variada para desarrollar estas habilidades y aprender a aprender. El trabajo de tu bebé es practicar. El tuyo es confiar en que toda esa práctica lo llevará a buen puerto.

Probablemente, el bebé ya haya demostrado que puede aprender una cantidad increíble de cosas en muy poco tiempo. Ha aprendido a darse la vuelta cuando está tumbado, a sostener la cabeza y a mover los brazos con un propósito: agarrar algún objeto, pasarse una cosa de una mano a la otra o llevarse cosas a la boca. Estas son habilidades sumamente complejas que es probable que haya descubierto de una manera bastante natural. Si hablamos de un bebé sano cuyo desarrollo avanza según lo esperado, también es probable que pueda empezar a comer alimentos sólidos cuando se le dé la oportunidad. No será de inmediato, por supuesto, pero gradualmente y juntos, a lo largo de los próximos meses experimentaréis y sentaréis una base muy sólida para que el bebé adquiera las habilidades que necesita para comer.

Interpretar los mensajes de hambre y saciedad

Los seres humanos nacemos con un impulso innato de buscar comida. Cuando a un bebé que tiene hambre se le da la oportunidad de comer, por lo general estará muy motivado a hacerlo. También tiene el impulso innato de dejar de comer cuando siente que su estómago está lleno. Hay una cuestión que es central si queremos enseñar al bebé a confiar en sí mismo y en las señales que le da su cuerpo: debemos confiar en que casi todos los bebés tienen una fuerte motivación interna para comer cuando tienen hambre y para dejar de comer cuando están llenos. A lo largo de este capítulo, retomaremos en varias ocasiones este importante concepto de cómo perciben los niños el hambre y la saciedad.

Aunque este punto es clave, no es algo que el bebé tenga que lograr de inmediato. Al principio, ni siquiera sabe que eso que hay en la mesa es comida. No sabe que una cucharadita de papilla o un trozo de algún alimento son cosas comestibles y que comerlas le servirá para estar satisfecho. De hecho, en un primer momento, no es el hambre lo que lo lleva a querer coger algo y comérselo cuando se le ofrece.

La motivación de un bebé para experimentar con la comida es la misma que siente para experimentar con un juguete: quiere llevárselo a la boca para descubrir qué es y cómo funciona. Con el tiempo, comprende que la comida no es en absoluto un juguete, sino algo de un tipo nuevo, algo bastante especial, que le permite conectarse con sus cuidadores, que se puede comer, que es delicioso y que le llena el estómago. Este momento revelador suele darse entre los 9 y los 12 meses para casi todos los bebés, aunque para algunos es antes y para otros, un poco después.

La forma en que un bebé se comporta es su manera de comunicarse. Con su comportamiento, el bebé te dirá si está interesado o no en experimentar con una comida y, pasado un tiempo, también te comunicará cosas sobre su hambre o su saciedad. Préstale atención. La comunicación de un bebé puede ser intensa y al mismo tiempo sutil. Quizá mire hacia un lado en señal de que necesita un descanso o tal vez empiece a gritar para demostrar, muy claramente, que está satisfecho. Interpretar esa comunicación y responder a ella es esencial para que tu bebé confíe en ti (y viceversa): necesita saber que le estás prestando atención y que te importa lo que tiene que decir.

Confiar en ti para confiar en tu bebé

No es raro que la idea de dejar que tu bebé te indique cuánta comida necesita te estrese. Durante décadas, nos han dicho, abierta y subliminalmente, que no se puede confiar en los bebés: hay que pesarlos y medirlos y darles comidas diseñadas especialmente para ellos. Lo que supones y lo que sientes sobre la alimentación de tu bebé se entrelaza con la historia, la cultura, y con tu propia experiencia con la comida en la niñez.

Para confiar en lo que puede hacer el bebé a la hora de comer, antes tenemos que confiar en nosotros mismos. Si eres su madre o su padre, conoces a tu bebé mejor que nadie y sabes qué señales da, cuál es su temperamento y cómo se comporta en diferentes situaciones. Si eres un cuidador o sanitario que trabaja con niños, conoces la diferencia entre un bebé tranquilo, sereno y feliz y un bebé quisquilloso y poco feliz. Confía en esas señales para saber qué hacer a la hora de darle de comer. Habrá algunos pequeños desafíos y otros momentos en que te parezca que algo no va bien. Más adelante hablaremos sobre muchos de los inconvenientes que suelen aparecer en este sentido. Confía en tu capacidad para cambiar lo que haga falta y adaptarte para que la experiencia del bebé en la mesa sea positiva. Y confía en que tu instinto te guíe para buscar más ayuda si la necesitas.

Muchos padres llegan a la adultez teniendo una relación complicada con la comida y con su cuerpo. Si has tenido conductas alimentarias problemáticas, puede ser aún más difícil que confíes en la capacidad del bebé para comer por su cuenta la cantidad que necesita. Quizá no comprendas cómo vas a confiar en el bebé porque no confías en ti. Date espacio para pensar en las reglas que tal vez tengas respecto a la comida. También, para ver que los alimentos tienen su lugar en la mesa y que la clave está en el equilibrio. Tener sentimientos complejos y difíciles con respecto al propio cuerpo, aunque doloroso, es bastante habitual. No te juzgues y haz las paces contigo mientras reflexionas sobre el lugar que te gustaría darle a la imagen corporal en tu mundo, que es el mismo que habita tu bebé.

La evidencia demuestra que la relación de una madre, un padre o un cuidador con la comida influye en la manera en que alimenta a los bebés, y que niños de tan solo 3 años han verbalizado sentimientos negativos hacia su cuerpo.[4,5,6,7] Los comentarios negativos sobre el cuerpo de un niño o una niña tienen un impacto emocional duradero.[8,9]

A quienes acaban de tener un hijo, este momento de la vida, el del posparto, los encuentra con un importante grado de neuroplasticidad, es decir, la capacidad del cerebro para crecer y cambiar.[10] Es un momento ideal para repensar las creencias que puedan traer de su pasado y cuestionar cualquier sentimiento negativo vinculado al hecho de comer. El comienzo de la alimentación complementaria en la vida del bebé también es una oportunidad valiosa para reconocer las relaciones poco sanas con la comida; posiblemente, eso genere un cambio positivo para toda la familia.

Las ventajas de la confianza a largo plazo

Poco a poco, la confianza y la presencia de un vínculo positivo en las comidas permearán todos los aspectos de la vida del bebé.[11] Las ventajas de compartir la mesa para los niños de todas las edades están bien documentadas en la evidencia científica.[12] Esa mesa compartida no necesita de una organización complicada para generar un gran impacto.

Piensa en esta maravilla: todos los seres humanos tenemos las llamadas neuronas espejo. Son células cerebrales que se estimulan tanto cuando vemos a otra persona hacer algo como cuando lo hacemos nosotros.[13,14] Comer con el bebé estimula sus neuronas espejo y lo anima a imitarte. Esta imitación lo ayuda a aprender a comer. También le permite aprender habilidades socioemocionales que observa en ti. Con cada palabra de aliento que le das y cada vez que le demuestras paciencia, respeto, flexibilidad y capacidad para resolver problemas, vas consolidando esas habilidades y le enseñas a incorporarlas para la vida.

A menudo, las familias creen que los horarios del bebé les impiden comer juntos, y es cierto que a veces puede no ser fácil lograr esos encuentros. Pero hay pequeñas cosas que se pueden hacer incluso desde los primeros meses de la alimentación complementaria, cuando la rutina de alimentación y sueño del bebé quizá ocupe horarios diferentes de los tuyos. Crear el hábito de comer juntos ahora es mirar a largo plazo. Una comida compartida puede adoptar diferentes formas, por ejemplo:

→ Sentarse junto al bebé y comer a su lado.
→ Tomar una cucharadita de su yogur con tu cuchara o con el dedo.
→ Compartir un tentempié juntos en el suelo.

Para los bebés, el momento de la comida es una oportunidad de desarrollar hábitos, habilidades y creencias esenciales que influirán en cómo se relacionen con la comida y se muevan por la vida en el futuro: los momentos alegres compartidos en la mesa seguirán teniendo efectos positivos en la salud mental de tu hijo o hija incluso en la adolescencia.[15]

Dejar que manipule los alimentos

Para un bebé, aprender a comer es una tarea compleja, que implica muchas habilidades que debe perfeccionar. Le llevará mucho tiempo comer un bocado, por no hablar de completar una comida. Eso está bien y es esperable. Confía en que las habilidades que adquiere con cada comida consolidarán las anteriores.

Al principio, puede ser difícil saber cuánto está ingiriendo el bebé en realidad. La buena noticia es que la leche materna y la de fórmula siguen siendo su mayor fuente de nutrición, e incluso la incorporación de pequeñas cantidades de alérgenos alimentarios en las comidas tiene beneficios protectores. Ten esto presente para dejar de preocuparte o presionarte por cuánta cantidad de esos primeros alimentos sólidos realmente come el bebé. Trata de concentrarte en su aprendizaje y adquisición de habilidades, no en la ingesta.

Confía en que tu bebé es absolutamente capaz de aprender todo esto. Se equivocará, sí. El hecho de agarrar la comida, que se le caiga, tirarla al suelo, finalmente llevársela a la boca, mordisquearla, masticarla, escupirla, acumularla a los lados de la boca… nada de esto es secundario en el proceso, sino una parte esencial. Esa manipulación sensorial es la manera en que los bebés aprenden. A largo plazo, toda esa actividad le permitirá alcanzar su objetivo: comer los mismos alimentos que tú y tu familia. Así, cuando veas que al bebé le cuesta manipular algún alimento, recuerda que eso es precisamente aprender. No se trata de un momento de inspiración, sino de una serie de avances y retrocesos. Los bebés aprenden por ensayo y error, no por saber hacerlo todo desde el primer o segundo intento, ni tampoco desde el quinto. Equivocándose, usando los dedos y las manos, aprenden a volver a empezar y mejorar.

Cuando tengas ganas de interferir, haz una pausa; aunque te resulte un poco incómodo, quizá te reconforte saber que los reflejos y la fisiología del bebé lo ayudan a empezar a alimentarse y lo protegen del peligro, y así puedes darle el espacio que necesita para manipular la comida y poder aprender lo demás.

Permitir que los bebés aprendan a masticar, entre otras habilidades, en esas primeras etapas de la vida les enseña a internalizar que pueden lograr lo que se proponen incluso si es difícil.

Cada momento a la mesa es una oportunidad para ofrecerle al bebé el apoyo que necesita para comer y la seguridad de que puede confiar en ti, que lo acompañarás en cada aspecto de la vida. Padres y madres: recordad que sois el faro de los niños. Ellos pueden hacer todo ese enorme trabajo con vuestra guía: cuentan con ese cuidador comprensivo con quien se vinculan y en quien confían.

Resumen

✔ La confianza debe guiar cada acción. Confía en la capacidad del bebé para percibir cuándo tiene hambre y cuándo está satisfecho, y en tu capacidad para ayudarlo a desarrollar esa conciencia.

✔ El control excesivo a la hora de comer (por ejemplo, no dejar que el bebé coja los utensilios o insistirle en que coma más) puede interrumpir su sistema natural de curiosidad y deseo de aprender.

✔ No te preocupes por cuánta comida ingiere en realidad al principio: los bebés tienen la red de contención nutricional que es la leche materna o de fórmula, que los protege mientras aprenden.

✔ El bebé te observa para aprender a comer y a relacionarse con la comida. Si tu relación con la comida es complicada, no eres una excepción. Pero ahora es un gran momento para no juzgarte mientras atraviesas esta etapa y aprendes con el bebé.

✔ Deja que el bebé manipule la comida. Todos aprendemos cuando nos equivocamos.

CAPÍTULO 5

La alimentación perceptiva

Essie, de 6 meses, es una bebé de talla pequeña según su pediatra. Tuvo dificultades con la lactancia materna y, finalmente, a los 2 meses de edad, pasó a la alimentación exclusiva con biberón, pero seguía aumentando poco de peso. Hoy inicia su alimentación complementaria y sus padres, preocupados por que aumente de peso, primero intentan alimentarla con cuchara. Essie se sienta con la espalda recta en su trona y, cuando su madre le acerca la cuchara, inmediatamente la mira a los ojos y le sonríe, e intenta cogerla. Sus padres ven en ese interés un gesto sorprendente y promisorio, e intentan ayudar a su hija para que no se le caiga el contenido de la cuchara. Pero, cuando ya se la han ofrecido varias veces, se dan cuenta de que Essie quiere hacerlo sola. Sus padres siguen ayudándola a coger la cuchara cuando ella la suelta y, cuando la pequeña pierde el interés (cuando, en lugar de buscar la

cuchara, empieza a mirar alrededor y a ponerse inquieta), dan
por terminada la comida. Veinte minutos después, le ofrecen
un biberón.

La alimentación perceptiva es un ejercicio de confianza. Si ya conoces el concepto, ya has completado parte del camino. Si no, cuando termines este capítulo sabrás perfectamente qué es, por qué es importante y cómo puedes aplicar esta forma de alimentación para favorecer un vínculo sano de tu bebé con la comida. En esencia, la alimentación perceptiva consiste en conectarse con el bebé en lugar de intentar controlarlo, en aprender a comunicarse con él o ella y comprender las señales que da para, juntos, formar una sociedad en la que cada uno tiene sus responsabilidades durante la comida. Como explicaremos, tu rol es ofrecer la comida. El del bebé, con tu apoyo, es decidir si quiere comer y cuánto.

La conexión como necesidad biológica

Antiguamente, se creía que la importancia de la relación niño-cuidador tenía que ver con la necesidad de alimento del pequeño. En realidad, esto no es así. De hecho, la conexión con el cuidador es una necesidad biológica en sí misma, distinta del hambre y de la necesidad de conseguir comida. Pero aunque la necesidad de satisfacer el hambre y la de sentir una conexión se rigen por reglas distintas, también tienen algunos puntos importantes en común.

La alimentación perceptiva surgió de las investigaciones sobre la teoría del apego y la crianza respetuosa. Según la teoría del apego, los humanos tienen una necesidad profunda de conectarse y formar un vínculo estrecho con un cuidador: si el cuidador responde adecuadamente, el niño desarrollará ese vínculo desde una etapa muy temprana de su vida.[1,2] Antiguamente, la idea del apego se consideraba marginal, pero la evidencia ha demostrado su gran impacto y hoy sabemos que el apego favorece el crecimiento, la independencia, el desarrollo emocional y la salud mental. La crianza respetuosa, que ganó aceptación como respuesta a la crianza caracterizada por la distancia y la disciplina rígida imperante durante la primera mitad del siglo XX, es un estilo de crianza muy empático que guía mediante la conexión con el niño, pero poniendo los límites apropiados. Los cuidadores asumen el rol de maestro (no de jefe ni de amigo) y se centran en el aprendizaje por encima de la adhesión a las normas y la obediencia.

En el año 2000, un grupo de investigadores acuñaron el término *alimentación perceptiva,* un principio por el cual el niño comunica su hambre o saciedad y el cuidador responde a esas señales.[3] La alimentación perceptiva tiene puntos en común con la crianza respetuosa, en el sentido de que la alimentación de cada niño debe abordarse con una mezcla de conexión, comunicación y límites.

Dicho de una forma más llana: al principio, el bebé te expresará de varias maneras que tiene hambre y tú responderás ofreciéndole el pecho o un biberón. Con esta interacción, el bebé aprende que su comunicación es poderosa, que le permite expresar sus necesidades, que sus necesidades son importantes y que van a ser satisfechas. Y a la vez, nuestra capacidad para entender al bebé se consolida mediante esa conexión. Los cuidadores confían en que el bebé sabe lo que quiere o necesita y el bebé confía en que el cuidador lo escucha. Esta reciprocidad es fundamental para la lactancia materna o la alimentación con biberón, y el objetivo es ampliar ese patrón con el inicio de la alimentación complementaria.

Sobre la teoría del apego

Las primeras investigaciones que estudiaron la teoría del apego carecían de sensibilidad e inclusión, y existen estudios más recientes que han profundizado en el tema y ampliado su alcance.[4,5] Cabe destacar que el apego varía entre las diferentes culturas y puede tener diferentes expresiones sanas.

Tú ofreces, el bebé decide

Una de las formas más eficaces de aplicar la alimentación perceptiva es lo que llamamos la «división de responsabilidades». Esta práctica sirve para dejar claro de qué se ocupan los padres y qué queda en manos del bebé.[6] Una versión simplificada sería «tú ofreces, el bebé decide». Como cuidador, tú te ocupas del cómo, el dónde y el cuándo: por ejemplo, elegir el menú, decidir a qué hora comer y dónde, además de tu actitud en el momento de comer. El bebé luego decide qué comer y cuánto. Esto puede entenderse como un marco flexible donde caben las excepciones, pero también puede ayudarte a no perder de vista tu rol y los aspectos de una comida que son tu responsabilidad.

Alimentar al bebé de forma perceptiva implica que padres y cuidadores deben prestarle atención. Sus comportamientos (como mirar a un lado, adoptar una postura rígida, sonreír, alejarte a ti o un objeto, inclinarse para coger algo, cerrar los ojos, sostener algo, soltarlo, balbucear, reírse), todos, comunican algo. Es cierto que los bebés tienen todo tipo de comportamientos y movimientos impredecibles, pero en general son increíblemente comunicativos y decididos. Busca esas señales de comunicación. Recurre a tu experiencia y a lo que sabes para tratar de interpretar qué significan.

Los especialistas en desarrollo llaman a esas señales «signos de interés o desinterés» y suelen clasificarlas en señales «de acercamiento» y «de evitación», es decir, señales de que el bebé quiere participar en algo y está dispuesto a aprender y señales que indican que algo lo está molestando, que necesita un descanso o que ya ha terminado.

Señales de acercamiento habituales:

Sonreír	Balbucear
Reír	Llamar la atención o intentar coger
Establecer contacto visual	alguna cosa
Estar en calma	

Señales de evitación habituales:

Cerrar los ojos

Mirar hacia otro lado/girar la cabeza

Tener hipo

Estornudar muchas veces

Adoptar una postura rígida

Arquearse

Alejar un objeto

Quejarse o llorar

Bostezar

Cuando ves señales de acercamiento, el bebé te está comunicando que está listo para aprender y que le interesa. Te está diciendo: «Enséñame». Pero como los bebés aprenden mejor cuando hacen las cosas, también te está diciendo: «Déjame intentarlo». Cuando estéis a la mesa, observa si intenta coger la comida, se inclina hacia donde está, abre la boca y muestra interés por hacer lo que estás haciendo.

Un ejemplo de alimentación perceptiva

Retomemos la historia de Essie y su familia. A los padres de la pequeña les preocupaba cuánto comía en realidad y si estaba creciendo. Tenían muchas ganas de incorporar otros patrones y conductas, pero les daba miedo que su hija aumentara poco de peso. Veamos cómo aplicaron las pautas de la alimentación perceptiva para darle de comer con cuchara:

☐ Esperaron a que la niña estuviera interesada en la experiencia de comer (según su desarrollo y habilidades cognitivas).

☐ Observaron atentamente su comportamiento y respondieron en consecuencia, dejándola coger la cuchara cuando la buscaba.

☐ Le dejaron manipular la cuchara para que intentara llevársela a la boca, pero le ayudaban a llenarla.

☐ Demostraron su entusiasmo y alegría por verla experimentar: su atención estaba puesta en el aprendizaje, no en el volumen ingerido.

☐ Terminaron la comida cuando Essie les comunicó con sus acciones que estaba perdiendo el interés.

La alimentación perceptiva con cuchara

Cuando a un bebé se le da de comer con cuchara, es importante que sea con las pautas de la alimentación perceptiva. Esta práctica implica que el cuidador ofrece la cuchara y espera a que el bebé la agarre (o se incline y abra la boca para aceptarla). El abordaje perceptivo se aleja de prácticas como calcular cuántas cucharadas acepta el bebé o recurrir a algún tipo de engaño para que coma una cantidad concreta. No hay una cantidad «correcta» que deba comer: el objetivo es que explore el sabor y la textura de la comida, y que aprenda.

Si eso te genera ansiedad, no pasa nada por bajar el ritmo de incorporación de la alimentación complementaria. Puedes seguir las pautas de la alimentación perceptiva con cuchara de vez en cuando, pero, pasado un tiempo, probablemente veas que tu bebé intenta coger la cuchara, llevársela la boca y controlarla por su cuenta. De hecho, casi todos los bebés tienen esa motivación entre los 6 y los 7 meses.

Ya ha pasado un mes desde que Essie empezó la alimentación complementaria y, a menudo, se niega a coger la cuchara. Antes, cuando pasaba esto, sus padres solían ofrecerle un nuevo puré y Essie, por lo general, volvía a mostrar interés. Pero ahora la pequeña gira la cabeza y esquiva la cuchara invariablemente, sin importar qué se le ofrezca. Se sienta absolutamente feliz a la mesa y le gusta mirar a sus hermanos comer, pero no tiene ningún interés en lo que le ofrecen. Sus padres se preguntan si es que no tiene hambre o si pasa algo.

La madre y el padre de Essie, con el conocimiento que tenían, infirieron qué quería comunicarles su bebé. Lo que no captaron fue el interés de la pequeña en lo que estaba comiendo la familia y cómo lo estaban comiendo.

Essie estaba comunicando que no necesitaba sabores distintos (recuerda que la mayoría de los bebés de 6 meses tienen una disposición natural para explorar casi cualquier sabor), sino que estaba preparada para tener un mayor control: quería comer con las manos.

Los padres de Essie dejaron de usar la cuchara durante un tiempo y empezaron a ofrecerle alimentos troceados. Cuando le permitieron experimentar con lo que comía el resto de la familia y comer con las manos, Essie volvió a mostrarse interesada inmediatamente. Unas semanas después, sin embargo, ha surgido otro inconveniente. La pequeña parecía encantada de manipular y explorar los alimentos sólidos, pero de pronto ha empezado a frustrarse y se niega a todo. Si no puede coger algo resbaladizo o si rompe sin querer un trozo de algo, se enfada, y entonces sus padres terminan la comida en ese momento. No saben bien qué hacer y sienten que las comidas no funcionan. Temen que su bebé no esté comiendo lo suficiente.

Entre los 6 y los 12 meses, un bebé es muy capaz de aprender a comer, pero, como todo aprendizaje tiene sus dificultades, también puede frustrarse durante el proceso. Ten presente que estos momentos de mayor dificultad son extraordinariamente positivos. Cuando el bebé comunica frustración, enfado o confusión, entre otras cosas, es natural que los padres quieran resolver la situación, hacer que pase el enfado. Pero eso no suele ser lo que el pequeño necesita. Lo que necesita es una ayuda mínima, lo que llamamos *andamiaje*, que le permita completar la tarea de forma independiente.[7,8]

Andamiajes para aprender

Llamamos andamiaje al proceso por el cual un padre, madre o cuidador enseña mediante el ejemplo y luego ofrece la ayuda mínima necesaria al bebé para que complete la tarea por su cuenta, lo que le permite aprender algo que está un poquito por encima de sus capacidades actuales. El cuidador le presenta una tarea «con la dificultad justa», en el sentido de que completarla requiere cierto esfuerzo y persistencia, pero es lo suficientemente realizable para que el bebé siga motivado y con ganas de intentarlo.[9] Ofrecerle andamiaje implica ofrecer el mínimo de ayuda que necesita para seguir de forma independiente.[10]

Essie, por ejemplo, estaba teniendo dificultades con algunas acciones concretas a la hora de alimentarse por sus propios medios y, cuando le pasaba, sus padres las entendían como una señal de que era el momento de dar por terminada la comida. Otros padres quizá se habrían lanzado a dar de comer u ofrecer otros alimentos al niño o la niña. Sin embargo, tenemos mucho que aprender de este escenario. Essie era perfectamente capaz de comer por su cuenta: necesitaba un poco más de tiempo, esfuerzo y palabras de aliento de sus padres. Por supuesto, si un bebé no está siendo capaz de superar sus dificultades o si el andamiaje que se le está ofreciendo no hace más que aumentar su frustración, terminar la comida en ese momento es una buena decisión.

Pero hay ciertos andamiajes que sus padres podrían aplicar para ver si Essie logra ampliar y reforzar habilidades que ya tenía. Pueden ofrecerle la comida con la mano para que la pueda agarrar mejor. O cortar los alimentos en formas que sean más fáciles de coger. Y si Essie no se tranquiliza, pueden sentarla en su regazo durante la comida para reforzar el vínculo durante ese aprendizaje. Con todas estas pequeñas acciones, Essie podría seguir aprendiendo a comer alimentos sólidos.

Por lo general, podemos ofrecer ayuda de manera sutil, sin interferir ni tratar de controlar la situación. A veces, una sonrisa o una voz tranquilizadora bastan para que el bebé se sienta en compañía y con la serenidad necesaria para seguir intentándolo. No subestimes el poder de tu presencia, pues para el bebé es la prueba de que hay un cuidador amoroso que puede calmarlo y ayudarlo con algo difícil. A veces, tal vez necesita que lo cojas en brazos durante unos minutos para regularse. Un momento divertido de interacción también puede despertar (o mantener) su interés por la comida. Todos esos pequeños gestos pueden tener un gran impacto en la capacidad del bebé para aprender a comer solo, masticar y comer contigo. Es un juego de conexión y respuesta que se vive en cada mesa compartida.

Ejercitar la confianza

La alimentación perceptiva necesita sobre todo padres y cuidadores que confíen en el bebé y le cedan el control, pero a la vez lo observen atentamente en busca de señales de comunicación y respondan en consecuencia. Es normal dudar sobre qué está queriendo comunicar el bebé. La mejor inferencia es la que puedas hacer. La práctica de la alimentación perceptiva conlleva ensayo y error, y quizá al principio malinterpretes las necesidades o los deseos del bebé, pero mientras tanto aprenderéis el uno del otro y tú traducirás cada vez mejor sus señales.

La alimentación perceptiva implica observar al bebé y esperar a que muestre que está preparado, y que los padres y los cuidadores demuestren que le tienen la confianza suficiente para cederle el control. Estos son momentos cruciales si queremos criar niños que disfruten del hecho de comer, y se vivirán a menudo tanto durante las comidas como en otros ámbitos; de hecho, con el paso de los meses, se convertirán en habituales. Aunque puede costarnos sentir que no tenemos el control de la situación (quizá por todo lo que se ensucia, por el miedo al atragantamiento o por la preocupación de que el bebé no coma lo suficiente), ceder y dejar espacio permite que el bebé siga creciendo, aprendiendo y siendo escuchado.

Impedir que el bebé coja un utensilio o tome la iniciativa le comunica lo siguiente: «No creo que puedas hacer eso» y «A mí me sale mejor». Con el tiempo, esto puede materializarse en un rechazo constante de la comida (o una lucha de poder en la que un bando es un bebé muy decidido que no está de acuerdo contigo) y, en muchos casos, la renuncia a la actividad. Pero piensa que tú puedes ser quien primero aliente a tu bebé. Cuando experimente con la comida, cometerá errores, tendrá que lidiar con la frustración y aprenderá a resolver problemas. Tu presencia y compañía amorosa, además del andamiaje y el modelo que le ofrezcas, le dan la seguridad que necesita para manejar esta situación, y mucho más.

Resumen

✔ La alimentación perceptiva es un ejercicio de confianza: el cuidador estudia la comunicación no verbal del bebé y responde en consecuencia.

✔ Algunas de las señales que indican que el bebé tiene interés y quiere aprender son que se incline hacia adelante, que establezca contacto visual, que balbucee y que quiera coger cosas. Este momento es óptimo para que practique las habilidades que necesita para comer alimentos sólidos.

✔ Los indicios de que el bebé necesita un descanso o que ya no quiere comer más pueden ser que mire a un lado, que bostece, que estornude muchas veces, que adopte una postura rígida, que se arquee hacia atrás, que llore o que aleje lo que tiene delante.

✔ Tu rol es ofrecerle comida al bebé. Su tarea es decidir cuánto quiere comer.

✔ El andamiaje ayuda al bebé a desarrollar sus habilidades. Tú le muestras cómo hacer algo y creas un ambiente propicio para que el bebé lo logre. Luego te alejas y le das espacio para que lo intente.

CAPÍTULO 6

Superar el miedo al atragantamiento

Soy madre primeriza y me genera mucha ansiedad la idea de empezar con los alimentos sólidos. Mi bebé, Theo, tiene 9 meses y ha comido purés desde los 6. Hoy le he ofrecido un trozo de aguacate y él enseguida le ha dado un mordisquito. Creí que se me iba a parar el corazón, pero luego ha escupido el trozo y yo se lo he quitado inmediatamente. Quiero volver a intentarlo, pero la sola idea me pone muy nerviosa, porque creo que va a atragantarse.

DANIELLE

ADVERTENCIA DE CONTENIDO SENSIBLE:
Este capítulo menciona la muerte de niños y bebés en el marco de una exposición sobre lo infrecuente que es que un bebé muera por atragantamiento.

La idea de que un bebé se atragante es aterradora. Ese mismo miedo hace que muchos padres recurran a la comodidad de la comida comercial para bebés al principio de la alimentación complementaria. Para cuando termines de leer este capítulo, sabrás que el atragantamiento no es una causa común de muerte ni en bebés ni en niños pequeños.[1] También comprenderás por qué esperar hasta después de los 9 meses para introducir alimentos que hay que masticar puede, en realidad, incrementar el riesgo de atragantamiento una vez que se empiezan a ofrecer.[2,3,4,5]

Desentrañar los mitos sobre la alimentación autónoma

Padres y profesionales médicos por igual suelen sorprenderse al descubrir que las recomendaciones que se han dado históricamente sobre cómo alimentar a los bebés carecen de evidencia científica. Hasta hace poco, no se había indagado en cuestiones como cuál es la mejor manera de ayudar al bebé a aprender a masticar o la forma más segura de empezar a ofrecerle alimentos sólidos. Cuando las empresas de comida para bebés comenzaron a difundir mensajes sobre el desarrollo y la seguridad de la alimentación infantil en las décadas de 1920 y 1930, esos mensajes se aceptaron como hechos a pesar de la falta de investigaciones no sesgadas que los respaldaran.[6]

En consecuencia, muchas familias aplicaron los mismos métodos que habían usado sus propios padres. Como sucede con muchos otros aspectos de la crianza, prevaleció el criterio de «así es como se ha hecho toda la vida», que luego se replicó en las generaciones siguientes. Y un patrón similar se perpetuó entre los profesionales de la medicina. En lo que respecta a la alimentación infantil, hay tres mitos que han arraigado y perdurado en distintas generaciones:

1. **Mito 1:** Los bebés y los niños tienen más probabilidades de morir atragantados que los adultos.

2. **Mito 2:** Mientras no tengan dientes, los bebés no pueden comer alimentos que deban masticar.

3. **Mito 3:** Dar de comer a un bebé con cuchara es más seguro que dejar que coma de forma autónoma alimentos que deba masticar.

Estos mitos, por lógicos que parezcan, no son verdad. Y esto es importante, porque cada uno de ellos, si se considera verdad, puede causar problemas en la alimentación durante los primeros años de vida. Vamos a desglosar estos mitos para refutarlos y tranquilizarte.

Mito #1
Los bebés y los niños tienen más probabilidades de morir atragantados que los adultos.

Contrariamente a lo que se cree, el atragantamiento no es una causa común de muerte en bebés y niños.[7] Cada año, aproximadamente 1 de cada 100.000 bebés muere tras atragantarse con un objeto o con comida. Si se comparan estos datos con los de los niños pequeños (de 1 a 4 años), los niños y adolescentes (de 5 a 17 años) y los adultos, prácticamente no hay diferencias. Después de los 50 años, la tasa de muerte por atragantamiento aumenta, incremento que se sostiene cuanto mayor es la edad. Entre los 80 y los 84 años, la tasa de mortalidad asciende de forma más pronunciada y alcanza las 10 muertes por cada 100.000 adultos al año.

Pero incluso para un adulto mayor, el riesgo es bajo: el atragantamiento no es una de las causas principales de muerte. No lo es para los bebés, los niños y adolescentes ni para los adultos. Los atragantamientos suponen menos del 1 por ciento de las muertes en bebés y niños menores de 4 años.[8] Y cuando aislamos los atragantamientos con comida (en lugar de con objetos como monedas o juguetes pequeños), ese porcentaje se reduce a menos del 1 por ciento. El atragantamiento no es en absoluto una causa común ni frecuente de muerte o lesiones graves.

Mito #2

Mientras no tengan dientes, los bebés no pueden comer alimentos que deban masticar.

La idea de que los bebés necesitan dientes para comer es errónea. De hecho, los dientes que los seres humanos usamos para comer (los molares) no suelen salir hasta después del primer año, generalmente entre los 13 y los 19 meses.[9] Los bebés pueden usar las encías para mordisquear y triturar alimentos apropiados para su edad de forma segura.

Aunque es lógico suponer que un bebé necesita dientes para comer un alimento sólido, esta falacia se ha reforzado con los mensajes de los anuncios de comida para bebés. Para aportar claridad: los bebés no mastican con los dientes frontales. Estos se usan para morder y desmenuzar, lo cual el bebé no puede hacer cuando se le da una comida grumosa con cuchara. De hecho, es probable que el bebé chupe esa comida grumosa para tragarla o que la haga papilla apretándola con la lengua contra el paladar, porque los trocitos no tienen un tamaño suficiente como para estimular los reflejos de masticación. La comida para bebés se ha comercializado como las «ruedecitas de apoyo» para aprender a comer, cuando, en realidad, la mayoría de estos productos solo retrasan el proceso de aprendizaje de los bebés.

Mito #3

Dar de comer a un bebé con cuchara es más seguro que dejar que coma de forma autónoma alimentos que deba masticar.

Junto con el mito que dice que los bebés necesitan dientes para comer (perpetuado por las empresas fabricantes de comida para bebés), hay otro:

que la comida sin textura para bebés es más segura que dejar que el bebé coma de forma autónoma alimentos que deba masticar. Las investigaciones demuestran que esto lisa y llanamente no es verdad. Un ensayo controlado y aleatorio desarrollado en Nueva Zelanda a lo largo de 2 años mostró que los bebés a quienes se les permitía comer alimentos sólidos adecuados de forma autónoma no se atragantaban más que quienes se alimentaban con cuchara, a cualquier edad.[10]

También sabemos por las investigaciones sobre fisiología que, cuando un individuo se alimenta de forma autónoma, el riesgo de atragantamiento por lo general disminuye.[11,12,13] Mucho antes de que la comida siquiera entre en la boca, se produce una intensa activación del cerebro. Buscar la comida, tocarla y levantarla le da al cerebro información sensorial vital sobre qué sensaciones producirá esa comida en la boca y cómo se moverá probablemente, lo que aumenta la atención, la preparación para masticarla y la capacidad para gestionarla.

Cuando una persona decide acercarse comida a los labios, el cerebro se activa para comenzar el proceso de masticación, lo que hace que la boca se abra y la lengua se mueva, todo a modo de preparación para que el reflejo de deglución se active de manera segura y eficaz.[14] Todos estos mecanismos funcionan en conjunto para que la comida pueda gestionarse en la boca y tragarse con seguridad. Las primeras investigaciones sobre la importancia de la alimentación autónoma se hicieron en residencias para adultos mayores, aunque luego se trasladaron a la pediatría. Diversos estudios en pacientes geriátricos han hallado que, cuando los adultos mayores son alimentados por otra persona, tienen más probabilidades de atragantarse. Aquellos a quienes se permite comer de forma autónoma se muestran más interesados en el proceso y tienen menos riesgo de atragantamiento.[15,16,17]

Aunque dar papilla con cuchara durante una semana o poco más a un bebé que está empezando la alimentación complementaria no supone un problema significativo, ten en cuenta que esa no es una forma eficaz de enseñarle a masticar. Los estudios que han explorado las ventanas críticas para el desarrollo de la motricidad oral muestran que esperar a que el bebé sea mayor o tenga más dientes para ofrecerle alimentos que deba masticar no disminuye el riesgo de atragantamiento: puede aumentarlo. Siendo especialistas en la neurobiología de la deglución y la fisiología del atragantamiento, no nos preocupa el bebé de 6 meses que mordisquea un trozo grande de comida; nos preocupa el bebé de 12 meses que todavía no ha tenido la oportunidad de practicar cómo se mastica un alimento. ¿Por qué? Porque, a los 12 meses, ese niño tiene más movilidad y, por tanto, más probabilidades de estar expuesto (en la guardería, en el colegio, en una fiesta) a productos comerciales de alto riesgo para los niños, como gominolas y zanahorias *baby*.

Tan importante como lo anterior es que la anatomía de las vías respiratorias de un bebé, que lo protege contra el atragantamiento, comienza a cambiar en los niños pequeños.[18] Y, en un niño de 12 meses, algunos de esos reflejos protectores contra el atragantamiento ya no se activan tan fácilmente como en un bebé. Dicho de otro modo: frente al mismo alimento, probablemente sea más difícil que se atragante el bebé que el niño pequeño. Retrasar la introducción de alimentos que se deben masticar y dar de comer al bebé con cuchara durante un tiempo prolongado puede ralentizar la práctica de habilidades muy importantes para la masticación justo cuando los reflejos que lo protegen contra el atragantamiento están en óptimo funcionamiento.

Comprender los datos sobre los atragantamientos

La muerte de un bebé o un niño es algo desgarrador. Pero observar los datos sobre los atragantamientos puede dar a las familias una perspectiva muy necesaria sobre este temor, además de ayudarlas a iniciar una conversación con médicos y otros agentes facultados para dar recomendaciones de salud que podrían evitar muertes futuras. Y en este punto, vamos a indagar en la evidencia: en concreto, en datos sobre mortalidad recopilados por los Centros para el Control y la Prevención de Enfermedades de EE. UU. (CDC) durante un periodo de entre 5 y

10 años en Estados Unidos. (El Centro Nacional para las Estadísticas de la Salud, NCHS, parte de los CDC, registra las causas de muerte en niños y adultos en Estados Unidos según los certificados de defunción). Las muertes por atragantamiento causadas por comida u objetos en Estados Unidos suponen menos del 1 por ciento, o alrededor de 20 muertes por año, entre los bebés de 4 a 11 meses, una cifra considerablemente inferior a la de los niños que mueren por síndrome de muerte súbita del lactante (SMSL), falta de sueño seguro, homicidio y más (página 92).

El atragantamiento con comida u otro objeto supone el 1,6 por ciento del total anual de muertes en niños pequeños en Estados Unidos. Además de las que se incluyen en la gráfica de la página 93, existen otras causas de muerte más frecuentes que el atragantamiento, entre ellas, el ahogamiento, el homicidio, el cáncer y los accidentes de tráfico.

Como ya hemos dicho, al profundizar en los datos sobre atragantamientos, aparece una imagen interesante. Si aislamos los episodios de atragantamiento con comida en niños (en lugar de objetos como monedas o juguetes pequeños), ese porcentaje se reduce significativamente hasta apenas un 0,2 por ciento. Eso significa que mueren más bebés al año por atragantarse con objetos (como piezas de juguetes) que con comida, mientras que, entre los niños de entre 1 y 4 años, se registran más muertes por atragantamiento con comida que con objetos. No hay forma de conocer la historia completa detrás de cada muerte documentada por los CDC, pero este desglose de las muertes por atragantamiento en bebés y en niños pequeños es bastante revelador. El riesgo de muerte por atragantamiento con comida no se reduce entre el primer año de vida y los siguientes años de infancia.

Primeras 5 causas de muerte de bebés de 4 a 11 meses en EE. UU., 2017-2021		
Causa de muerte del bebé	Promedio de muertes al año en EE. UU.	Porcentaje total de muertes de bebés
Malformaciones congénitas o anormalidades cromosómicas	504,6	16,9 %
Síndrome de muerte súbita del lactante (SMSL)	457,6	15,3 %
Asfixia o estrangulamiento por condiciones de sueño inseguras	318,0	10,7 %
Enfermedades coronarias y del sistema circulatorio	158,0	5,3 %
Agresión física/homicidio	127,8	4,3 %
Atragantamiento con comida u objeto	20,2	0,68 %
Atragantamiento con objeto	13,2	0,44 %
Atragantamiento con comida	7	0,22 %

Primeras 5 causas de muerte de bebés (de 4 a 11 meses) y muertes relacionadas con atragantamientos en Estados Unidos entre 2017 y 2021.

«Atragantamiento con comida u objeto» se refiere a muertes por inhalación e ingesta de comida u otros objetos que provocaron una obstrucción de las vías respiratorias.

Fuente: CDC, NCHS. NVSS (Sistema Nacional de Estadísticas Vitales). Mortalidad en neonatos/bebés vinculada en la base de datos en línea del sistema WONDER de los CDC. Los datos se recuperaron de los registros sobre mortalidad de neonatos/bebés entre 2017 y 2021, recopilación de datos proporcionada por las 57 jurisdicciones de estadísticas vitales en el marco del programa Vital Statistics Cooperative Program. Último acceso en «http:// wonder.cdc.gov/lbd-current-expanded.html» el 1 de enero de 2024.

Quizá te preguntes si es posible saber cómo comían (si de forma autónoma o alimentados con cuchara por otra persona) los bebés y niños que murieron por atragantamiento, pero, desafortunadamente, estos datos no existen. Lo que sí sabemos es que no se ha registrado un aumento interanual de las muertes por atragantamiento desde que la idea de permitir que los bebés coman alimentos sólidos de forma autónoma empezó a expandirse en Estados Unidos. Y las investigaciones tampoco han detectado un aumento en la frecuencia de atragantamientos entre los bebés que comían alimentos sólidos de forma autónoma en relación con los alimentados con cuchara.[19] Es importante también recordar que, en el momento de evaluar el riesgo de atragantamiento, hay varios factores que tener en cuenta aparte de la forma y la característica de un alimento en concreto, algo que exploraremos más adelante en este capítulo.

Primeras 5 causas de muerte en niños pequeños de 1 a 3 años en EE. UU., 2011-2020		
Causa de muerte del bebé	Promedio de muertes al año en EE. UU.	Porcentaje total de muertes de niños pequeños
Malformaciones congénitas o anormalidades cromosómicas	383,4	11,6 %
Síndrome de muerte súbita del lactante (SMSL)	354,6	10,7 %
Asfixia o estrangulamiento por condiciones de sueño inseguras	296,3	9,0 %
Enfermedades coronarias y del sistema circulatorio	245,5	7,4 %
Agresión física/homicidio	162,3	4,9 %
Atragantamiento con comida u objeto	54,4	1,64 %

Atragantamiento con objeto	22,5	0,68 %
Atragantamiento con comida	31,9	0,96 %

Primeras 5 causas de muerte en niños pequeños (de 12 meses a 3 años) y muertes relacionadas con atragantamientos en Estados Unidos entre 2011 y 2020. «Atragantamiento con comida u objeto» se refiere a muertes por inhalación e ingesta de comida u otros objetos que provocaron una obstrucción de las vías respiratorias.

Fuente: CDC, NCHS. NVSS (Sistema Nacional de Estadísticas Vitales). Mortalidad de neonatos/bebés vinculada en la base de datos en línea del sistema WONDER de los CDC. Los datos se recuperaron de los registros sobre mortalidad de neonatos/bebés entre 2017 y 2021, recopilados de datos proporcionados por las 57 jurisdicciones de estadísticas vitales en el marco del programa Vital Statistics Cooperative Program. Último acceso en «http://wonder.cdc.gov/ucd-icd10.html» el 2 de enero de 2024.

Al analizar los datos sobre mortalidad registrados por los CDC, sabemos que, cada año, mueren alrededor de 2990 bebés de 4 a 11 meses y alrededor de 3310 niños pequeños de 1 a 3 años. De media, por año, 7 de las muertes por atragantamiento en bebés (de 4 a 11 meses) y 32 de las muertes por atragantamiento en niños pequeños (de 1 a 3 años) son causadas por la comida. Para dar más perspectiva: cada año se producen, de media, 458 muertes de bebés (de 4 a 11 meses) por SMSL y, también de media, 355 muertes de niños pequeños (de 1 a 3 años) relacionadas con ahogamientos (ver páginas 92 y 93).

A pesar de que los datos muestran que la muerte o las lesiones graves por atragantamiento no son de los riesgos más importantes entre bebés y niños pequeños, los medios de comunicación y la publicidad suelen apuntar a los peligros del atragantamiento. Sea por anuncios de comida comercial para bebés, dispositivos «antiatragantamiento» o medios de comunicación bienintencionados que malinterpretan los datos, los padres están saturados de informaciones que generan temor. Por ejemplo, solemos leer «Cada cinco días, un niño muere por atragantamiento», y eso parece una cifra altísima. Pero en ese caso, se llama «niño» a cualquier persona menor de 18 años y, cuando se hacen los cálculos, son unas 73 personas al año, lo que está en sintonía con los datos que presentamos anteriormente. Ese titular busca que los padres piensen que las muertes por atragantamiento son algo muy común.

También hemos observado que los medios de comunicación citan, incorrectamente, los atragantamientos como una de las principales causas de muerte en niños pequeños, algo que creemos que surge de la forma en que los CDC categorizan los datos sobre decesos. Cuando alguien toma los datos sobre mortalidad del NCHS en la base de datos del sistema WONDER de los CDC y genera un informe de las 15 principales causas de muerte, la categoría «Accidentes (lesiones no intencionadas)» aparece como una de las cinco causas principales de muerte tanto en bebés como en niños pequeños. Aunque el atragantamiento es una pequeña parte de la categoría general «Accidentes», no es una causa principal de muerte y nunca lo ha sido, a ninguna edad. En resumen, nuestro temor al atragantamiento es desproporcionado en relación con la probabilidad estadística.

Cuando atragantarse no es atragantarse

Hay otro motivo por el que se hace tanto hincapié en los atragantamientos en el discurso sobre la seguridad infantil: hay muchos accidentes que se clasifican como «atragantamiento», a pesar de que el niño no se está atragantando en absoluto. Tener arcadas, toser e incluso presentar síntomas de reflujo infantil al comer suele malinterpretarse como un atragantamiento, porque tienen algunos síntomas ligeramente similares o incluso iguales, lo que puede confundir a la gente. Es más, padres y profesionales de la medicina suelen usar el término «atragantamiento» como un genérico para referirse a cualquier dificultad con la gestión o la deglución de la comida, incluso cuando saben que lo que sucedió en realidad no fue una emergencia que pusiera en riesgo la vida. No es raro oír a una madre o un padre decir «mi bebé se ha atragantado un poco», cuando el bebé está claramente respirando y cómodo, pero ha tosido un poco mientras comía. El verdadero atragantamiento es una emergencia que supone un riesgo para la vida y no se puede resolver fácilmente sin ayuda. Requiere intervención de emergencia, sea con golpes en la espalda o compresiones torácicas/abdominales para que la presión del aire que sale de los pulmones expulse el elemento obstructivo.

Cientos de familias nos envían correos electrónicos y mensajes directos a diario, y prestamos mucha atención a los mensajes que, de vez en cuando, mencionan un atragantamiento. Hay padres que sienten mucha ansiedad, algunos que están aterrados, otros que nos cuentan que una vez su hijo se atragantó y quieren que los tranquilicemos de cara al futuro. Este es el mensaje de tranquilidad que ofrecemos a estos padres y a ti: muy pocos de los mensajes sobre «atragantamientos» que recibimos describen, en efecto, lo que nuestro equipo médico considera un verdadero atragantamiento. Veamos un ejemplo:

> Mi bebé tiene seis meses y da todas las señales de estar lista para incorporar alimentos sólidos. Anoche le dimos un trozo de aguacate y se atragantó. Tosía muchísimo, se puso roja y se retorcía tanto que vomitó y escupió el trozo de aguacate, que era enorme. Ahora solo le damos purés para que no vuelva a atragantarse.
>
> Jessica

Aunque esta experiencia sin duda fue aterradora para Jessica, tiene toda la pinta de que la bebé estaba intentando descubrir cómo mover un trozo de aguacate dentro de la boca y terminó con una arcada muy fuerte. Pero las arcadas son una respuesta protectora normal, como explicaremos un poco más adelante. Y vomitar, aunque no es lo ideal, no es una práctica insegura, y nos indica que la comida probablemente no estaba en las vías respiratorias. Volveremos a este ejemplo después, pero, en primer lugar, es importante señalar que un atragantamiento no es una arcada.

Atragantamiento versus arcada

Muchos padres creen equivocadamente que, cuando un bebé tiene una arcada (que es una respuesta común y natural mientras se aprende a comer alimentos sólidos), se está atragantando. Aclaremos esa confusión. Las arcadas son un reflejo protector natural que genera la contracción de la base de la garganta y es un mecanismo que, de hecho, nos protege del atragantamiento.[20] Del mismo modo que, por acto reflejo, damos una patadita cuando el médico nos golpea la rodilla en el lugar correcto, la arcada sucede de manera automática. Se inicia una contracción rítmica de arriba abajo en la faringe y el esófago (el conducto que va al estómago) para llevar la comida más arriba, al tiempo que se cierran las vías respiratorias y se evita que el reflejo de deglución haga que el cuerpo intente tragar. Tener arcadas no es atragantarse, y las arcadas no producen atragantamientos.

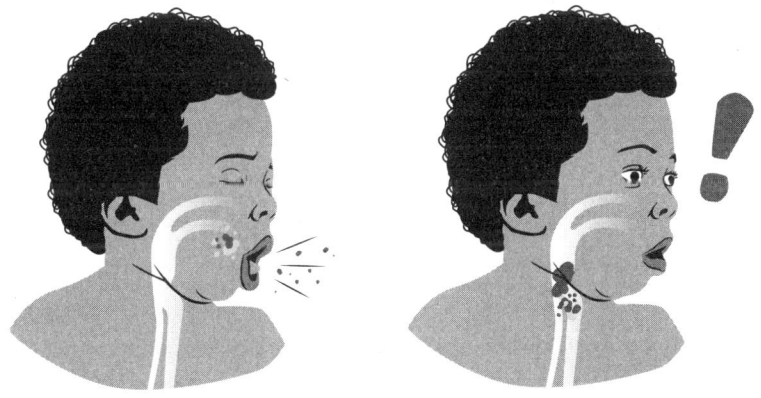

Un bebé que tiene una arcada (izquierda) abre la boca, arquea la lengua y puede toser o quejarse. Un bebé que se está atragantando (derecha) suele tener los ojos abiertos, el cuello tenso y una expresión de pánico, y hace un sonido muy agudo o tal vez ninguno.

Cuando el bebé tiene una arcada, probablemente veas que abre la boca y se sacude un poco, como si estuviera a punto de vomitar. A lo mejor levanta los bordes de la lengua, que estará cóncava, y también saque la lengua, babee, haga el sonido típico de una arcada, tosa, llore o quizá no haga mucho ruido. El bebé contiene la respiración con cada arcada, pero, si se escucha con atención, incluso un bebé que no hace mucho ruido inspira después de cada arcada. El bebé quizá parezca asustado o molesto, aunque a muchos el hecho de tener una arcada no los afecta especialmente.

Las arcadas son algo esperable mientras el bebé aprende a masticar y comer. Sin embargo, si observas que tu bebé sigue teniendo muchas arcadas en la mayoría de las comidas después de meses de práctica, o si se molesta mucho después de una arcada y es difícil retomar la comida, o si vomita frecuentemente mientras come, te recomendamos hablar con su médico para ver si deben derivarte a un especialista en deglución y alimentación infantil.

El atragantamiento, por el contrario, suele ser silencioso, lo que indica que no está pasando nada de aire por las vías respiratorias, o quizá el bebé haga unos sonidos muy agudos, que indican que le cuesta respirar. Si el bebé está llorando o tosiendo, es una buena señal de que el aire está entrando y saliendo de las vías respiratorias y el bebé puede respirar.

En situaciones de verdadero atragantamiento, el bebé parecerá estar en pánico o aterrado y quizá te busque para que lo ayudes. Si su piel es más bien clara, la zona alrededor de los labios y la nariz puede ponerse morada o azul, pero, si su piel es más bien oscura, quizá ni notes un cambio de coloración. El bebé puede perder la tonicidad muscular o no mostrar ninguna reacción, lo que es una clara señal de que se está ahogando y hace falta intervención inmediata.

¿Qué es exactamente atragantarse?

El cuerpo tiene dos conductos en la garganta: el conducto del alimento (el esófago) y el conducto de la respiración (la tráquea). Estos dos conductos están uno al lado del otro, y cuando un alimento o un líquido va desde la base de la garganta hacia el esófago, pasa por la entrada del conducto de la respiración. Si un objeto o un trozo de comida entra accidentalmente en el conducto incorrecto y se atasca en el conducto de la respiración (o forma un tapón en la entrada), puede producirse un atragantamiento. Por definición, el atragantamiento es la obstrucción parcial o total de las vías respiratorias. Generalmente, requiere intervención externa, como presión fuerte y repetida en la zona del abdomen o golpes en la espalda para forzar la salida del aire y despejar la obstrucción. Si todo esto te alarma, recuerda estos tres hechos fisiológicos:

1. El cuerpo está diseñado para protegerse de los atragantamientos.

2. El cuerpo tiene mecanismos para empujar la comida hacia el esófago y, por tanto, lejos de las vías respiratorias.

3. Si un alimento o un objeto se acerca o llega a las vías respiratorias, el cuerpo tiene un mecanismo bastante eficaz para expulsarlo mucho antes de que entre o se atasque allí.

Cómo se protege el cuerpo

Cuando un bebé empieza a aprender a masticar, su cuerpo se protege del atragantamiento de la manera más simple: manteniendo la comida en la parte delantera de la boca, bien lejos del cuello y de las vías respiratorias.

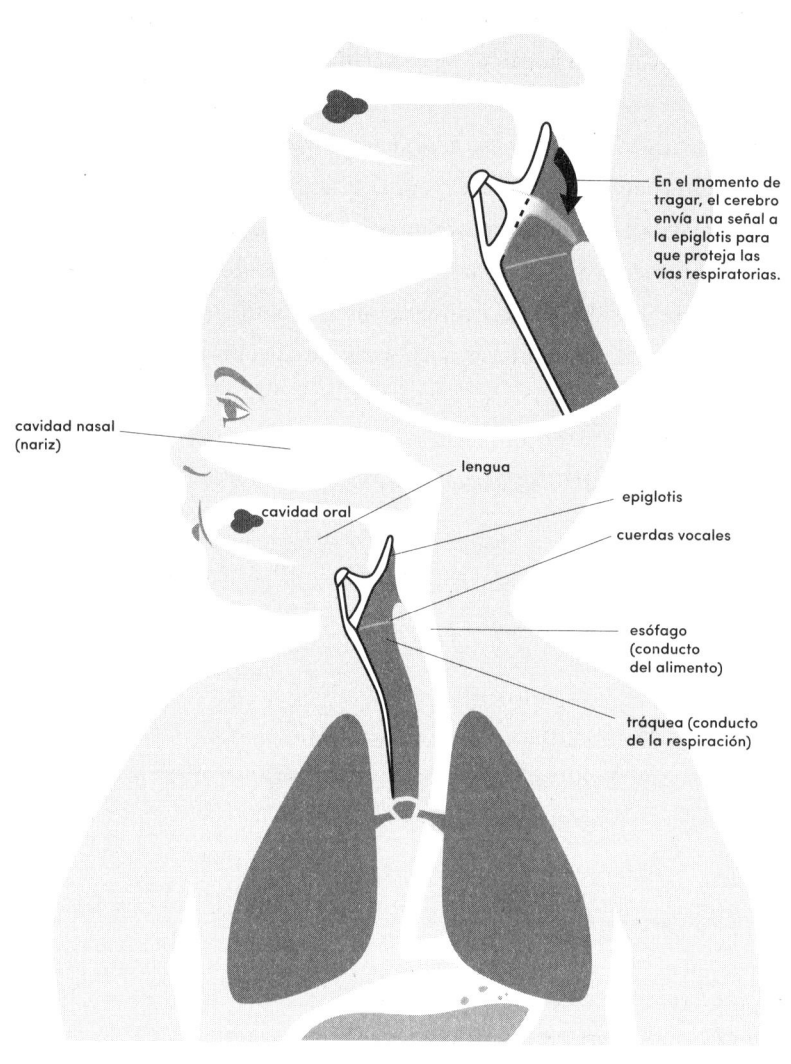

En el momento de tragar, el cerebro envía una señal a la epiglotis para que proteja las vías respiratorias.

cavidad nasal (nariz)

lengua

cavidad oral

epiglotis

cuerdas vocales

esófago (conducto del alimento)

tráquea (conducto de la respiración)

El cuerpo humano está diseñado para protegerse de los atragantamientos. Cuando la comida se acerca a la base de la garganta, el cerebro le envía una señal a la epiglotis, que cierra el paso para proteger la tráquea mientras la comida baja por el esófago hacia el estómago.

Esto es posible gracias a la anatomía del cuerpo y los reflejos motores orales, que hacen especialmente difícil que un objeto llegue muy atrás en la boca, hasta cerca de la garganta. Si la comida llega demasiado atrás, se activa el reflejo de la arcada para cerrar las vías respiratorias y expulsar esa comida, como una segunda línea de defensa. Si, en ese punto, la comida no vuelve a la parte delantera de la boca o es expulsada, el cuerpo del bebé priorizará tragarla (aunque esté sin masticar); para eso, vuelve a cerrar las vías respiratorias y envía la comida rápidamente al estómago. Si ese intento de deglución falla (es decir, si esos movimientos no se producen de manera coordinada y oportuna) y el líquido o la comida llegan a la base de la garganta, cerca de las vías respiratorias, el bebé tiende a toser, forzando la salida de aire de los pulmones, que empuja la comida o el líquido y lo expulsa. Pero, a pesar de que existen todas estas líneas de defensa, ocasionalmente se producen atragantamientos, a todas las edades.[21]

Entonces, ¿cuándo se produce un atragantamiento?

El verdadero atragantamiento se produce cuando hay una descoordinación en la deglución y la comida (o el objeto) baja por el conducto incorrecto y se atasca. Para que haya un verdadero atragantamiento, tienen que salir mal varias cosas.

1. Algo logra esquivar los reflejos que hacen que el bebé tosa y tenga arcadas.

2. El cerebro no logra cerrar las vías aéreas al tragar.

3. Algo se atasca en las vías aéreas y la tos no logra expulsarlo.

Las defensas del cuerpo contra los atragantamientos son increíblemente potentes, pero no perfectas. Recuerda que el conducto de la respiración y el del alimento están muy juntos y, al tragar, el alimento y el líquido pasan por la entrada del conducto de la respiración antes de seguir hacia el estómago. Aunque el conducto de la respiración debería cerrarse en diferentes etapas (tiene varias compuertas que se cierran y más de una manera de mantener esa zona despejada) cuando la comida o el líquido pasan por su lado, puede llegar a producirse una disrupción que haga que una o más de las compuertas anatómicas no logren cerrarse por completo en el momento justo, y entonces se produce un atragantamiento o una aspiración.

El atragantamiento está estrechamente ligado con nuestra necesidad de respirar. La respiración es esencial y debe ocurrir constantemente, y el cerebro y el cuerpo priorizan la respiración por encima de casi todas las demás funciones. Para poder respirar, las vías respiratorias deben estar abiertas. Sin embargo, cada vez que tragamos, necesitamos pausar momentáneamente la respiración y cerrar la puerta de las vías respiratorias para evitar la entrada de comida o líquido. En ciertas ocasiones, el cuerpo se equivoca y tratamos de respirar al mismo tiempo que debería estar cerrándose el conducto de la respiración, por lo que el objeto puede acercarse a la entrada de ese conducto o incluso puede llegar a caer comida o líquido dentro. La respuesta es toser, normalmente muy fuerte, y con eso suele bastar para sacar cualquier cosa que hubiera entrado ahí. Pero si un objeto se atasca en el conducto de la respiración y el reflejo de la tos no basta para expulsarlo, se produce un atragantamiento. Esta descoordinación del mecanismo de deglución es asombrosamente infrecuente en personas sanas mientras comen alimentos sólidos.

Las disrupciones del mecanismo normal de deglución suelen darse cuando la coordinación entre la respiración y la deglución se ve afectada por el movimiento, la risa, el llanto, la respiración fuerte o los gritos cuando hay un objeto o un alimento en la boca. Estas disrupciones producen arcadas, tos o algún movimiento brusco momentáneo, pero normalmente se resuelven sin ningún tipo de ayuda externa. Si una persona tiene algo en la boca del tamaño y la forma adecuados, y en el mismo momento de tragarlo siente ganas de inspirar (especialmente, fuerte), el elemento puede ser empujado hacia el conducto de la respiración y atascarse allí; en ese caso, se necesita ayuda externa de emergencia.

Ahora que sabes un poco más sobre los mecanismos de deglución y arcada, y cómo y cuándo se produce un atragantamiento, volvamos al correo de Jessica:

> Tosía muchísimo, se puso roja y se retorcía tanto que vomitó y escupió el trozo de aguacate, que era enorme.

Lo primero que nos tranquiliza es el hecho de que la bebé estaba tosiendo. La tos indica que está pasando aire por las vías respiratorias. Un bebé no puede toser si tiene algo atascado ahí. También se producen movimientos casi involuntarios junto con las arcadas. Por tanto, es probable que la bebé estuviera teniendo arcadas y tosiendo muy fuerte, lo que la hizo vomitar. ¿Es inquietante? Sí. ¿Es peligroso? No. Cuando una persona vomita, las vías respiratorias se cierran naturalmente para que el contenido ácido del estómago no entre en los pulmones. Esto hace que el contenido del estómago vuelva a subir por el conducto del alimento hasta la boca. Que el trozo de aguacate haya sido expulsado por el vómito nos indica que no estaba en las vías respiratorias, sino en el conducto del alimento, en la base de la garganta o dentro de la boca antes de ser expulsado.

Veamos más ejemplos:

> Hola. Mi bebé tiene 8 meses y le estamos dando alimentos sólidos desde los 6. Hoy, durante la cena, le hemos dado un gajo de patata al vapor; yo la estaba mirando cuando cogió un trozo, intentó tragárselo y se atragantó totalmente por primera vez desde que comenzamos con la alimentación complementaria. Tenía cara de pánico y no emitía ningún sonido. Afortunadamente, cuando la saqué de la trona y la incliné hacia adelante, el trozo se le cayó de la boca. El episodio me ha dejado muy angustiada y, sinceramente, me da terror darle de comer. No sé cómo puedo sostenerlo de manera segura. Me tienta la idea de darle purés y papillas durante un tiempo. ¡AYUDA!
>
> Shayna

> Estábamos en una fiesta y mi pequeño de 16 meses se estaba comiendo una raja de sandía. Lo miré y enseguida me di cuenta de que se estaba atragantando. Lo saqué de la trona y él emitió un sonido horrible. Tenía la boca abierta y luego se quedó callado. Le di la vuelta y empecé a golpearle la espalda. Cuando lo puse boca arriba, tenía los labios azules/morados. Le metí el dedo en la boca rozando la parte interna de las mejillas para ver si podía sacar algo, pero no veía nada; mi bebé seguía en silencio con la boca bien abierta, entonces le volví a dar la vuelta y le golpeé la espalda. Después de esa segunda vez, al ponerlo bocarriba le vi escupir el trozo de sandía por el lado de la boca. Finalmente, lloró. Fue todo muy rápido y muy aterrador. Os estoy muy agradecida por vuestro trabajo porque supe qué tenía que hacer y le salvé.
>
> Holly

Ambas madres estaban aterradas. Sin embargo, solo la historia de Holly refleja un verdadero episodio de atragantamiento. Afortunadamente, ella estaba formada para ofrecer primeros auxilios y responder adecuada y rápidamente.

Analicémoslo un poco más en detalle. En su correo electrónico, Shayna escribe:

> Afortunadamente, cuando la saqué de la trona y la incliné hacia adelante, el trozo se le cayó de la boca.

En este ejemplo, la comida salió de la boca de la pequeña sencillamente cuando su madre la inclinó hacia adelante. Dicho de otro modo: probablemente, nunca estuvo atascada en las vías respiratorias. De haber sido así, no habría caído de la boca de la bebé solo por un cambio de postura. ¿A la bebé le costó gestionar la comida? Es probable que sí. ¿La comida se acercó brevemente a sus vías respiratorias, lo que quizá hizo que se cerraran por protección? ¡Puede ser! Pero según el mecanismo que usa el cuerpo para mantenerlas despejadas, eso no fue un atragantamiento.

La historia de Holly es diferente:

[…] Mi pequeño de 16 meses […] emitió un sonido horrible. Tenía la boca abierta y luego se quedó callado. […] tenía los labios azules/morados. Le metí el dedo en la boca rozando la parte interna de las mejillas para ver si podía sacar algo, pero no veía nada; mi bebé seguía en silencio con la boca bien abierta, entonces le volví a dar la vuelta y le golpeé la espalda. Después de esa segunda vez, al volver a darle la vuelta le vi escupir el trozo de sandía por el lado de la boca. Finalmente, lloró. […]

Este pequeño mostraba los clásicos signos de un atragantamiento. El «sonido horrible» (posiblemente, un silbido) es señal de que el aire está intentando pasar por una obstrucción. Los labios de color azul son señal de falta de oxígeno. Se revisó la boca: no había nada. El niño estaba en silencio. Necesitó golpes en la espalda para despejar la obstrucción. Este niño sí se estaba ahogando. Afortunadamente, su madre sabía exactamente qué hacer. Aunque imaginarlo o incluso leerlo es aterrador, recuerda esto: el niño atravesó la situación. Las maniobras de primeros auxilios bien ejecutadas son muy eficaces ante un atragantamiento.

El objetivo es vigilar al bebé mientras come y preparar los alimentos de forma adecuada para prevenir los atragantamientos; también lo es asegurarse de que los cuidadores estén capacitados para hacer las maniobras de primeros auxilios si ocurre un atragantamiento. Aquí entran en juego la conciencia y la preparación, porque, ante una situación de atragantamiento, las maniobras rápidas y adecuadas pueden ser decisivas.

¿Qué es una broncoaspiración?

Una broncoaspiración se produce cuando algo (típicamente, un líquido) logra atravesar las líneas de defensa del conducto de la respiración y entrar allí o en los pulmones. Para que se produzca un atragantamiento, debe haber algo que llegue hasta las vías respiratorias, se atasque y no pueda ser expulsado mediante la tos. Todos experimentamos alguna broncoaspiración de vez en cuando (piensa en cuando bebes un sorbo muy rápido, sientes que se te ha ido «por el otro lado» y acabas tosiendo un rato). El cuerpo trata de despejar las vías respiratorias, pero, sobre todo con los líquidos, una pequeña cantidad puede llegar igualmente hasta los pulmones. Cuando los episodios de aspiración se repiten regularmente, o cuando se dan en personas con un sistema inmunitario debilitado, pueden desarrollarse infecciones pulmonares graves.

Prevenir los atragantamientos

Estas son las cinco cosas más importantes que cualquier madre, padre o cuidador puede hacer para reducir el riesgo de atragantamiento y las lesiones relacionadas con estos episodios:

1. Saber cuándo brindar primeros auxilios y hacer maniobras de reanimación cardiopulmonar (RCP).

2. Asegurarse de que el bebé dé todas las señales de que está preparado para iniciar la alimentación complementaria.

3. Crear un ambiente seguro y sereno.[22]

4. Preparar las comidas de forma adecuada para las capacidades y habilidades del bebé.

5. Practicar la masticación lo antes posible.[23]

1. Aprende RCP y primeros auxilios en caso de atragantamiento

Aunque son infrecuentes, los atragantamientos son algo serio y, si se producen, hay que actuar rápido. La intervención apropiada suele ser muy eficaz y muy probablemente le salves la vida a tu hijo o hija si sabes qué hacer. La obstrucción de las vías respiratorias puede causar daño cerebral permanente o la muerte, así que es extremadamente importante realizar las maniobras de primeros auxilios de manera rápida y eficaz. Si crees que un bebé o un niño se está atragantando (no teniendo arcadas, tosiendo, moviéndose o sencillamente frustrado), es importante actuar.

Debes cerciorarte de que tú y todos los cuidadores sabéis ejecutar las maniobras de primeros auxilios pediátricos. Aunque hay muchos vídeos en línea que muestran cómo hacerlas, no dejes de asistir a una clase en persona para poder practicar con la supervisión adecuada y recibir comentarios del instructor.

Al final del libro, hay una lista de organizaciones que ofrecen recursos sobre primeros auxilios. Puedes imprimirla y pegarla en alguna pared para tener una referencia visual, pero recuerda que este material no sustituye la formación guiada por un profesional certificado. Aprende RCP y primeros auxilios pediátricos.

¿Necesitas un dispositivo «antiatragantamiento»?

En algunos países se comercializan dispositivos de succión manual diseñados para despejar una obstrucción de las vías respiratorias (algunos ejemplos son LifeVac y Dechoker). Aunque compres uno, no dejes de aprender todas las maniobras de primeros auxilios y RCP necesarias ante el atragantamiento de un niño (golpes en la espalda, compresiones torácicas y abdominales). Estos procedimientos de primeros auxilios son la primera línea de defensa en el excepcional caso de que un niño se atragante con comida u otro objeto. Aunque tengas y uses uno de estos dispositivos, es crucial que completes una formación en primeros auxilios pediátricos. El artefacto no sustituye a la formación, sino que es un recurso cuando las medidas de emergencia tradicionales fallan. Estos dispositivos aún se están analizando y no hay una respuesta correcta a la pregunta de si la familia media debería tener uno. Haz lo que os resulte mejor a ti y a tu familia y comprueba que el dispositivo sea del tamaño y el peso correctos para tu bebé o niño.

2. Espera a que el bebé dé señales de estar preparado

El solo hecho de esperar a que el bebé dé las señales de que está preparado, tal como lo describimos en el capítulo 7, es el primer paso para reducir el riesgo de atragantamiento. Si el bebé no ha alcanzado el punto de su desarrollo en que tiene estas habilidades, le será más difícil mantener protegidas las vías respiratorias mientras experimenta con los alimentos. Ninguno de los pasos posteriores será eficaz si el bebé no está en el momento adecuado de su desarrollo para incorporar alimentos sólidos.

3. Crea un ambiente seguro

Preparar un ambiente seguro para el momento de la comida es una de las cosas más importantes que puedes hacer para reducir el riesgo de atragantamiento. Ten en cuenta lo siguiente:

Antes de la comida

- Ubica correctamente al bebé en una trona que le permita tener la espalda bien erguida, o puedes usar una alternativa adecuada, como sentarlo de forma segura en tu regazo. No dejes que deambule mientras come. Puedes consultar más información sobre las sillas de comer y otros tipos de asientos en el capítulo 8.
- Cuando decimos «erguido», queremos decir precisamente eso: erguido. Una postura encorvada, laxa o inclinada puede dificultar que el bebé respire con comodidad, lo que aumenta la probabilidad de una deglución descoordinada. No reclines al bebé. Si está reclinado, la fuerza de la gravedad atenta contra su capacidad de mantener la comida en la parte delantera de la boca, donde debe tenerla para aprender a masticar.[24]
- Quita cualquier objeto externo de la mesa antes de la comida: envoltorios, tapones de botella, etcétera.
- Practica cómo abrir y cerrar las correas de la trona para saber que puedes quitarlas rápidamente si fuera necesario.

Durante la comida

- Quédate junto al bebé durante todas las comidas y cuando le des un tentempié.
- Usa siempre las correas de la trona para sujetar al bebé en su sitio. Las caídas desde estas sillas pueden provocar lesiones, y que el bebé se caiga o intente bajarse con comida en la boca puede ser una causa de atragantamiento.

- Deja que el bebé coma solo. La alimentación autónoma reduce el riesgo de atragantamiento. Poner comida en la boca a los bebés ha sido una práctica tan extendida y prolongada que se suele suponer segura, pero nada podría estar más alejado de la verdad. Recuerda que, cuando el bebé ve comida, huele comida, toca comida y conscientemente se la acerca a la boca, el cerebro empieza a preparar al cuerpo para la deglución.

- Durante las comidas, minimiza al máximo las distracciones y haz que el ambiente sea sereno. La idea es que el bebé se concentre en la comida y recoja tanta información como sea posible sobre lo que está a punto de llevarse a la boca antes de hacer el movimiento; así, el cerebro se prepara para gestionar la comida, lo que constituye el primer paso para una deglución segura. Las distracciones también pueden hacer que el bebé se incline o gire o trate de ponerse de pie en la silla, o pueden hacerlo jadear, reírse o llorar mientras come.

- Si el bebé empieza a reírse, a llorar o a echar la cabeza hacia atrás, intenta tranquilizarlo o dar unos golpecitos en la bandeja para que vuelva a concentrarse en la comida. Si es necesario, quita la comida de la bandeja hasta que se haya calmado.

- Si el bebé está llorando con comida en la boca, háblale con voz serena y hazle una caricia que le transmita seguridad y lo ayude a calmarse para que pueda seguir masticando o escupa la comida. Si es necesario, con mucho cuidado, cógelo en brazos hasta que se tranquilice.

- Nunca le metas los dedos en la boca al bebé. Aunque tu primer impulso puede ser intentar sacarle de la boca ese trozo de comida que le está costando gestionar, meterle los dedos en la boca puede hacer que involuntariamente empujes la comida hacia atrás de manera que supere los mecanismos protectores naturales de su cuerpo, y podría atragantarse. Recuerda que no puedes extraer la comida de las vías respiratorias del bebé si realmente está atragantado. Es anatómicamente imposible que nuestros dedos hagan eso. La única forma de lograrlo es con el procedimiento de primeros auxilios.

- Evita dar al bebé alimentos difíciles de masticar cuando no se sienta bien, esté congestionado o tenga tos. En ese caso, los alimentos triturados o los purés son una gran opción.
- Evita hacer cosquillas al bebé mientras está comiendo; tampoco intentes hacer que se ría.

Fuera de casa

- Evita dar al bebé comidas para masticar cuando estés conduciendo.
- No le ofrezcas comida mientras vaya en el cochecito. El movimiento aumenta el riesgo y, además, la mayoría de los cochecitos no permiten poner al bebé lo suficientemente erguido para que la ingesta sea segura.
- Enseña al bebé que debe estar sentado mientras come. Aunque no esté en la trona, el objetivo es que aprenda desde bien temprano que debe estar siempre sentado cuando tiene comida en la boca. Puedes quitarle la comida de las manos si es necesario y ayudarlo para que quede bien erguido en una silla, en tu regazo o en el suelo si no es posible en la trona. Los niños pequeños que aprenden esta regla desde bebés se sientan automáticamente cuando se les ofrece comida en una fiesta o en la escuela.

Pero ¿es posible que el bebé esté siempre sentado en una trona adecuada, en un ambiente tranquilo, sin tener nunca mocos, hacer ruido, llorar o reírse? Por supuesto que no. Pero podemos hacer un uso inteligente de esta información cuando elegimos qué ofrecerle, cuándo y cómo. En lugar de evitar ciertos alimentos, valora el ambiente en que se va a consumir ese alimento.

Por último, recuerda que es más probable que un atragantamiento en un bebé sea fatal cuando lo ingerido es un objeto no alimentario, no comida. Acostúmbrate a agacharte para mirar tu casa desde la perspectiva del bebé, recoger cualquier objeto (o trozos de comida que hayan caído) potencialmente peligroso y quitarlo de su vista y alcance.

Objetos no alimentarios y atragantamientos

Aunque es infrecuente que un bebé muera atragantado, los datos muestran que las muertes por atragantamiento con objetos no alimentarios en bebés prevalecen sobre aquellas que implican comida. También sugieren que el riesgo de atragantamiento con un objeto no alimentario no se reduce en los niños pequeños. Aunque es probable que los niños pequeños que han aprendido a masticar mediante la práctica temprana estén más protegidos a la hora de comer, esos niños deambulan y encuentran constantemente nuevos objetos que les interesan, no todos seguros. Caminan, corren, cogen objetos, se los llevan a la boca y siguen andando. Los datos recientes muestran que, de media, alrededor del 50 por ciento de las muertes relacionadas con atragantamientos en niños pequeños no implican comida, sino objetos, entre los cuales puede haber cosas comunes como pegatinas, canicas, globos, monedas y juguetes pequeños.[25,26] Por eso es importante agacharse y mirar la casa desde la perspectiva del bebé para recoger cualquier comida u objeto potencialmente peligroso y quitarlo de su vista y alcance.

4. Prepara los alimentos de forma adecuada

Tanto los padres como los profesionales de la medicina tienden a preocuparse más por la comida que por cualquier otra cosa: ¿qué alimentos debemos evitar?, ¿qué texturas son las más seguras?, ¿hay riesgo de que se atragante con comida? Según indican los datos, lo que habitualmente supone un riesgo de atragantamiento tiende a tener las siguientes características:

- **X** pequeño
- **X** firme o elástico
- **X** resbaladizo
- **X** redondeado o terminado en punta

Puedes compartir con el bebé casi cualquier alimento o comida que tú comas siempre y cuando esté modificado para adaptarse a su edad y desarrollo, de forma que pueda agarrarlo fácilmente y llevárselo a la boca. ¿Cómo se consigue eso? Reduciendo los factores mencionados aquí arriba que hacen que un alimento pueda quedarse atascado en las vías respiratorias: el tamaño, la forma, la consistencia, etcétera. En la parte 3 hablaremos sobre tamaños y formas concretos que se adecúan a las diferentes etapas del desarrollo de un bebé durante la alimentación complementaria, pero, en general, es sensato evitar darles cosas como caramelos (léase, alimentos que suponen un alto riesgo de atragantamiento y tienen un mínimo valor nutricional). En cuanto a los muchos alimentos que son nutritivos y cuyas características naturales aumentan el riesgo de atragantamiento, la idea no es evitarlos, pero sí hay que modificarlos un poco para que sean más seguros. Cuando empieces a ofrecer alimentos sólidos a tu bebé, descarga la aplicación de Solid Starts para buscar recomendaciones sobre cómo cortar y preparar cualquier alimento de forma que sea seguro en función de su edad y desarrollo.

Riesgo versus peligro de atragantamiento

Aunque sabemos que algunas características de los alimentos aumentan el riesgo de atragantamiento, concentrarse solo en la textura nos impide tener una mirada global. En la literatura médica, ciertos alimentos aparecen recurrentemente como causas comunes de atragantamiento, y todos comparten alguna de las características que incrementan el riesgo, o todas. Pero no todos los casos de atragantamiento por comida implican estos alimentos que suelen constituir un peligro. Eso deja claro que, aunque es infrecuente, una persona hipotéticamente puede atragantarse con cualquier alimento en cualquier momento de su vida; también sugiere que hay «algo más» que contribuye al riesgo de atragantamiento. Ese «algo más», que a menudo pasa inadvertido, son el ambiente y las circunstancias del momento de la ingesta, algo que acabamos de comentar. Sucede que el ambiente y las circunstancias son los factores coadyuvantes que más influyen en el riesgo de atragantamiento, y también los más fáciles de resolver.[27,28] Lo que implica esto es que un niño que está sentado a la mesa comiendo una uva entera bajo la supervisión de un cuidador suele estar más seguro que el niño que está corriendo prácticamente sin ningún tipo de supervisión mientras come un alimento que todos consideraríamos «seguro».

En nuestro trabajo clínico, hemos atendido a algunos niños que sobrevivieron a un atragantamiento y, aunque otros quizá se centren en los alimentos que estaban consumiendo los niños, aquí también nos fijamos en el rol del ambiente en esos momentos trágicos. Un niño estaba yendo en triciclo por su casa mientras comía uvas enteras. Otro niño lanzó una uva al aire e intentó atraparla con la boca. También atendimos a un niño que se atragantó con unos malvaviscos minis que estaba comiendo en el supermercado: se puso demasiada cantidad en la boca y accidentalmente inhaló uno. Tragedias como esta son poco habituales, pero, cuando suceden, son devastadoras para los niños y sus familias.

Aunque un abordaje posible es advertir a todos los padres que eviten las uvas y los malvaviscos minis, la realidad es que la mayoría de los niños pequeños, e incluso algunos más mayores, estarán expuestos a alimentos o ambientes de riesgo a medida que crezcan y hagan más comidas fuera de casa. El riesgo de atragantamiento es una constante a lo largo de la vida. Creemos que centrarse en el ambiente y en lo que sí podemos controlar es lo que marca la diferencia.

5. Promueve habilidades para que la ingesta sea más segura

A estas alturas, ya sabes que desarrollar las habilidades necesarias para comer comida real lleva mucho tiempo y práctica. Pero, para un bebé, este periodo vital es ideal para que las adquiera como pueda, probando, practicando instintivamente, ya que cuenta con mecanismos protectores robustos y un fuerte deseo de llevarse las cosas a la boca y explorar. Y según demuestran los datos, las muertes por atragantamiento son increíblemente infrecuentes en bebés y niños pequeños, riesgo que, por otro lado, es bajo cuando se crea un ambiente seguro y se preparan los alimentos de forma adecuada según el desarrollo del bebé. Mientras tú y tu bebé hacéis este trabajo, intenta tener presente esta información.

Cada oportunidad de experimentar durante las comidas ayuda al bebé a mejorar su coordinación para masticar y su conciencia sensorial oral, o «mapa mental» del interior de la boca, es decir, la capacidad de saber dónde se halla cada parte de la boca en relación con las demás. Un adulto sabe lo que sucede dentro de su boca, aunque no pueda ver el interior. Por ejemplo, tú sabes dónde tienes un alimento y si está totalmente masticado o no. Hasta notas si hay un trocito de cáscara de huevo en los huevos revueltos que te estás comiendo. Lo buscas cuidadosamente con la lengua y, sin que se note mucho, lo escupes sin tener que escupir todo el bocado.

Ese nivel de conciencia sensorial tarda años en desarrollarse y la exposición constante a estímulos táctiles y de presión justo cuando el bebé está mejor dispuesto ayuda a preparar bien el terreno. Cada vez que el bebé explora un alimento en la boca, su «mapa mental» gana claridad. Y con ello, el acto de comer gana eficacia y seguridad.[29]

Resumen

- ✔ Contrariamente a lo que se cree, el atragantamiento no es una causa común de muerte en bebés y niños.

- ✔ Los bebés no necesitan dientes para comer comida real. Pueden mordisquear y triturar la comida con las encías.

- ✔ Dejar que los bebés se alimenten de forma autónoma reduce el riesgo de atragantamiento. Muchos padres confunden las arcadas con atragantamientos, así que es importante conocer la diferencia.

✔ Para reducir el riesgo de atragantamiento, crea un ambiente tranquilo y modifica los alimentos según sea necesario.

✔ Haz un curso de primeros auxilios pediátricos para saber cómo actuar en caso de atragantamiento. Aunque el riesgo es bajo, el tiempo de respuesta es importante, y es esencial que todos los cuidadores sepan las maniobras de primeros auxilios que hay que aplicar si un bebé o un niño se atraganta.

PARTE 3
Desarrollar habilidades

CAPÍTULO 7

¿Está preparado el bebé para iniciar la alimentación complementaria?

Nuestra Lucy es una bebé feliz y saludable. Cuando la llevamos a la revisión de los 4 meses, el pediatra nos dijo que ya podía iniciar la alimentación complementaria, así que lo intentamos. Lucy todavía no se aguanta bien sentada, así que la reclinamos en la trona para que pueda sostener el cuello y la cabeza. Pero no muestra ningún interés por la comida y lo único que hace es girarnos la cara. ¿Qué estamos haciendo mal?

SOLOMON

No nos sorprende que la bebé de Solomon no se interese por la comida. Como no puede permanecer sentada con la espalda recta ni sostener la cabeza, sencillamente no está preparada para iniciar la alimentación complementaria. Entonces, ¿por qué el médico les ha recomendado empezar?

A lo largo de los años, las recomendaciones sobre cuándo iniciar la alimentación complementaria han cambiado de forma drástica y, hasta hace relativamente poco, no siempre ha habido un consenso total en la comunidad médica. Hoy en día, los principales referentes de la medicina coinciden en que, para iniciar la alimentación complementaria, es mejor esperar a que el bebé muestre todos los signos de que está preparado según su desarrollo psicomotor.[1,2]

Para la mayoría de los bebés nacidos a término, esto será alrededor de los 6 meses de edad, aunque algunos estarán preparados un poco antes y otros, unas semanas después.[3] Cualquier caso de estos es normal. En lugar de mirar el calendario y esperar a que el bebé tenga cierta edad, busca estos signos de desarrollo psicomotor:

1. **Permanece sentado con poco apoyo y sostiene la cabeza.** Como mínimo, el bebé debe poder permanecer sentado con la espalda completamente recta (en una trona o en tu regazo) y sostener la cabeza. Estas dos cosas son cruciales para que la masticación y la deglución sean seguras. Si el bebé necesita estar reclinado para tener estabilidad, no está preparado.

2. **Se lleva la mano a la boca cuando se sienta erguido.** Este movimiento indica que el bebé tiene la fuerza suficiente para llevarse la comida a la boca. Es una habilidad esencial para comer de forma segura, como vimos en el capítulo 6, ya que la alimentación autónoma por y en sí misma reduce el riesgo de atragantamiento.

3. **Muestra interés en la comida o en lo que comen los demás.** Si el bebé todavía no está interesado en lo que comes tú o no parece interesarle la comida que se le ofrece, las comidas pueden

convertirse en un tira y afloja constante. Estará listo para experimentar con los alimentos sólidos cuando veas que mira lo que tú comes, te mira comer y muestra interés por tu comida o tus utensilios.

No es necesaria una evaluación formal para saber si el bebé está dando estas señales. Lo único que necesitas es prestarle atención durante el juego y mientras te mira comer para detectar estas habilidades. Si a los 7 meses de edad no da ninguna de estas señales, conviene que consultes a tu médico, que quizá te recomiende ver a un especialista para reforzar sus avances.

¿Qué implica que el bebé permanezca sentado con poco apoyo?

El bebé puede sostener la cabeza y el cuello sin encorvarse cuando está sentado en la trona o en el regazo de un adulto y puede estirarse para agarrar algo y llevárselo a la boca.

No hay problema si el bebé no puede sentarse por sus propios medios ni salir de esa posición de sentado. Lo que importa es que tenga la fuerza suficiente para permanecer sentado con la espalda recta, con el apoyo de la trona o el regazo de un adulto. Observa cómo controla la cabeza y el cuello. La estabilidad es crucial. Siempre que el bebé pueda sostener la cabeza y estar erguido durante varios minutos en la trona o en tu regazo, tendrá la fuerza necesaria para experimentar con los alimentos sólidos. Pero si necesita ayuda para sostener la cabeza de forma estable, quizá debas esperar una semana o dos para probar de nuevo.

 ## El desarrollo en los bebés prematuros

Para la mayoría de los bebés sanos nacidos prematuros, lo que sugerimos es observar las señales de que están preparados para iniciar la alimentación complementaria alrededor de los 6 meses de edad cronológica, suponiendo que la mayoría de los bebés prematuros (no necesariamente todos) alcanzan ese punto en algún momento entre los 6 meses de edad cronológica y los 6 meses de edad ajustada (o corregida). Para los bebés nacidos antes de las 32 semanas de gestación o los que tienen alguna afección médica concomitante de base o diferencias en el desarrollo, animamos a los padres a consultar con el equipo médico y terapéutico para que evalúen mejor cuándo está preparado el bebé y si quizá convendría sumar otras modificaciones o refuerzos. En el caso de los bebés nacidos muy prematuros, por ejemplo, antes de las 30 semanas de gestación, hay evidencia que sugiere que no se debería iniciar la alimentación complementaria antes de los 3 meses de edad ajustada o corregida, incluso si el bebé ya ha superado los 6 meses de edad cronológica.[4,5] Por lo general, las señales de que el bebé ha alcanzado el desarrollo psicomotor adecuado son más importantes que la edad, pero, para algunos bebés con necesidades médicas, quizá hagan falta ciertas adaptaciones para garantizar que puedan experimentar con los alimentos de forma segura antes de sus 12 meses.

Desmitificar ideas sobre el inicio de la alimentación complementaria

Es posible que conozcas algunos de los mitos más comunes que aún persisten sobre el inicio de la alimentación complementaria: quizá se los has oído a tu médico o a tu familia, o has leído algo al respecto en foros de crianza. Desde señales imprecisas de que el bebé está preparado hasta el consumo de diferentes alimentos sólidos como una solución rápida a problemas durante los primeros años de vida, muchos de estos mitos se transmiten tan a menudo que parecen verdaderos. Por desgracia, el hecho de iniciar la alimentación complementaria a veces se utiliza como «placebo» para resolver dificultades que pueden aparecer, como problemas con la lactancia materna o las tomas de biberón, problemas de sueño u otros aspectos normales pero arduos de la crianza. Para aportar un poco de claridad, vamos a mencionar algunos de estos mitos. Si te suenan, te tranquilizará saber que no tienen ningún fundamento científico.

Mito

Debes esperar a que desaparezca el reflejo de extrusión para empezar a ofrecer alimentos sólidos al bebé.

¿Recuerdas esos mecanismos protectores que tienen los bebés pequeños? Si alguna vez has visto a un bebé sacar la lengua en cuanto algo le tocaba los labios o la propia lengua, eso es el reflejo de extrusión en pleno funcionamiento. Una suposición equivocada que históricamente han hecho algunos profesionales de la medicina es que, si el reflejo de extrusión del bebé sigue intacto, quiere decir que el bebé no está preparado para incorporar alimentos sólidos, porque la lengua va a expulsar la comida de la boca. En primer lugar, no hay ninguna investigación que respalde esta afirmación o que muestre que la presencia del reflejo de extrusión sea peligrosa al inicio de la alimentación complementaria por ningún motivo, ni tampoco que demuestre que el bebé estará mejor preparado para aprender a comer alimentos sólidos si este reflejo ha desaparecido. Si le das purés con cuchara a tu bebé, probablemente ensucie un poco más cuando escupa la comida por el reflejo de extrusión, pero, si le ofreces alimentos en trozos con este reflejo intacto, el movimiento de la lengua lo ayudará naturalmente a aprender a escupir la comida. Es más: también lo ayudará a pasar la lengua por cualquier alimento que toque con los labios, a saborearlo y a explorarlo. Incluso cuando el reflejo haya desaparecido, el bebé habrá practicado mucho ese movimiento y lo hará igualmente, así que sería prácticamente inevitable.

Mito

Mientras el bebé no tenga dientes, no se le deben ofrecer alimentos que deba masticar.

Como ya hemos visto, existe una confusión sobre que los bebés necesitan dientes para comer. De hecho, los dientes que los humanos usamos para masticar, los molares, no brotan hasta después del primer año de vida. Los bebés pueden mordisquear y triturar la comida bastante bien usando las encías, la lengua y el paladar, y no existe evidencia que sugiera que los bebés sean menos capaces de gestionar los alimentos sólidos si no tienen dientes.

Mito

Con la leche materna y la leche de fórmula no basta.

La leche materna y la de fórmula cubren todas las necesidades nutricionales del bebé en los primeros 6 meses de vida y siguen siendo el principal sustento nutricional hasta que el bebé aprende a masticar y tragar una cantidad suficiente de alimentos sólidos, habilidades que pueden tardar meses en perfeccionar. Ofrecer al bebé alimentos sólidos sin presiones y sin centrarse en el volumen de la ingesta le permite practicar las habilidades que necesita para comer sin que eso desplace a la leche materna o de fórmula. En los meses siguientes, normalmente a partir de los 9 meses, muchos bebés empiezan a consumir una mayor cantidad de alimentos sólidos, lo que los ayuda a cubrir sus necesidades nutricionales a esa edad, por ejemplo, la necesidad de hierro. Entre los 12 y los 15 meses, cuando los alimentos sólidos le aporten la mayor parte de su nutrición, el bebé estará preparado, dispuesto y feliz de comer hasta sentirse satisfecho.

Mito

Si el bebé necesita aumentar de peso, debes iniciar antes la alimentación complementaria.

Algunos profesionales de la salud siguen recomendando que, si el bebé no aumenta de peso lo suficiente solamente con leche materna o de fórmula, debe empezar a incorporar alimentos sólidos, aunque no haya alcanzado el momento adecuado de su desarrollo. También sabemos que, a veces, el bebé puede alcanzar el desarrollo necesario para empezar a comer alimentos en trozos, pero no sube de peso lo suficiente con la leche materna o de fórmula, y entonces el médico recomienda darle purés para lograr ese aumento de peso. El problema de esto es que no va al origen del asunto, léase, problemas con la lactancia materna o las tomas de biberón, o alguna afección de base. Los bebés pequeños, en su mayoría, no tienen las habilidades necesarias para llenarse el estómago con alimentos sólidos como para compensar posibles dificultades con la lactancia materna o el biberón. Y en un bebé que efectivamente logra tragar una buena cantidad de puré, esas ingestas pueden desplazar aún más la leche materna o de fórmula (cuya diversidad nutricional y densidad calórica suelen ser óptimas en comparación con los purés), y así continúa retrasándose su exposición a los alimentos en trozos.

Si el bebé no está aumentando bien de peso, incluso antes del comienzo de la alimentación complementaria, es muy posible que haya algún motivo médico solucionable, como ciertas dificultades con la motricidad oral, la frecuencia de las comidas o algún malestar digestivo. En lugar de lanzarse a arreglar este problema dándole purés y ofreciéndole alimentos sólidos antes de tiempo, es mejor consultar a un profesional de la salud que determine si corresponde la derivación a especialistas (como consultoras de lactancia, terapeutas ocupacionales pediátricas o especialistas en trastornos del lenguaje, dietistas pediátricos o gastroenterólogos pediátricos) para identificar y resolver la causa de base del poco aumento de peso.

Mito
Cuando el bebé empieza a comer alimentos sólidos, duerme mejor por la noche.

Aunque parece lógico pensar que, si el bebé come alimentos sólidos y se llena más el estómago, dormirá mejor, las investigaciones no demuestran que la ingesta de alimentos sólidos cause una mejora significativa del sueño.[6] Un bebé que ingiere más durante el día (ya sean alimentos sólidos o leche materna/de fórmula) puede tener menos probabilidades de alimentarse por la noche, pero los despertares nocturnos no tienden a reducirse con la ingesta de alimentos sólidos. De hecho, el comienzo de la alimentación complementaria puede alterar el sueño del bebé hasta que su sistema digestivo se acostumbre, especialmente si se le anima a comer cantidades abundantes para que no tenga hambre por la noche. Los gases y los cambios en la consistencia y la frecuencia de las deposiciones suelen asociarse al comienzo de la alimentación complementaria y también pueden interferir con el sueño.

Mito
El inicio temprano de la alimentación complementaria mejora el reflujo en los bebés.

Algunos profesionales de la pediatría pueden sugerir iniciar la alimentación complementaria alrededor de los 4 meses para que mejore el reflujo del bebé; sin embargo, las investigaciones no respaldan esa recomendación. Aproximadamente la mitad de los bebés tienen reflujo y la mayoría suelen gestionarlo sin ningún tipo de intervención. El reflujo tiende a intensificarse alrededor de los 4 meses y se resuelve solo alrededor de los 12 meses, con la maduración del aparato digestivo del bebé.[7,8,9] Iniciar la alimentación complementaria antes no parece mejorar el reflujo ni hacer que se resuelva antes. Si los síntomas de reflujo causan molestias al bebé, un sanitario puede recomendar tratamientos como cambios en la fórmula infantil, la eliminación de los lácteos de la dieta de la madre y ciertos medicamentos contra la acidez de estómago. Otras medidas, como tratar el estreñimiento, evitar la sobrealimentación, coger al bebé para que esté erguido después de cada comida, hacer que eructe con frecuencia y verificar que no tenga el pañal muy apretado, también pueden servir para aliviar las molestias por el reflujo.

Mito

Si se ofrece al bebé diferentes purés de forma temprana, se ampliarán sus apetitos (lo que se llama «entrenar el paladar»).

Hay quien dice que se pueden entrenar las papilas gustativas del bebé mediante la exposición temprana. Si bien la exposición repetida a diferentes sabores es una forma importante de ampliar su paladar cuando el bebé ya está preparado para iniciar la alimentación complementaria, hacerlo antes de ese momento no parece tener ningún beneficio extra y probablemente cause problemas después. Cuando hablamos de que un bebé acepte la comida nos referimos a muchas más cosas aparte del sabor. La práctica de la masticación, la sensación de que tienen el control en el momento de comer y la capacidad de expulsar fácilmente la comida de la boca cuando lo necesitan son las cosas que ayudan a los bebés y a los niños pequeños a aceptar alimentos distintos. Las investigaciones indican que es la variedad y la exposición repetida a alimentos a lo largo del tiempo lo que desarrolla la tolerancia y la aceptación.[10]

Iniciar la alimentación complementaria antes de que el bebé esté preparado

No hay necesidad de empezar con la alimentación complementaria antes de que el bebé esté preparado a menos que tenga un alto riesgo de desarrollar alergias alimentarias, en cuyo caso el médico u otro prestador de salud puede recomendar introducir ciertos alérgenos (en especial, el cacahuete o el huevo) a los 4 meses de edad, ya sea mezclados en un puré, en forma líquida o en polvo. Las investigaciones y recomendaciones sobre la introducción de alérgenos cambian rápidamente, y en el capítulo 14 comentaremos la importancia de la exposición temprana y sostenida a estos alimentos.

Si tienes que iniciar la alimentación complementaria antes de que el bebé muestre el desarrollo psicomotor adecuado, lo más seguro es ofrecerle cantidades muy pequeñas de purés. No es recomendable ofrecerle alimentos que deba masticar antes de que pueda mantenerse erguido y comer de forma autónoma, ya que meterle comida en la boca, según se ha demostrado, aumenta el riesgo de atragantamiento,[11,12] y el bebé necesita sostener el cuello y la cabeza, además de poder permanecer sentado con poco apoyo, para poder tragar y coordinar la función de los músculos de la lengua y la boca de forma segura.[13,14]

Recuerda que dar de comer al bebé grandes cantidades de alimentos sólidos antes de que esté preparado puede tener consecuencias negativas:

Iniciar la alimentación complementaria antes de tiempo puede estresar la relación del bebé con la comida y sus cuidadores.

Una inquietud que aparece ante la idea de iniciar la alimentación complementaria antes de que el bebé esté preparado es que quizá aún no le interese comer. Si es así, forzarlo para que pruebe una comida que no le genera ningún interés puede estresar su relación con los cuidadores y crearle una asociación negativa con la comida, la trona y el hecho de comer en general. Como comentamos en las partes 1 y 2 del libro, prestar atención al lenguaje corporal del bebé y lo que comunica es fundamental: que muestre interés por la comida y el hecho de comer es muy importante. Cuando se inicia la alimentación complementaria demasiado pronto y se presiona al bebé para que pruebe diferentes alimentos (ya sea para masticar o en purés), lo que puede suceder es que luego tenga dificultades para comer y rechace la comida durante meses e incluso años.

Iniciar la alimentación complementaria antes de que el bebé pueda permanecer sentado y comer de forma autónoma incrementa el riesgo de atragantamiento y puede generar una conducta de rechazo del alimento.

Si el bebé inicia la alimentación complementaria antes de que pueda permanecer sentado con la espalda recta o comer de forma autónoma, aún no cuenta con la estabilidad necesaria en los músculos de la zona media del cuerpo para practicar algunas habilidades importantes de motricidad fina en la boca y en la garganta, que permiten llevar fácilmente la comida (purés incluidos) hasta la garganta y tragarla de manera segura. Un bebé que todavía no está preparado suele «cerrarse» y se niega a participar si se le ofrece más que un poquito para probar. Ante la presión, la mayoría de los bebés terminan enfadándose y llorando durante la comida. Y esto no solo puede convertirse rápidamente en un rechazo más persistente, sino que un episodio de llanto cuando hay comida en la boca puede ser peligroso: aumenta el riesgo de aspiración (la entrada de comida en las vías respiratorias) o de atragantamiento. Es más fácil que en el cerebro «se crucen los cables» si el bebé está frustrado, molesto o no tiene el control de su cuerpo ni de la comida.

En algunas culturas, a los bebés se les da a probar lo que come el resto de la familia a una edad tan temprana como el mes de vida. Aunque una pizca ocasional de alguna comida por diversión o tradición no suele dar problemas, siempre y cuando el bebé esté dispuesto a participar, te sugerimos que repases el capítulo 9 para saber qué alimentos son seguros para los bebés y cuáles debes evitar.

Seguir las indicaciones del médico

Puede haber distintos motivos por los que un médico aconseje ofrecer purés al bebé cuando se acerca a los 4 meses, entre ellos, la prevención de las alergias alimentarias, algo que exploramos en detalle en el capítulo 14. Si decides empezar con la alimentación complementaria antes de que el bebé muestre las señales de un desarrollo adecuado, sigue estos consejos:

- Ofrécele solo porciones mínimas (una pizca con la punta del dedo o una cucharadita) para evitar abrumarlo o que la comida desplace las tomas de leche materna o de fórmula.
- Sigue las pautas de la alimentación perceptiva: pon la cuchara o un dedo con comida al alcance del bebé. Luego deja que este abra la boca, se incline y acepte lo que le ofreces. Si puede agarrar el cubierto o tu dedo, mejor aún.
- Deja de ofrecerle comida si pierde el interés (aleja o gira la cabeza, llora, arquea la espalda, etcétera).
- Valora la posibilidad de sentar al bebé en tu regazo, bien firme contra tu cuerpo para darle sostén. No lo reclines mientras come.

Cuando el médico indica iniciar la alimentación complementaria de forma temprana

Como le pasó a Solomon, el padre de Lucy, puede ser confuso que el médico indique iniciar la alimentación complementaria antes de que el bebé esté preparado. Este tema aparece a menudo en la consulta médica cuando el bebé cumple los 4 meses y, por desgracia, muchos profesionales siguen recomendando la práctica desactualizada del inicio temprano sin considerar el desarrollo psicomotor.

Si te encuentras en esta situación, quizá sea una buena idea preguntarle a tu médico lo siguiente:

1. ¿Qué ve en el desarrollo de mi bebé que le hace pensar que ya está preparado?

2. ¿Qué ventaja tendría que mi bebé iniciara la alimentación complementaria a esta edad?

3. ¿Recomienda que la iniciemos por alguna razón en especial, o se lo recomienda a la mayoría de sus pacientes?

Aunque puede resultarte incómodo hacer muchas preguntas a tu pediatra, casi todos los médicos quieren estar seguros de que el paciente entiende las recomendaciones y esperan recibir preguntas; además, las respuestas son importantes porque te dan información para que puedas decidir cómo proceder. Si las respuestas que te da el médico no parecen alinearse con lo que has aprendido y lo deseas, puedes preguntarle si podéis repasar juntos las recomendaciones de la Organización Mundial de la Salud, la Academia Estadounidense de Médicos de Familia (AAFP), la Academia Estadounidense de Pediatría (AAP) u otras entidades reconocidas.[15,16] Ten en cuenta que tu médico aprende constantemente, y este puede ser un excelente momento para hablar sobre los planes que tienes para el bebé y abrir el diálogo. Dicho esto, también puedes quedarte con sus respuestas a las preguntas anteriores, darle las gracias y luego usar tu criterio para elegir lo que te parezca mejor.

La magia de los 6 a los 8 meses

Si has estado leyendo desde la página 1, ya tienes una idea bastante clara de por qué el inicio de la alimentación complementaria a los 6 meses del bebé se adecúa a sus necesidades y se da en el momento ideal de su desarrollo natural. Si te has saltado partes para llegar directamente a esta sección, te aconsejamos leer el capítulo 3, donde subrayamos por qué creemos firmemente que la ventana mágica es el periodo ideal para empezar a ofrecer alimentos sólidos y que este abordaje puede ayudar al bebé a aprender a masticar, a relacionar la comida con la alegría, a adquirir confianza y seguridad, y a participar activamente en las comidas.

Resumen

✔ Cuando tu bebé tenga alrededor de 6 meses de edad, empieza a observar si da las señales de que está preparado para iniciar la alimentación complementaria.

✔ Esas señales incluyen (1) que permanezca sentado con poco apoyo y pueda sostener la cabeza y el cuello; (2) que pueda llevarse al menos una mano a la boca; y (3) que muestre interés por la comida.

✔ Empezar a ofrecerle alimentos sólidos demasiado pronto puede no ser una práctica segura para el bebé y puede perjudicar su relación con la comida y contigo.

✔ Antes de tomar cualquier decisión, repasa la evidencia científica y detecta los mitos. Hay mucha desinformación y entender todo el panorama te ayudará a hacer preguntas.

CAPÍTULO 8

Ideas prácticas para empezar

Estoy embarazada y mi hermana, que es enfermera, me sugirió hacer un curso de RCP antes de empezar con la alimentación complementaria. Además, una de mis amigas me dijo que necesito una licuadora y una trona concreta para que el bebé no se atragante. Estoy muy agobiada. ¿Qué es lo que tengo que hacer y tener antes de empezar a dar alimentos sólidos a mi bebé?

VAL, futura mamá.

Este capítulo será tu guía para que, cuando tu bebé esté listo para incorporar alimentos sólidos, tú también lo estés. Un primer consejo: no te preocupes tanto por las cosas que necesitas. Muchas, si no la mayoría, no son necesarias. La comida se puede preparar con los utensilios de cocina básicos que ya tienes; no necesitas vaporeras ni licuadoras ni chupetes

133

para fruta. Y durante la comida, los alimentos pueden ponerse directamente en la bandeja de la trona o en la mesa (los platos y tazas van a acabar volcados hagas lo que hagas) y el bebé puede comer directamente con la mano (y te recomendamos que dejes que lo haga). Lo único que necesitas para esas primeras comidas es entender muy bien las pautas de seguridad infantil, un lugar donde el bebé pueda estar sentado de manera segura y expectativas realistas.

Formarse sobre seguridad

Aunque un atragantamiento es algo infrecuente, es imperativo que tanto tú como los demás adultos que van a cuidar del bebé os forméis al respecto. Todos los cuidadores deben saber lo siguiente:

1. Cómo distinguir una arcada de un atragantamiento.

2. Cómo hacer las maniobras de primeros auxilios pediátricos.

Si aún no lo has hecho, antes de empezar a ofrecer alimentos sólidos a tu bebé, lee el capítulo 6 para comprender muy bien qué son las arcadas y cómo hacer las maniobras de primeros auxilios en caso de emergencia con un niño. Aunque te recomendamos que te apuntes a una clase presencial de gestión de emergencias pediátricas, también puedes visitar nuestro sitio web, SolidStarts.com, para descargar nuestras guías de primeros auxilios (o de rescate) gratuitas, que te muestran las maniobras paso a paso.

Buscar un asiento seguro

El lugar más seguro para que el bebé coma es el que le permita tener una postura firme y erguida. Aunque puede adoptar esa postura en tu regazo, o en ciertas posiciones en el suelo si es necesario, la mejor manera de ubicarlo para que coma de forma segura es en una trona.

Elegir una trona

En cuanto a la trona, te recomendamos elegir una que tenga tres componentes esenciales:

1. **Asiento recto.** La silla debe tener un respaldo totalmente recto. Si la silla se reclina, no uses esa función mientras el bebé esté comiendo.

2. **Reposapiés ajustable.** Busca una silla que permita al bebé tener los pies bien apoyados en un reposapiés, con las rodillas en un ángulo de 90 grados. En esta posición, el tronco, la pelvis y el tren inferior del bebé están en la posición óptima para comer.[1]

3. **Bandeja extraíble.** Si hay una mesa donde come toda la familia, una excelente medida es acercar la silla del bebé a esa mesa desde el primer momento para que pueda observar a todos mientras comen y participar en la comida. Los bebés aprenden mejor observando a los demás y vinculándose con un cuidador de confianza.[2,3] Cuando el bebé observa a ese cuidador, se estimulan las neuronas espejo de su cerebro, lo que lo impulsa a copiar los movimientos. Que el bebé te observe comer es clave para su aprendizaje.

 ## ¿La trona debe tener reposapiés?

Un reposapiés donde el bebé pueda descansar su peso o que pueda empujar con los pies lo ayuda a adoptar la postura óptima para masticar y tragar.[4,5] El motivo es este: los músculos de la boca son muy pequeños y hacen tareas muy concretas y especializadas. Para que puedan hacer esos movimientos tan especializados hay que proporcionarles una base firme y estable. Piensa en la última vez que te sentaste en un taburete para comer y no tenías dónde apoyar los pies: no solo es incómodo, sino que, además, te cuesta más tener estabilidad cuando mueves los brazos y otros músculos pequeños. Algunos bebés comen bien sin un reposapiés, pero, para otros, ese esfuerzo extra con los músculos de la espalda y el abdomen equivale a un menor disfrute de la comida.

En nuestro sitio web, SolidStarts.com, hay reseñas de muchas tronas disponibles en el mercado.

Alternativas a la trona

Si comprar una trona se sale de tu presupuesto o si prefieres no usarla, hay dos opciones para ubicar al bebé de forma segura durante las comidas:

1. **Sentado en tu regazo.** Pon la espalda del bebé contra tu cuerpo y rodéale la cintura con uno de tus brazos. Acerca la silla a la mesa con las piernas tanto como puedas, con el bebé mirando hacia la

136

mesa. Si la mesa le queda muy alta, prueba a sentarte encima de un libro gordo o un cojín para que ambos quedéis a más altura.

2. **Sentado en el suelo apoyado en tu cuerpo.** Siéntate en el suelo y ponte al bebé entre las piernas, dejando que las suyas hagan una especie de anillo con las plantas de los pies enfrentadas. Apoya la espalda del bebé contra tu cuerpo. Sostenle ambas caderas o ródeale la barriga con un brazo para darle estabilidad. Usa una mesita o banquito, o una caja de zapatos, para poner la comida al mismo nivel de la barriga del bebé si lo deseas.

Cómo colocar al bebé en la trona

La correcta posición del bebé en el momento de comer es importante para que la deglución sea segura, facilitar la motricidad oral y que el bebé pueda usar los brazos y las manos.[6] Esa posición se logra de esta forma:

→ La espalda del bebé debe estar completamente recta y erguida, y los hombros alineados con las caderas.

→ Sus rodillas deben estar flexionadas y los pies en un reposapiés, un banquito u otra superficie que le dé apoyo. Quizá tengas que ubicarlo un poco más adelante en el asiento para que pueda alcanzar el reposapiés.

→ Los brazos del bebé deben estar libres y la mesa o la bandeja deben quedar por debajo del pecho del bebé de manera que pueda inclinarse hacia adelante o incluso un poco hacia abajo para coger la comida (no debe tener que estirarse hacia arriba ni alzar los hombros para alcanzarla).

La espalda del bebé

Cuando el bebé esté sentado y bien sujeto en la trona, míralo desde un lado. ¿Tiene la espalda completamente recta? Verifica que sus hombros estén alineados con las caderas o por delante. Si el bebé está inclinado hacia atrás, ponle una toalla o una mantita enrollada detrás de la espalda (desde la pelvis hasta los omóplatos) para que quede más erguido.

Las piernas y los pies del bebé

Si la trona tiene un reposapiés ajustable, ajusta la altura y la posición para que los pies del bebé alcancen el reposapiés e, idealmente, pueda equilibrar en ellos el peso del cuerpo. Quítale calcetines y pijamas enteros sin agarre para que los pies no se le resbalen en el reposapiés.

Si el bebé no llega al reposapiés, prueba a ponerle una toalla o una mantita enrollada detrás de la espalda para que sus nalgas queden más cerca de la parte delantera del asiento. Ante la duda, es preferible que el reposapiés quede demasiado alto que demasiado bajo.

Si no logras ajustar el reposapiés para que el bebé apoye los pies, pega con cinta una caja, un bloque de yoga o un libro gordo al reposapiés. Comprueba que quede firme para que no se resbale cuando el bebé apoye el peso de su cuerpo.

Si la trona no tiene reposapiés, puedes probar a poner un banquito, un taburete o una caja grande debajo de la trona. En el mercado también hay productos que se pueden comprar para añadir un reposapiés a la trona. Busca en internet «reposapiés para trona».

Los brazos del bebé

Ahora, mira al bebé de frente. ¿Puede mover los brazos con comodidad para coger lo que hay en la bandeja? Algunos bebés necesitan un poco más de altura debajo de las nalgas para poder usar bien los brazos cuando están en la trona. La bandeja debe estar un poco por encima de su ombligo y el bebé debe poder apoyar cómodamente los brazos y las manos en la bandeja o la mesa. Si está demasiado bajo (si ves que la bandeja le queda al nivel del pecho), prueba a ponerle un libro gordo o una manta bien doblada debajo de las nalgas para elevarlo un poco. Mientras hagas esto, el bebé debe estar siempre sujeto a la trona con el cinturón y las correas.

 ## Usa siempre el cinturón y las correas de seguridad de la trona

En Estados Unidos, se estima que cada año llegan alrededor de 5000 bebés a los servicios de urgencias por caídas de la trona.[7,8] Las tronas con correas o cinturones garantizan el correcto ajuste y la seguridad del bebé. Úsalas siempre según las recomendaciones del fabricante, incluido el ajuste apropiado de las correas o el cinturón para que el bebé quede bien sujeto.

¿Y si quiero poder sacar al bebé rápido de la silla ante una emergencia?

Probablemente, el sistema de la silla del coche o del cochecito te hayan resultado confusos al principio. Después de un millón de veces, los usas sin pensar. Lo mismo pasa con la trona. Si te inquieta pensar si podrás sacar rápido al bebé en caso de necesitarlo, practica muchas veces desabrochar el cinturón y las correas antes de la primera comida para tener la tranquilidad de que podrás hacerlo sin problemas si fuera necesario.

Otros productos útiles

Aunque creemos firmemente que, siempre que el bebé esté sentado de forma segura, no necesitas ningún objeto especial para darle de comer de forma igualmente segura, hay algunos elementos que ayudan en las comidas y evitan que se ensucie tanto. Esta es una lista que puedes valorar:

- → hule o alguna forma de protección del suelo
- → vaso abierto pequeño
- → vaso con pajita
- → cubiertos pequeños de mango corto
- → tazón bajo irrompible
- → plato irrompible con borde alto
- → babero, delantal o ropa oscura donde no se vean las manchas
- → mantel impermeable o alguna forma de proteger la mesa si es necesario
- → servilletas para las manos y la cara

Encontrarás infinitas opciones en línea de cada una de estas cosas. Ten en cuenta que la experiencia de comer no depende de ningún producto. Y que todo producto que encuentres en el mercado tiene imperfecciones. Los platos y los tazones con ventosa acabarán igualmente sueltos y volcados, el bebé se quitará cualquier babero, y arrugará y moverá los manteles impermeables. También es posible que notes que, cuantos más productos le presentas al bebé, más se distrae. Muchas familias empiezan comprando una cosilla y otra y otra, y al cabo de unas semanas se dan cuenta de que solo usan unas pocas. O las usan una vez afianzan la alimentación complementaria, cuando el bebé no tiende tanto a volcar, arrancar y tirar las cosas. Para las primeras dos semanas, lo único realmente necesario sois tú, el bebé, la comida y un lugar para sentar al bebé de forma segura.

En qué momento del día ofrecer alimentos sólidos

Buenas noticias: puedes decidir en qué momento del día ofrecerle alimentos sólidos al bebé según os funcione mejor a ambas partes. Elige una hora a la que el bebé suela estar descansado y alerta. Procura que haya tenido cierto tiempo para digerir la leche materna o de fórmula para que no vomite si tiene una arcada, pero tampoco dejes que tenga demasiada hambre como para impacientarse. Recuerda que, al principio, los bebés no se alimentan por hambre. Su motivación es experimentar y aprender llevándose todos esos nuevos «juguetes» a la boca. Un bebé que está molesto porque tiene hambre se va a frustrar muy rápido con los alimentos sólidos, porque no tiene las habilidades necesarias para comerlos y llenarse.

Muchos padres consideran que la mañana es cuando el bebé está más descansado, más alerta y con más ganas de aprender. La mañana también es un momento excelente para introducir nuevos alimentos porque, si el bebé tiene una reacción alérgica, queda mucho día para observarlo y organizar una visita al hospital o a la consulta médica sin perder muchas horas de sueño. Dicho esto, al principio, las comidas no tienen por qué ser a la misma hora todos los días. Las primeras veces, reserva un momento al día para que experimente con alimentos sólidos. Puede ser el desayuno los días laborables y la comida los fines de semana. O el desayuno un día y la cena el otro. Ajusta las comidas a tu vida de la mejor manera posible hasta encontrar el esquema que funcione para todos.

Planifica una toma de leche materna o de fórmula unos 30 minutos antes de sentar al bebé a la mesa. Es probable que también pida el pecho o un biberón después de la comida, y es normal. Muchos bebés no ingieren demasiada comida (si es que ingieren algo) cuando están empezando. Recuerda que su principal fuente de nutrición sigue siendo la leche materna o de fórmula y debes concentrarte en el desarrollo de habilidades, no en la ingesta.

Si el bebé está muy enfermo o tiene un mal día, puedes pasar de los alimentos sólidos ese día para no generar una experiencia negativa. Una congestión fuerte también puede aumentar el riesgo de atragantamiento. En estos primeros meses de alimentación complementaria, no es un problema en absoluto que durante uno o dos días no le ofrezcas ningún alimento sólido porque tenga un mal día (o lo estés teniendo tú) o porque no lo hayas podido encajar en la agenda del día. Lo más importante es que el bebé disfrute del momento de comer y tenga el interés y la energía para aprender.

Respecto a lo anterior: no esperes ningún cambio en las tomas de leche materna o de fórmula durante un tiempo. Durante los primeros meses, los alimentos sólidos ocupan un lugar de aprendizaje, no de ingesta, y por eso las tomas que haga el bebé se reducirán muy poco o quizá nada.

Tener expectativas realistas

Si nunca has visto a un bebé comer, quizá no sepas cómo es. Aquí te damos algunos datos para que los tengas en cuenta y te prepares:

→ El bebé quizá no coma mucho (si es que come) y solo toque la comida o juegue con ella. Eso es normal y no significa que os haya salido algo mal a ti o al bebé. Siempre que comas frente al bebé para mostrarle cómo se hace, esa «comida» es un éxito.

→ ¡Os vais a manchar! Y así será durante bastante tiempo. Para prepararse, muchas familias ponen un hule debajo de la trona (una bolsa de basura cortada o una cortina de ducha extendidas en el suelo también sirven) y cubren parcialmente al bebé con un babero, un delantal o ropa oscura donde no se vean las manchas. ¡Ten también muchísimas servilletas para las manos y la cara!

→ Al principio, las comidas quizá duren entre 5 y 10 minutos antes de que el bebé se empiece a poner inquieto. Es normal. Es una experiencia completamente nueva. A su edad, el hecho de tener que sentarse erguido lo cansa ¡y aprender a comer y a masticar es un trabajo arduo!

Cómo estés tú durante la comida importa más que cualquier trona, babero o plato que compres. El elemento más importante es tu actitud.

Un error que vemos que cometen muchos padres cuando empiezan a dar alimentos sólidos a sus bebés es que se centran demasiado en los elementos y poco en la experiencia. Puedes preparar una comida impecable, servirla en el plato para bebés más mono y tener la trona más cara, pero, si el bebé no quiere estar a la mesa contigo, nada de eso importará. Cómo estés durante la comida es más importante que cualquier trona, babero o plato que compres.

Haz que las comidas sean un espacio donde el bebé quiera estar. Ayúdalo para que sienta que la mesa es un lugar fantástico, seguro y divertido. El momento de comer debe ser sinónimo de bienestar a partir de la conexión y el amor: sonríe al bebé mientras experimenta con la comida, reconoce y valora su esfuerzo y comunicación. Tu atención serena y positiva le mostrará que confías en su capacidad de experimentar y que disfrutas de ver cómo aprende. Estas acciones (compartir la comida y los alimentos y crear una fuerte conexión a la hora de comer) le darán una buena base y son estrategias que la ciencia ha comprobado que ayudan a prevenir problemas con la comida en el futuro.[9]

Resumen

✔ No necesitas vaporeras ni licuadoras especiales para la comida del bebé. Los alimentos se pueden preparar con los utensilios básicos que ya tienes en la cocina.

✔ Si todavía no lo has hecho, haz una clase de primeros auxilios pediátricos antes de iniciar la alimentación complementaria.

✔ Si vas a comprar una trona, que sea una con respaldo bien recto, reposapiés ajustable y bandeja extraíble.

✔ Presta atención a los ritmos y horarios del bebé. ¿Cuál sería una buena hora para ofrecerle alimentos sólidos? Elige un momento en que esté tranquilo, bien descansado y sin demasiada hambre.

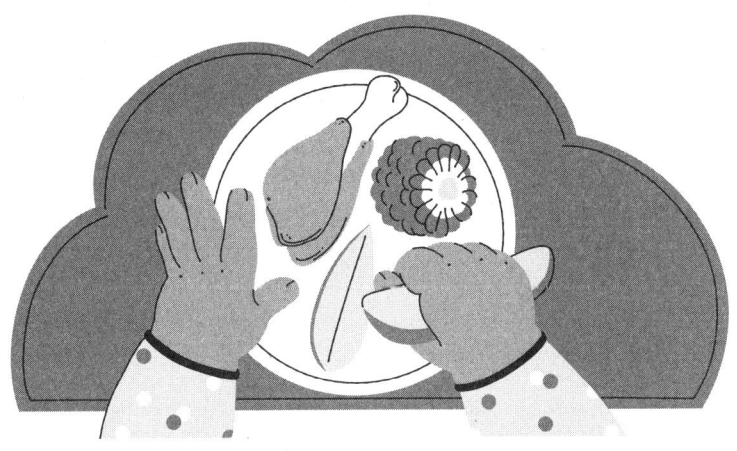

CAPÍTULO 9

Los primeros alimentos

En la familia de George era tradición cocinar y cenar juntos los miércoles por la noche. Sabían que era entonces cuando querían ofrecer a George sus primeros alimentos sólidos en la mesa. Cuando el bebé estuvo listo, decidieron hacer fajitas, uno de los platos que más les gustaban. Durante la preparación de la comida, cortaron algunos trozos de carne y verdura en bastones largos y gruesos para que George pudiera cogerlos fácilmente. También condimentaron menos esos trozos para evitar sabores fuertes o picantes. La madre de George, Carin, dijo que compartir esa comida con su bebé había sido algo que jamás olvidaría.

A un bebé se le puede ofrecer casi cualquier alimento del mundo, y prácticamente cualquier comida puede ser apta si se le hacen las debidas modificaciones para adaptarla a su desarrollo y habilidades, es decir, para que pueda cogerla y comerla sin ayuda. Este capítulo está dedicado íntegramente a las primeras comidas para el bebé: te mostraremos algunas opciones excelentes para ofrecerle y te enseñaremos a preparar los alimentos para que aprenda a comer de manera segura.

Quizá tengas que hacer pequeñas modificaciones en los alimentos y te explicaremos lo básico para que sepas si están preparados de forma adecuada para su edad. Dicho esto, después de un tiempo, te acostumbrarás a hacer estas modificaciones y entonces, a menos que exista alguna alergia, todos podréis compartir la misma comida: no hará falta cocinar nada aparte para el bebé.

Cuando queremos modificar un alimento, tenemos en cuenta la seguridad, el desarrollo del bebé, la facilidad de preparación y consumo, y si la modificación promueve la alimentación autónoma. No es que todo alimento necesite alguna modificación con respecto a cómo se suele comer en tu familia; verás que lo que cuenta para saber cómo prepararlo es el desarrollo que ha alcanzado el bebé.

Aunque a veces sientes una enorme presión de otros padres, amigos, familiares y de las empresas fabricantes de alimentos, no tienes ninguna obligación de ofrecerle al bebé ninguna comida o marca en particular. Toma esto como una invitación para que le ofrezcas los alimentos y las comidas que más te gusten y estén a tu alcance.

Elige lo que quieres comer

Al pensar en qué darle al bebé por primera vez, quizá te cueste salir de la idea de «comida para bebés» y no podrás evitar tratar de adivinar qué le gustará para que efectivamente se lo coma. Pero invierte ese concepto: piensa en lo que te gusta comer a ti y luego comparte un poquito con el bebé. A veces cuesta no abrumarse con libros de recetas y comidas especiales para el bebé, pero, en las décadas que llevamos trabajando con familias (y criando a nuestros propios hijos), lo que podemos decir es lo siguiente: si quieres que tu hijo o hija finalmente coma lo mismo que tú, ofrécele esos alimentos y sabores desde el comienzo.

Si te parece demasiado pronto para ofrecerle lo mismo que comes tú, o te da miedo, elige uno o dos alimentos específicos para el bebé y pon un poco también en tu plato. Durante las primeras semanas, muchas familias empiezan con un solo ingrediente a la vez preparado de forma sencilla y luego van ofreciendo otras opciones más complejas, con más ingredientes y variantes. Eso también está bien. Las comidas sencillas y sin demasiada preparación son igualmente deliciosas. Puedes seguir ofreciéndole al bebé lo que gusta en tu familia para que se conecte con su cultura culinaria, pero es difícil darle ejemplo comiendo algo que en realidad no te gusta o no tienes ganas de comer.

Alimentos que se deben modificar versus alimentos que se deben evitar

Casi cualquier alimento se puede preparar de forma segura para el bebé, incluidos los considerados de riesgo, y por eso dedicamos un capítulo entero a mostrarte cómo es esa preparación adecuada según la edad y el desarrollo del bebé. Como verás en el capítulo 10, con esa acción, puedes reducir drásticamente el riesgo, incluso cuando se trata de alimentos o comidas que constituyen un alto riesgo de atragantamiento pero son nutritivos (como las semillas, los frutos secos enteros, las zanahorias *baby*, las manzanas, las pepitas de granada o las uvas, entre otros). A pesar de que algunos alimentos tienen un perfil de mayor riesgo, no recomendamos evitarlos por completo, sino modificarlos para reducir el riesgo de atragantamiento y permitir que el bebé se familiarice con ellos y esté más dispuesto a aceptarlos (y, en última instancia, aprenda a comerlos en su forma no modificada) cuando ya sea un niño pequeño.

Pero, aunque la mayoría de los alimentos son seguros o se pueden modificar para que lo sean, algunos sí deberían evitarse.

Empezaremos con esta breve lista para darte tranquilidad y mostrarte que, a excepción de estos, la mayoría de los alimentos se pueden preparar de forma segura para el bebé ya desde el comienzo de la alimentación complementaria.

Hay dos categorías de alimentos que se deben evitar:

x Los alimentos que constituyen un alto riesgo de atragantamiento y no se pueden modificar fácilmente.

x Los alimentos que pueden enfermar al bebé.

Evita los alimentos que presentan más riesgo de causar un atragantamiento y que no se pueden modificar fácilmente, como los caramelos duros, el chicle y los malvaviscos, entre muchos otros.

Evita también los alimentos que pueden enfermar al bebé. Los bebés no tienen el sistema inmunitario totalmente desarrollado, como sí lo tienen los adultos, y por tanto tienen un mayor riesgo de desarrollar síntomas graves si cursan enfermedades transmitidas por alimentos. Según las recomendaciones de salud vigentes en Estados Unidos, para reducir la probabilidad de enfermedades se debe evitar lo siguiente:[1,2,3,4,5,6,7,8]

→ **La miel y los aderezos a base de miel,** debido al mayor riesgo de una enfermedad infantil poco frecuente llamada «botulismo». Aunque este riesgo afecta sobre todo a los bebés más pequeños, las autoridades consideran que la miel es segura para consumir solo después del primer año de vida.

→ **Proteínas animales crudas o poco cocidas,** como el sushi, las carnes crudas o poco cocidas y los mariscos y huevos poco cocidos. Cocina completamente todas las carnes (rojas y blancas), los mariscos y los huevos.

→ **Las carnes y el pescado curados y ahumados,** incluidos los embutidos y fiambres. Muchos de estos alimentos tienen un alto riesgo de transmitir enfermedades porque no están completamente cocidos o por cómo se procesan y se almacenan. Si decides compartir igualmente un poco con el bebé, calentarlo hasta que salga vapor puede reducir el riesgo de enfermedad; solo recuerda dejar que se enfríe antes de ofrecérselo.

→ **Alimentos con alto contenido en mercurio.** Ciertos pescados como el pez espada/emperador, el atún rojo, el tiburón (cazón, marrajo, mielgas, pintarroja y tintorera) y el lucio contienen altos niveles del metal pesado mercurio, y sus efectos negativos afectan especialmente a la salud de los bebés.

→ **Lácteos sin pasteurizar (crudos).** Dado que sus sistemas inmunitarios todavía están en desarrollo, los bebés y los niños pueden ser especialmente susceptibles a algunas enfermedades transmitidas por lácteos sin pasteurizar, como la leche cruda y los quesos crudos.

→ **Brotes crudos.** Si te gusta agregar brotes de legumbres o verduras a las comidas, cocínalos completamente antes de ofrecérselos al bebé. O espera para dárselos hasta que crezca un poco más, porque los brotes suponen un riesgo mayor y pueden transmitir enfermedades a los bebés.

→ **Alcohol.** Muchos hemos oído que el alcohol «se evapora» durante la cocción, pero la realidad es que el asunto es un poco más complejo. Qué cantidad de alcohol queda en una comida puede depender del tipo de alcohol que se haya usado, cómo ha sido la preparación, qué otros ingredientes lleva y el tiempo de cocción, entre otros factores. Los bebés y los niños son más sensibles a los efectos negativos del alcohol en la comida, así, aunque pueda parecer una precaución excesiva, es mejor tenerla y no echar alcohol a las comidas siempre que sea posible. Recuerda mantener el alcohol, incluido el que uses para cocinar y los licores, fuera del alcance de los menores también en la cocina, porque la ingesta accidental de alcohol en bebés es mucho más común de lo que creemos. La esencia de vainilla y otros aromatizantes similares se pueden usar en pequeñas cantidades para cocinar.

→ **Cafeína.** Evita las bebidas hechas con ingredientes que contengan cafeína, como muchos cafés y tés, y presta atención a otros alimentos que tengan esta sustancia. Que el bebé la pruebe ocasionalmente no generará mayores problemas, pero, en general, la cafeína no debería formar parte de la dieta de los bebés y los niños.

La cocina, siempre limpia

Llevamos una vida ocupada, el tiempo se nos va volando y siempre tenemos demasiadas cosas que hacer. Cuando estés preparando una comida, toma ciertas medidas para evitar la propagación de gérmenes y enfermedades, y así te facilitarás las cosas a largo plazo. Para evitar problemas futuros, mantén limpias las superficies donde preparas la comida, separa los alimentos para evitar la contaminación cruzada, cocina completamente las comidas y refrigéralas poco después de cocinarlas; así reducirás el riesgo de proliferación de gérmenes que transmiten enfermedades.

Algunas primeras opciones excelentes

Los siguientes alimentos son excelentes como primeras opciones para ofrecer al bebé. Consulta la base de datos First Foods en la aplicación de Solid Starts para saber cómo preparar estos alimentos adecuadamente según su edad y desarrollo.

Frutas y verduras

Aguacate
Apio
Bok choi
Boniato
Brócoli
Calabacín
Calabaza
Caqui
Carambola
Chayote
Ciruela
Col
Colinabo
Durian
Espárrago
Guisantes
Hueso de mango
Judías verdes
Kiwi
Maíz en la mazorca
Malanga/taro
Manzana
Melocotón
Melón cantalupo
Melón verde
Membrillo
Níspero
Nopales
Ñame
Papaya
Patata
Pera
Pimiento morrón
Piña
Pitahaya/fruta del dragón
Plátano
Plátano
Rábano
Raíz de loto
Remolacha
Tomate
Zanahoria
Zapote mamey

Proteínas y grasas

Bistec de ternera
Burrata
Carne de cabra
Carne de cerdo picada
Carne picada de cordero
Carne picada de ternera
Chuletas de cerdo
Costilla de cordero
Crema agria
Crema de cacahuete
Cremas de frutos secos
Ghee (mantequilla clarificada)
Hígado de pollo
Huevos

Kéfir

Labneh (queso)

Legumbres

Lentejas

Lino (semillas)

Margarina

Mozzarella

Muslo de pollo

Paneer (queso)

Pato

Pavo

Pecho de ternera

Quark (queso)

Queso *cottage*

Queso crema

Queso emmental

Queso fresco de cabra

Queso mascarpone

Ricota

Salmón

Sardinas

Semillas de cáñamo

Tahini (pasta de sésamo)

Tempe

Tofu

Trucha alpina

Trucha arcoíris

Yogur

Cereales y pseudocereales

Arroz y arroz salvaje

Avena

Cebada

Centeno

Espelta

Fonio

Freekeh

Mijo

Pan

Semillas de amaranto

Sorgo

Teff

Tortilla de maíz o trigo

Trigo burgol

Trigo partido

Trigo sarraceno

 **Ayudar al bebé a tolerar las especias y el picante**

Si comes mucha comida especiada o picante, tal vez puedas reducir la cantidad al principio para que el bebé se acostumbre. Recomendamos que la introducción a las comidas muy especiadas o picantes sea gradual y en cantidades pequeñas. Mezclarlas con alimentos cremosos como el yogur, el puré de patatas o incluso el arroz blanco puede bajar un poco el nivel de picor o la intensidad del sabor para que el bebé no experimente dolor físico ni malestar digestivo. También ayuda incorporar alimentos dulces con los especiados o picantes. Con el tiempo, y poco a poco, puedes aumentar el picor o la cantidad de especias.

¿Y para beber?

Las bebidas que debe incorporar principalmente un bebé de entre 6 y 12 meses son la leche materna, la leche de fórmula y una pequeña cantidad de agua (a menos que el médico dé otra indicación). Hasta después de los 12 meses, evita la leche de vaca o leches alternativas, el café, el té, los zumos, los refrescos y cualquier otra bebida que pueda desplazar la ingesta de leche materna o de fórmula. En algunos países, entre los 9 y los 12 meses de edad aproximadamente, se puede introducir la leche de vaca o una leche alternativa adecuada fortificada con calcio. Para decidir si esa indicación es apropiada para tu bebé, háblalo con el médico. Que el bebé tome pequeñas cantidades de agua (entre 30 y 60 ml) de un vaso en cada comida puede prevenir o mejorar el estreñimiento y darle la oportunidad de practicar con el vaso, pero no es obligatorio y no hay necesidad de hacer que consuma ninguna cantidad concreta. Si quieres leer más sobre el uso de pajitas y vasos, consulta el capítulo 12. Y si quieres leer más sobre la leche de vaca y las leches alternativas, consulta el capítulo 15.

Introducir los alérgenos de forma temprana

Aunque es posible desarrollar una alergia a cualquier alimento, los alimentos más comúnmente alergénicos son la leche de vaca, el huevo, el pescado, el cacahuete, el sésamo, el marisco, la soja, los frutos secos y el trigo. En el capítulo 14, hablaremos sobre ellos y sobre las recomendaciones para introducirlos en la dieta del bebé; además, conocerás diferentes métodos que se ajustan a diferentes estilos, ya prefieras ir poco a poco o más al grano.

Alimentos ricos en hierro

Un nutriente que no puede faltar en la planificación de la comida del bebé es el hierro. En torno a los 6 meses de edad, las reservas de hierro del bebé han disminuido naturalmente desde el nacimiento. En Estados Unidos, por ejemplo, aunque la leche de fórmula y, en menor medida, la leche materna siguen siendo una fuente de hierro para los bebés, los alimentos ricos en hierro también pueden cubrir parte de las necesidades de este mineral cuando el bebé está preparado para incorporarlos. Aproximadamente después de los 9 meses, muchos bebés ya están aprendiendo a comer más alimentos sólidos, lo que refuerza sus necesidades nutricionales y sus niveles de hierro. La meta general es ofrecerle regularmente alimentos ricos en hierro y confiar en que, con tiempo, práctica y paciencia, el bebé tendrá las habilidades necesarias para nutrirse bien e incorporar los niveles de hierro que necesita.

El hierro es un nutriente importante para el desarrollo del bebé. En países industrializados como Estados Unidos, se estima que la deficiencia de hierro afecta a entre un 15 y un 20 por ciento de los bebés y niños pequeños (según el estudio) y, aproximadamente en un tercio o más de los casos, esa deficiencia puede derivar en anemia ferropénica (cuando los glóbulos rojos disminuyen de tamaño y los síntomas suelen intensificarse).[9,10,11] Algunos de los síntomas de la deficiencia de hierro son palidez, mayor irritabilidad, falta de energía, problemas de sueño, falta de apetito, recaídas y retrasos del desarrollo. La anemia por deficiencia de hierro puede desarrollarse por diversas razones: una baja ingesta de hierro por medio de los alimentos, un aumento de las necesidades de hierro causada por alguna enfermedad, efectos secundarios de algún medicamento, factores genéticos y otros que no son controlables. Si te preocupan los niveles de hierro de tu hijo o hija, habla con tu pediatra para que te oriente.

Muchos de los alimentos que se comercializan para bebés y niños pequeños no contienen una cantidad de hierro adecuada ni están diseñados para reforzar las habilidades que el bebé necesita para comer.[12,13] En algunas familias, la regla de oro es darle al bebé cereales infantiles fortificados con hierro, pero en la cocina y en la despensa ya tenemos muchos alimentos ricos en hierro y aptos para bebés. Te recomendamos que empieces a ofrecerle estos alimentos al bebé al iniciar la alimentación complementaria.

Alimentos ricos en hierro de origen animal

Arenque	Cordero
Caballa	Huevos
Cabra	Pato
Carne de bisonte	Pollo
Carne de ternera	Sardinas

Alimentos ricos en hierro de origen vegetal

Alubias	Lentejas
Avena (fortificada con hierro)	Semillas de calabaza
Edamame	*Tahini*
Garbanzos	Tempe
Judías pintas	Tofu

Potitos, bolsitas y cereales inflados

En las tiendas y los supermercados, las estanterías de productos para bebés están llenas de potitos y bolsitas, cereales inflados, galletas dulces, saladas y de dentición, así que vamos a hablar un poco de esto. Más allá de la creencia popular, no hay ninguna obligación de ofrecer estos alimentos al bebé y está perfecto si quieres pasarlos por alto. Estos productos evitan que el bebé coma las mismas comidas y conozca los mismos sabores que el resto de la familia. Además, no lo ayudan tanto como lo hace la comida familiar a desarrollar habilidades de motricidad oral muy importantes. Dicho esto, los alimentos envasados para bebés pueden ser bastante cómodos para las familias en el sentido de que son algo que pueden coger rápidamente y servir con poca (o nula) preparación. A veces también se incluyen en las ayudas alimentarias que entregan gobiernos u organizaciones no gubernamentales, lo que los convierte en un recurso accesible para muchas familias. Si quieres darle estos alimentos a tu bebé, no es ningún problema.

Aquí damos algunos consejos para intercalar estos alimentos mientras se acostumbra al bebé a la comida familiar y se promueve su motricidad oral cuando haya tiempo:

→ Pasa la comida del frasco o la bolsita a un tazón para que el bebé la coma casi siempre con cuchara o con la mano. A los bebés les encanta succionar directamente de las bolsitas y suelen poder hacerlo desde muy pequeñitos porque esa (la succión) es una habilidad con la que ya cuentan y no deben practicar otras más difíciles que aún no tienen, en concreto, las que les permiten masticar.

→ Usa los potitos y untables para acompañar parte de los alimentos en trozos de tu comida. Así el bebé podrá comer lo mismo que tú con una cuota extra de sabor y nutrición.

→ Mezcla los potitos en salsas, pastas y cremas de frutos secos.

→ Guarda los cereales inflados, las galletas y los bizcochos de dentición para cuando estéis fuera de casa. No hay problema si el bebé come esas cosas de vez en cuando, pero muchas familias acostumbran a dárselas en cada comida con la idea de que son más seguras que otros alimentos y les sirven para aprender a masticar. Estos productos se consideran alimentos «derretibles», lo que quiere decir que se derriten al masticarlos mínimamente, así, en realidad, no activan los reflejos de masticación del bebé como sí lo hacen los alimentos en trozos. Y muchos bebés que acostumbran a comer estas cosas desarrollan rápidamente una fuerte preferencia por los cereales inflados y de dentición, porque aprenden enseguida que pueden rechazar otras comidas y sus padres les darán cereales inflados. Eso puede complicar la introducción de otros sabores y texturas durante este periodo tan importante. La solución es ofrecer estas comidas envasadas con moderación.

El bebé empieza a probar el mundo

El bebé está a punto de embarcarse en una aventura maravillosa y tú vas a ser quien le diseñe esa fabulosa experiencia. Nuestro mejor consejo es que no pienses demasiado. Ofrécele alimentos variados cocinados como os gusten en tu familia, incluidas las especias y vuestros sabores favoritos. Elige comidas que quieras comer, que estén a tu alcance y que sean importantes en tu familia, tu lugar de residencia y tu cultura.

Cuando empieces a dejar que el bebé practique cómo gestionar la comida, será el momento de mostrarle la amplia variedad de sabores que existen. Va a estar encantado cuando pase del dulzor de la leche materna o de fórmula a la frescura de la sandía, la calidez de la canela y el sabor de un bistec. Se deleitará con los distintos frutos rojos y pondrá cara de asco al mínimo contacto con la lima. Y también será divertido para ti: si nunca has visto a un bebé probar un limón, vas a alucinar.

Resumen

✔ Prioriza las comidas que os gustan en tu familia cuando pienses en qué alimentos ofrecer primero al bebé. Casi siempre, ofrecerle lo mismo que come el resto de la familia tiene muchos beneficios.

✔ Casi cualquier alimento se puede adaptar de forma que sea seguro para el bebé, algo que explicaremos en el próximo capítulo.

✔ Deja que el bebé coma potitos con la mano o los mezcle con otros alimentos.

✔ Diviértete y muestra al bebé lo emocionante que puede ser el mundo de la comida.

CAPÍTULO 10

La preparación de los alimentos según la edad

Uno de los primeros alimentos de Maggie fue la piña. Acabábamos de comprar una que estaba dulce y madura… una delicia total. Maggie nos miraba tanto que tuvimos que compartir un poco con ella. Sabía que el trozo tenía que ser blando y tener forma de bastón para que Maggie pudiera cogerlo. Y nunca olvidaré la expresión adorable que hizo cuando logró llevárselo a la boca. Mi esposo y yo seguíamos riéndonos horas después.

KAREN, mamá de Maggie.

Cada alimento tiene sus propiedades y texturas. Algunos son duros y crujientes, otros son resbaladizos, otros son fibrosos, otros se tienen que masticar mucho. Este capítulo consiste en una serie de lecciones sobre cómo preparar toda esta variedad de alimentos para el bebé según el momento de su desarrollo. Los alimentos correctamente preparados contribuirán a su seguridad, harán que empiece a practicar cómo comer y que desarrolle la masticación, además de mostrarle que, sí, puede aprender a comer y, sí, llevarse ese trozo a la boca tiene una recompensa deliciosa.

Seguridad. Todas nuestras recomendaciones sobre cómo cortar y preparar los alimentos para el bebé priorizan la seguridad. Y eso significa que lo que priorizamos son los tamaños y las formas que permiten al bebé coger la comida fácilmente y comerla sin ayuda desde el comienzo de la alimentación complementaria, y que minimizan las características que se sabe que aumentan el riesgo de atragantamiento.

Práctica temprana para comer. Queremos que el bebé aprenda a comer lo mismo que come el resto de la familia, preparado de la misma manera que para el resto de la familia. Por eso, a veces sugerimos preparar estilos de comida que estimulen su motricidad oral y promuevan la masticación. Te animamos a que le ofrezcas alimentos variados con diferentes texturas y sabores.

Desarrollar la masticación. Algo que quizá te preguntes es si es importante preparar los alimentos de forma que el bebé pueda, efectivamente, llenarse la barriga. Lo que te recomendamos es que trates de priorizar la experimentación y el desarrollo de habilidades en lugar de la ingesta. A medida que el bebé practique esas habilidades, empezará a ingerir alimentos. Si el hecho de que el bebé se llene el estómago es una prioridad, hay muchas maneras de preparar los alimentos para favorecer la ingesta. Trata de equilibrar la ingesta con la oferta de alimentos que mejoren la masticación del bebé.

Cómo cortar y preparar los alimentos para el bebé

Preparar una comida para el bebé no tiene que ser complicado y, con algunas pautas sencillas, modificar los alimentos (si es necesario) se convertirá en algo rutinario. Estas son algunas de las texturas principales que presentarás al bebé durante los próximos meses:

- **alimentos blandos que se pueden coger con la cuchara,** como las gachas de avena o el puré de patatas
- **alimentos blandos que se pueden coger con la mano,** como el plátano o el melocotón
- **alimentos fibrosos,** como las tiras de carne cocida o los espárragos
- **alimentos irrompibles,** como una costilla o un hueso de mango
- **alimentos crujientes,** como el pepino o el pimiento
- **alimentos que se deshacen,** como la yema de huevo duro o una galleta
- **alimentos de textura mixta y grumosos,** como el queso *cottage* o la ricota
- **cereales y otros alimentos particulados** que se esparcen en la boca, como la quinoa o el arroz
- **alimentos semisólidos,** como la sopa o el yogur

Alimentos blandos que se pueden coger con la cuchara

Aunque no es necesario chafar toda su comida, es importante ofrecer al bebé opciones de textura blanda. Muchos de los alimentos o comidas que nos gustan a los adultos (las gachas o *porridge*, las patatas o el plátano) se cocinan hasta que están blandos o se aplastan para que se puedan comer con cuchara. Esta textura es excelente, porque los bebés a menudo logran tragar algo antes de aprender a morder un bocado, masticarlo y llevarlo a la parte posterior de la boca para tragarlo. También muchos padres se entusiasman al ver a su bebé comer y tragar algo de comida: les da confianza en sus habilidades para comer. Además, esta es una manera fantástica de ofrecer alérgenos alimentarios comunes y asegurar la ingesta. Los alimentos blandos y los purés también son un excelente estímulo sensorial y sirven para acostumbrar al bebé a otras texturas más pegajosas o que ensucian mucho, y a los purés semisólidos, que los niños pequeños muchas veces no quieren comer (y, a decir verdad, ¡los adultos tampoco!).

Aunque los alimentos blandos o chafados no promueven mucho el desarrollo de la masticación, pueden darte tranquilidad al sentir que la alimentación complementaria de tu bebé va por buen camino. En ese caso, deja algunos grumos y trozos blandos en la comida para que el bebé se acostumbre a esa textura y proponte ofrecerle alimentos en trozos entre los 8 y los 9 meses. Los alimentos blandos también son un muy buen medio para practicar el manejo de los cubiertos. Los alimentos untuosos son más fáciles de coger con la cuchara para el bebé y, por tanto, es más probable que pueda comerlos por su cuenta.

Estos son algunos alimentos blandos y purés fáciles de coger con la cuchara:

Baba ganoush
Puré de legumbres
Pudin de semillas de chía
Congee (sopa de arroz)
Fufu
Sémola de maíz
Guacamole
Halim (guiso a base de trigo y carne)
Humus

Porridge de *kasha* (gachas de trigo sarraceno)
Aguacate chafado
Legumbres chafadas
Patatas chafadas
Muhamara (crema de pimientos)
Porridge o gachas de avena
Poi (pasta a base de taro)
Polenta
Yogur (espeso)

Trozos de alimentos blandos

Muchos alimentos, como los plátanos maduros, los melocotones y las peras, son naturalmente blandos. Y las texturas blandas también deben formar parte de la comida del bebé: algunos ejemplos son las tiras de tortilla de huevo, la calabaza al horno o las tiras de tofu.

Una excelente pauta de seguridad es que cualquier trozo de un alimento blando debe ser lo suficientemente blando para poder aplastarlo con un tenedor o con los pulgares, pero no tanto como para que se deshaga cuando el bebé trate de cogerlo. El objetivo es que la comida empiece a triturarse cuando el bebé la mordisquee o la succione. Pero ten en cuenta que estos alimentos blandos, aunque son fáciles de aplastar con la lengua y las encías, pueden causar arcadas cuando se distribuyen en la lengua.

Alimentos fibrosos

Algunos alimentos fibrosos o firmes, como las tiras de carne o un espárrago, también pueden ser muy buenas opciones al inicio de la alimentación complementaria. Resisten bien la fuerza que el bebé empieza a ejercer con la mandíbula y tienden a causar menos arcadas. Además, proporcionan excelente información sensorial a la lengua y la mandíbula, y activan de forma muy eficaz los reflejos de masticación; por tanto, son excepcionales para que el bebé empiece a desarrollar la motricidad oral. También son una gran opción para los bebés cuyo reflejo de extrusión es más sensible, porque no se esparcen dentro de la boca. Aunque la mayoría de los bebés no podrán masticar completamente la textura fibrosa durante varios meses (es decir que escupirán casi toda, si no toda, la comida), estos alimentos son excelentes para que desarrollen esa habilidad. Una opción es mojar alimentos de textura fibrosa en salsas y purés, algo que les generará interés y los ayudará a ingerir alimentos nutritivos y sustancias importantes para la salud como el hierro.

Si al bebé se le ofrecen alimentos fibrosos (incluso cuando acaban de empezar a comer), de vez en cuando logrará arrancar un trozo grande. Aunque esto es esperable y normal, algunos padres pueden asustarse muchísimo. Confía en que el bebé tiene todos los reflejos esenciales para gestionar ese trozo de comida y puede expulsarlo de forma segura si lo necesita.

Ofrece desde el comienzo tiras de carne bien cocida y verduras fibrosas blanqueadas, como brócoli al vapor, espárragos asados o
repollo en tiras gruesas. Aunque quizá pienses que lo más seguro
es esperar, la práctica que los bebés obtienen con estos alimentos
cuando están empezando con la comida es fantástica, y el hecho
de que se familiaricen con estas texturas tiene enormes beneficios.
Una vez los bebés se acostumbran a comer alimentos blandos que
se pueden chafar, a veces rechazan otros más fibrosos que les lleva
más trabajo triturar y pueden hacer que se aburran. La introducción
de texturas fibrosas desde el comienzo aumenta la probabilidad de
que el bebé acepte esas texturas más adelante.

Alimentos irrompibles

Llamamos *mordedores naturales* a ciertos alimentos que son tan firmes y
resistentes que no se trituran en la boca cuando el bebé los mastica. Algunos
ejemplos son una chuleta de cerdo después de quitarle casi toda la carne, un
hueso de mango o un corazón de piña. Por extraño que pueda parecer, estos
alimentos sirven mucho al bebé para ejercitar el control de la mandíbula y
la coordinación de la lengua, y son
excepcionales para ayudar a que el
bebé se haga el «mapa mental» de
la boca (la conciencia sensorial
que le permite saber dónde está la
comida en la boca y si ya está lo
suficientemente triturada para
tragarla sin dificultad).

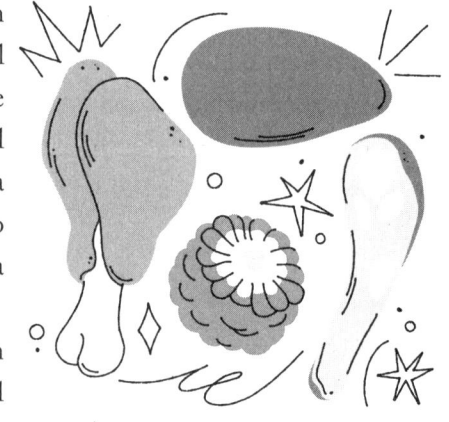

Estos alimentos estimulan
los reflejos de masticación y el
bebé practica repetidamente

164

cómo mover la lengua y la mandíbula para masticar, pero la comida no se tritura, así que el bebé aún no tiene que descubrir cómo mover trozos pequeños dentro de la boca. Como no hay trozos pequeños que gestionar ni bocados que puedan generarle arcadas o tenga que escupir, estos alimentos irrompibles son la mejor opción en la transición de los purés y las papillas a los alimentos en trozos para los padres preocupados por lo que puede y no puede hacer su bebé.

Los mordedores naturales también son muy buenos para los bebés cuyo reflejo de extrusión es muy sensible y pueden ser una buena opción para los que tienen arcadas enseguida, porque los alimentos irrompibles, de hecho, pueden ayudar a reducir ese reflejo de extrusión con el tiempo.

Los mordedores naturales también pueden servir como cubiertos: el bebé puede mojarlos en un alimento, usarlos para mezclar o como cuchara. Son excelentes para incorporar purés; pon puré en un tazón y muestra al bebé cómo hundir el mordedor ahí dentro.

Alimentos crujientes

Los alimentos crujientes como las manzanas, las zanahorias crudas y los trozos grandes de frutos secos son difíciles de gestionar para el bebé que hace poco que ha iniciado la alimentación complementaria, y es mejor evitarlos en su forma naturalmente crujiente al principio, dado que tienden a aumentar el riesgo de atragantamiento. Sin embargo, hay otros alimentos crujientes que pueden adaptarse para que sean seguros sin cocinarlos, por ejemplo, los pepinos, los aros de cereal y los pimientos. Si quieres saber cómo preparar de forma segura estos y cualquier otro alimento para el bebé según su edad y desarrollo, usa la base de datos First Foods en la aplicación de Solid Starts.

Alimentos que se deshacen

Los alimentos que se deshacen, como el huevo duro y la carne picada, pueden dar un poco de trabajo a los bebés al principio. Mantienen la forma hasta que los mordisquean y luego se les deshacen dentro de la boca, lo que puede hacerlos difíciles de gestionar. Para minimizar esa dificultad, al principio, modifica los alimentos que se deshacen. Una manera es agregarles humedad. Por ejemplo, una albóndiga muy blanda hecha con huevo y pan rallado puede evitar que la carne se deshaga en pedacitos dentro de la boca del bebé. Con el tiempo, a medida que el bebé mejore su habilidad para gestionar los trozos de comida en la boca, deja que experimente con estos alimentos por su cuenta.

Ciertos alimentos, como el huevo duro, pueden mezclarse con yogur o aguacate para incorporar humedad, lo que favorece el uso de cubiertos y los dedos para comer.

Alimentos de textura mixta y grumosos

Algunos alimentos como el queso *cottage*, el guacamole, los untables de legumbres y los guisos pueden ser excelentes opciones para comer con cuchara o poner directamente en el tazón del bebé para que pueda practicar usar las manos como cuchara y llevarse la comida a la boca. Estos alimentos pueden ampliar su sensibilidad a diferentes texturas y proporcionar una experiencia sensorial amena tanto para las manos como para la boca. Ten en cuenta que los alimentos de textura mixta suelen causar bastantes arcadas hasta que el bebé se acostumbra a tenerlos en la boca, y esa es justamente la razón por la que conviene introducirlos enseguida.

Cereales y otros alimentos particulados

Los cereales y los alimentos formados por pequeñas partículas, como la quinoa o el arroz, son texturas excelentes para ofrecer al bebé cuando ya ha tenido experiencia con texturas mixtas o grumosas y alimentos blandos en trozos. Los alimentos particulados pueden resultarle difíciles al principio, porque le cuesta cogerlos y llevárselos a la boca; además, estos alimentos también suelen esparcirse dentro de la boca y generan grandes arcadas. Se pueden humedecer con alguna salsa o aplastar con un tenedor para unir los granos, lo que mejora significativamente la tolerancia del bebé a esta importante textura. A medida que el bebé mejore su habilidad para mover con la lengua lo que tiene en la boca, puedes hacer menos modificaciones a estos alimentos para que practique su gestión.

Alimentos semisólidos

Las sopas, las salsas, las pastas blandas y los alimentos como el yogur tienen una textura semisólida y brindan una experiencia sensorial fascinante al bebé. Es interesante introducirlos de manera temprana ya que el bebé suele poder tragarlos bien. Puedes poner un poco en una cuchara y luego dársela al bebé o simplemente untar una pequeña cantidad en la bandeja de su trona o poner el alimento en un tazón para que lo coja usando las manos como cuchara. Si tu bebé es más sensible y tiende a tener arcadas con esta textura, empieza ofreciéndole una pizca sobre tu dedo limpio para que se interese por ese alimento y ayudarlo a que tolere trozos más grandes después.

Pautas para modificar los alimentos de forma segura

Para minimizar el riesgo de atragantamiento, elimina o reduce cualquier característica de un alimento que haga que al bebé le cueste gestionarlo o que aumente el riesgo de que se atasque en sus vías respiratorias, que miden aproximadamente 6 mm de diámetro. La manera de preparar los alimentos debe facilitar al bebé la tarea de cogerlos para llevárselos a la boca, moverlos dentro de ella y triturarlos para que haya un menor riesgo de atragantamiento en el infrecuente caso de una deglución descoordinada.

→ **Alimentos resbaladizos:** si son pegajosos, como el aguacate, rebozarlos con pan rallado o cereal infantil. Si no son pegajosos, como el mango, cortarlos dejándoles protuberancias para proporcionar agarres.
→ **Alimentos redondeados** como los arándanos o las uvas: aplastarlos o cortarlos en rodajas.
→ **Alimentos terminados** en punta como las fresas: cortarlos en rodajas.
→ **Alimentos elásticos** como las salchichas u otros embutidos: cortarlos en rodajas finas o desmenuzarlos.
→ **Alimentos firmes** como las manzanas: cocinarlos hasta que estén blandos.
→ **Alimentos duros** como los frutos secos: picarlos muy finamente.
→ **Alimentos pegajosos** como las cremas de frutos secos: disolverlos con agua.
→ **Alimentos gomosos** como los mariscos: desmenuzarlos o cortarlos en rodajas finas.

Es imposible eliminar todo riesgo y, en teoría, una persona puede atragantarse con cualquier alimento, pero reducir estas características puede ayudar mucho a la seguridad del bebé.

El riesgo de atragantamiento se reduce cuando el bebé se alimenta de forma autónoma. Cuando el comensal coge la comida y se la mete en la boca de forma independiente, hay un menor riesgo de atragantamiento y aspiración.[1,2,3,4,5] La preparación de los alimentos debe adecuarse siempre al desarrollo psicomotor del bebé, de forma que pueda coordinar los movimientos para comer de manera autónoma.

Peligros comunes de atragantamiento y cómo modificarlos para mejorar la seguridad

Esta lista es objeto de mucho debate entre los profesionales médicos y es un tanto subjetiva.

Como sabes, ciertos alimentos de riesgo como los caramelos duros, los malvaviscos y el chicle es mejor evitarlos directamente. Para otros alimentos de riesgo como las zanahorias, las uvas, el pescado con espinas y las manzanas, lo que recomendamos es modificarlos para que sean seguros para el bebé.

→ **Manzanas:** cocinar hasta que estén muy blandas o cortar en rodajas finas.

→ **Arándanos:** aplastar con los dedos.

→ **Zanahorias:** cocinar hasta que estén muy blandas, luego aplastar o cortar longitudinalmente; rallar las zanahorias crudas.

→ **Apio:** cortar en trocitos pequeños y finos, luego cocinarlos hasta que estén blandos y mezclarlos en comidas que se puedan comer con cuchara.

→ **Queso:** cortar en lonchas finas.

→ **Cerezas:** ofrecer solo cuando el bebé aprenda a hacer la pinza, sin hueso y cortadas en cuartos.

→ **Garbanzos:** chafarlos de uno en uno o licuar.

→ **Maíz:** evitar la cáscara suelta del grano; ofrecer en la mazorca.

→ **Fruta deshidratada:** evitar la forma seca; reconstituir en agua tibia y luego hacerla puré.

→ **Pescado:** quitar cuidadosa y completamente las espinas.

→ **Uvas:** cocinar hasta que estén blandas o, una vez que el bebé aprenda a hacer la pinza, cortar en cuartos (longitudinalmente si son ovaladas).

→ **Melón:** cortar en rajas finas (nunca hacer bolitas ni cortar en cubos) u ofrecerlo en la cáscara.

→ **Guisantes:** chafar y mezclar en una comida que se pueda comer con cuchara, como el puré de patatas; una vez que el bebé aprenda a hacer la pinza, aplastar.

- → **Peras:** escoger las que estén muy maduras o, si están firmes, cocinarlas hasta que estén blandas u ofrecerlas en rodajas finas.
- → **Frutos secos y semillas:** picarlos finamente y mezclarlos en otras comidas.
- → **Cremas de frutos secos y semillas:** convertir en una salsa ligera mezclándolas con agua, puré de manzana, yogur, leche materna o leche de fórmula.
- → **Naranjas, pomelos y mandarinas:** quitar la membrana exterior y las semillas de todos los gajos.
- → **Arroz, cebada y otros cereales:** cocinar bien y mezclarlos con un alimento que los aglutine como el yogur.
- → **Salchichas u otros embutidos:** cortar longitudinalmente; quitar la piel si hay.
- → **Camarones:** cortar longitudinalmente en mitades planas.
- → **Fresas:** quitar la parte terminada en punta y ofrecerlas enteras solo si son muy grandes y están muy blandas; si son pequeñas o firmes, chafarlas, cortarlas en rodajas o cocinarlas.
- → **Tomates *cherry* (común y pera):** evitar al comienzo y, una vez que el bebé aprenda a hacer la pinza, cortar en cuartos.

En qué nos basamos para recomendar cómo cortar los alimentos

Muchas de las recomendaciones sobre cómo ofrecer alimentos sólidos a los bebés carecen totalmente de evidencia y están influidas por la tradición (lo que se ha hecho «toda la vida»). Otras son suposiciones incoherentes, sesgadas e incorrectas sobre la seguridad y las habilidades del bebé.[6,7,8] En Solid Starts, afortunadamente, tenemos en nuestro equipo a varios profesionales expertos no solo en desarrollo infantil (neuromuscular, motor y cognitivo), sino también en el desarrollo y refinamiento de la motricidad oral. Además, nuestro equipo especializado en alimentación y deglución ha combinado más de 40 años de experiencia para evaluar qué es la deglución normal o anormal, empezando por los neonatos y llegando hasta los adolescentes. Por otra parte, nuestras recomendaciones han sido revisadas y perfeccionadas por una gastroenteróloga y pediatra certificada. Lisa y llanamente: no hacemos estas recomendaciones a la ligera y nos basamos en un amplio volumen de literatura médica de varias disciplinas. Cuando no hallamos evidencia en la literatura que nos permita determinar concretamente una recomendación, nos guiamos por la experiencia clínica y el conocimiento de la masticación, la deglución y la disfagia (trastornos de la masticación), además de por áreas complementarias de investigación como el desarrollo, el aprendizaje motor, la biomecánica y la rehabilitación infantiles.

Cuando ideamos las recomendaciones sobre cómo cortar los alimentos para reducir el riesgo de atragantamiento, nos proponemos:

→ que al bebé le resulte más fácil comer de forma autónoma, teniendo en cuenta su motricidad fina a diferentes edades;
→ que los alimentos se adecúen a su motricidad oral típica y al desarrollo de habilidades nuevas en cada etapa;
→ que la presentación sea sencilla, con la menor cantidad necesaria de modificaciones para que la ingesta sea segura.

Para aprender a preparar cualquier alimento según la edad y el desarrollo del bebé, usa nuestra base de datos First Foods en la aplicación de Solid Starts.

Preparar los alimentos para reducir el riesgo de atragantamiento

Sabemos que hay siete características que hacen que un alimento suponga un riesgo de atragantamiento. Nuestro primer y principal objetivo es identificar las recomendaciones que permiten reducir o eliminar esas características. Por ejemplo, los alimentos redondeados o terminados en punta, los que son firmes, elásticos o resbaladizos tienen más probabilidades de entrar en las vías respiratorias y atascarse, y es difícil que puedan expulsarse sin ayuda, lo que causa una emergencia real por atragantamiento. Nos proponemos eliminar estos factores, porque la seguridad del bebé es nuestra prioridad absoluta.

Preparar la comida para que el bebé pueda comer de forma autónoma

A partir de lo que sabemos sobre el desarrollo de las habilidades de la mano, la coordinación de un bebé de entre 6 y 8 meses le permite usar solamente la mano entera para levantar un objeto o ponérselo en la palma. Así que los alimentos deben ser del tamaño y la forma correctos para favorecer ese agarre amplio, y no trozos pequeños que haya que levantar con la punta de los dedos.

Alrededor de los 9 meses, el bebé desarrolla lo que se conoce como agarre de pinza, la habilidad que le permite coger trozos pequeños de alimentos con la punta de los dedos. A partir de ese momento se le pueden ofrecer bocados, ya que será capaz de llevárselos a la boca para comerlos.

Exploraremos eso en detalle más adelante, pero por ahora recuerda lo siguiente:

→ Entre los 6 y los 8 meses del bebé, los alimentos deben cortarse en trozos grandes para que pueda cogerlos fácilmente.

→ Las formas de bastón son ideales para lograr ese agarre.

→ Sumar protuberancias o textura al alimento puede hacer que al bebé le resulte más fácil sostenerlo con los dedos.

→ Alrededor de los 9 meses del bebé, se pueden agregar trozos más pequeños, del tamaño de un bocado (el tamaño de un nudillo de la mano de un adulto aproximadamente) para que el bebé pueda adquirir más habilidad con la mano y mejorar la masticación.

Adecuar los alimentos a la capacidad del bebé para masticar

Sabemos que en los primeros tiempos de la alimentación complementaria el bebé aún no ha adquirido muchas habilidades para comer. Tiene los reflejos necesarios para desarrollarlas, pero no ha llegado a la parte del aprendizaje real. A medida que aprende, queremos procurar su seguridad tanto como sea posible y que alcance cada hito, pero también que vaya desarrollando nuevas habilidades, que experimente, que toque, que agarre como pueda, que se equivoque y que crezca. Si queremos sentar las bases para las habilidades que aún debe aprender, debemos ofrecerle alimentos que le supongan un desafío en función de las que sí tiene. No empieces por los más arriesgados: empieza con alimentos modificados para hacerlos lo más seguros posible y luego puedes ir aumentando la dificultad.

Piensa en la idea de enseñar a un bebé a atrapar una pelota. ¿No es más fácil empezar con una pelota grande de playa, que puede rodear con ambos brazos, en lugar de una pequeña de béisbol o de golf, que le resulta más difícil de coger? Bien, este ejemplo también se aplica a la comida. Los trozos más grandes permiten al bebé usar toda la mano para comer, puede sostenerlos con más facilidad y escupirlos si es necesario, activan mejor sus reflejos motores orales dedicados a la masticación y le facilitan el proceso de registrar lo que tiene en la boca. A su debido tiempo, cuando haya adquirido una mejor coordinación, el bebé sabrá cómo gestionar bocados más pequeños.

La preparación de los alimentos de los 6 a los 8 meses

Por lo general, los alimentos deben prepararse de manera que tengan estas características:

→ la longitud y el ancho de dos dedos de una mano adulta, o
→ el tamaño suficiente para que el bebé pueda llevárselos a la boca con las dos manos.

Para los bebés de este grupo de edad, los alimentos con forma de bastón suelen ser los más fáciles de coger para llevárselos a la boca. Pero esa no es la única forma posible. Una albóndiga grande y blanda es tan buena opción como una tira larga de calabacín horneado. Por lo general, cuanto más grande sea el trozo de comida, más seguro será para el bebé que está iniciando la alimentación complementaria. El alimento debe ser lo suficientemente grande para que lo coja y se lo lleve a la boca, y que sobresalga por arriba y por abajo de su mano cuando lo sostenga.

Los bebés de esta edad tienen reflejos que los ayudan a masticar y triturar la comida. Pero para poder comer, hay una condición que se suele pasar por alto: la habilidad de la lengua para juntar todos esos trocitos triturados y formar una bolita o «paquetito» que se pueda llevar fácilmente a la parte posterior de la garganta y luego tragar. Para la mayoría de los bebés de 6 meses, esto es algo muy difícil de conseguir, pero, si les damos muchas oportunidades para practicar, sirviéndoles trozos de alimentos blandos que puedan aplastar, la mayoría desarrollará esta habilidad entre los 8 y 10 meses de edad.

A algunos bebés de entre 6 y 7 meses les cuesta gestionar estos alimentos blandos que se pueden aplastar, porque se esparcen en el interior de la boca o pueden adherirse al paladar. Cuando la comida se esparce en la boca, tiende a generar arcadas. En este punto, hay otras opciones excelentes, por ejemplo, los alimentos un poco más firmes, que empiezan a desintegrarse en trocitos más pequeños cuando el bebé los chupa o los mordisquea, o los alimentos muy resistentes. Estos aumentan la tolerancia del bebé a las texturas y al estímulo sensorial en la boca y, a la vez, le dan el control para expulsar esa comida aplastada sin que le queden restos.

Hacer un «mapa mental» de la boca

Las investigaciones muestran que, durante la ventana de los 6 a los 8 meses, los elementos que aportan mucha información sensorial táctil (lo que se llama «estímulo táctil») a las encías, la lengua y el paladar, e información sensorial sobre la fuerza (el llamado «estímulo propioceptivo») a la mandíbula y los músculos de la lengua indican al cerebro lo que está sucediendo en la boca de la forma más completa y precisa.[9] Cuanta más información sensorial táctil y propioceptiva reciba el cerebro, más probable es que la boca sepa qué hacer con ese elemento.[10] Los trozos de comida más grandes y firmes promueven un aprendizaje sensorial motor muy provechoso y activan los reflejos de masticación.

Algo parecido sucede con el reflejo de deglución, que implica una compleja serie de movimientos diseñados para cerrar las vías respiratorias y evitar un atragantamiento o una aspiración. Aunque la deglución es un reflejo, se activa con la información sensorial que recibe del interior de la boca y de la comida. Los movimientos de deglución cambian según la información que recibe el cerebro sobre esa comida y su movimiento dentro de la boca.[11]

Por ejemplo, la cantidad de tiempo que las vías respiratorias permanecen cerradas cuando se traga comida es mayor que cuando se traga saliva.[12] La boca recopila información sensorial de la comida y la envía el cerebro, que rápidamente transmite ese mensaje a la garganta y le indica lo que debe hacer para mantener despejadas las vías respiratorias durante la deglución. Cuantos más receptores sensoriales se estimulan con la comida, más información le envía esa comida al cerebro y luego a la garganta (y viceversa). Los trozos más grandes y firmes estimulan más receptores sensoriales en la lengua, el paladar, las mejillas y la mandíbula del bebé, lo que aporta información valiosa al cerebro.

¿Y si el bebé muerde un bocado muy grande?

En el próximo capítulo, examinaremos algunas situaciones y preguntas frecuentes de las familias al inicio de la alimentación complementaria de su bebé, pero la anterior es la pregunta que más surge cuando decimos que se pueden ofrecer trozos grandes de comida, así que queremos responderla antes de seguir.

Es normal sentir ansiedad o nervios ante la idea de que el bebé muerda un trozo grande de algún alimento. Aunque puede dar miedo, recuerda que este tiene los reflejos y los mecanismos para gestionar ese trozo. Cuando muerde activamente un bocado, el cerebro recibe el mensaje: «Ah, me toca masticar esto». Muy en el interior del tronco encefálico, se activan ciertos reflejos, y el bebé probablemente emplee patrones motores para mover el alimento dentro de la boca: escupirlo, tragarlo entero (¡y, no, no suele causarle ningún problema!) o posiblemente tenga arcadas. Quizá tu impulso sea querer sacárselo, pero no le metas los dedos en la boca: eso puede aumentar el riesgo de atragantamiento, porque se empuja el alimento más atrás y queda cerca de la garganta, donde el bebé ya no puede controlarlo. Aunque quizá sea lo primero que te venga a la mente, no lo hagas.

Escupir un bocado grande

1. **Mantén la calma y ten paciencia.** No conviene asustar al bebé y, aunque te pueda parecer que es una emergencia, no lo es. Los bebés pueden masticar trozos grandes de comida o tragarlos enteros sin que eso sea una práctica insegura. Si no escupe la comida, intenta no suponer lo peor.

2. **Quita la comida de la bandeja.** Vigila que el bebé no siga metiéndose más comida en la boca.

3. **Arrodíllate frente al bebé.** Para mirarte, bajará la cabeza y la inclinará hacia adelante, un movimiento que va en el mismo sentido que la fuerza de gravedad.

4. **Usa la gravedad si es necesario.** Si el bebé no se inclina hacia adelante bajando la cabeza para mirarte, ponle una mano en la espalda para inclinarlo tú muy suavemente.

5. **Háblale.** «Es mucho: escúpelo». Incluso si el bebé no cuenta con el lenguaje para entender completamente lo que dices, ayúdalo para que asocie la palabra «escúpelo» con lo que está haciendo; tu tono sereno le dará seguridad si está incómodo o molesto.

6. **Ponle la mano debajo de la barbilla.** Este gesto sencillo, especialmente cuando el bebé baja la cabeza para mirarte, puede hacer que abra la boca y saque la lengua.

7. **Saca la lengua exageradamente.** Incluso puedes agregar el sonido «Ahhhh». También puedes escupir un trozo de tu propia comida para ejemplificar. Mientras, tócale la barbilla al bebé como para darle la señal de que haga lo mismo.

¿Por qué no damos trozos pequeños a los bebés?

En las últimas décadas, e incluso hoy en día, muchos han recomendado y recomiendan erróneamente ofrecer alimentos cortados en cubos o picados a los bebés. Los alimentos cortados así son demasiado pequeños y casi ningún bebé de entre 6 y 8 meses puede comerlos por sus propios medios, porque necesita saber hacer la pinza para llevárselos a la boca. Lo que sí puede coger bien un bebé de esa edad son alimentos cortados en tiras, bastones o trozos más grandes, gracias al agarre amplio propio de su edad (con la mano entera, algo que ya hemos comentado).

Además, para los bebés más pequeños puede ser más difícil gestionar trozos pequeños de comida; como su «mapa mental» de la boca y el control que tienen de la lengua siguen siendo inmaduros, esos trozos o pasan desapercibidos o bien el bebé no sabe dónde están ni cómo moverlos dentro de la boca. Si sucede que el bebé logra agarrar algún trozo pequeño «barriéndolo» con toda la mano, no podrá sacarlo del puño, porque aún no sabe llevarse elementos pequeños de la palma a los dedos.

Preparación de los alimentos entre los 9 y los 12 meses

Alrededor de los 9 meses, el bebé estará mejorando su motricidad fina y gruesa. Algo muy importante en esta etapa es la aparición de movimientos más coordinados de la mano. Hasta ahora, el bebé ha cogido juguetes y alimentos con la palma de la mano. Entre los 8 y los 9 meses, muchos empiezan a unir la punta del pulgar y el índice para hacer la pinza.[13] La mandíbula y la lengua del bebé también están más fuertes y mejor coordinadas para desmenuzar los alimentos.

Un bebé que ya sabe hacer la pinza puede levantar trozos pequeños como un cereal, aunque con el tiempo llega a coger otros tan pequeños como un grano de arroz. A medida que perfecciona estas habilidades, es seguro reducir el tamaño de los alimentos. Cuando el bebé cuenta con la motricidad fina para agarrar un trozo pequeño y llevárselo a la boca, y por tanto para comer solo, puedes dejar que experimente con alimentos del tamaño de un bocado. Estos bocados pueden ser pequeños o medianos (piensa en el tamaño de un sello postal o el de un nudillo de la mano de un adulto), siempre que el bebé pueda cogerlo con los dedos.

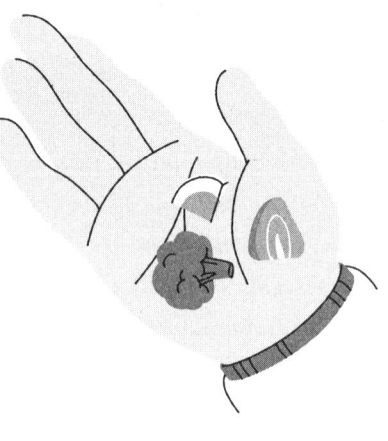

Además de saber coger trozos del tamaño de un bocado, entre los 9 y 12 meses el bebé desarrolla la habilidad y capacidad de comer por su cuenta alimentos cortados en rodajas finas o desmenuzados, como el queso o la carne.

¿Por qué a los 9 meses se le pueden ofrecer trozos del tamaño de un bocado?

En torno a los 9 meses, el bebé probablemente esté mejorando la masticación, la coordinación de la lengua y la conciencia sensorial en el interior de la boca. En términos de motricidad oral, ya ha practicado bastante cómo mover trozos grandes de comida que aportan mucha información sensorial y está preparado para empezar a buscar y manipular trozos más pequeños.

Si al bebé se le han ofrecido alimentos para masticar desde los 6 meses, llegados a este punto ya habrá practicado bastante cómo morder, desmenuzar y mover trozos grandes en la boca. Los trozos del tamaño de un bocado suponen un nuevo desafío y son el siguiente paso para que el bebé aprenda a comer variado.

A esta edad, los bebés suelen ponerse demasiada comida en la boca a medida que ganan confianza para comer de forma autónoma, y también tragan trozos de comida enteros. Si es así, sigue ofreciéndole trozos de comida más grandes a tu bebé (más grandes de lo que le cabe en la boca) para ayudar a que aprenda a morder, a descubrir los bordes de su boca y a hacer el «mapa mental» de lo que cabe y lo que no.

Preparación de los alimentos de los 12 a los 17 meses

A los 12 meses, un niño pequeño probablemente ya pueda masticar alimentos de diferentes texturas y tamaños si ha masticado alimentos sólidos durante algunos meses. En este punto, probablemente pueda comer lo mismo que tú con algunas modificaciones, por ejemplo:

→ Cortar la comida en trozos pequeños (ideal para practicar el uso de cubiertos).

→ Ofrecer alimentos blandos y grandes, como un plátano, para que el bebé tenga que morder bocados.

→ Ofrecer alimentos desmenuzados o en rodajas.

→ Cocinar los alimentos resistentes que requieran mucha masticación hasta que estén blandos o servirlos desmenuzados o en rodajas o cubos finos.

→ Seguir cocinando completamente las carnes rojas y blancas y los huevos.

Los niños pequeños a veces siguen escupiendo algunas comidas que no pueden masticar bien, sobre todo hasta que les brotan los molares, lo que les permite triturar mejor texturas más difíciles: es normal que lo hagan. Si tu bebé escupe muchos alimentos, ofréceselos en forma de bastón para que pueda mejorar su «mapa mental» de la boca y refinar la masticación.

Preguntas frecuentes sobre tamaños, formas y texturas

Si empiezo a dar a mi bebé alimentos en trozos hacia los 9 meses, ¿uso trozos grandes, como los que se dan a los 6 meses, o los uso del tamaño de un bocado?

La respuesta básica es que puedes usar cualquiera de los dos, pero hemos visto que la exposición a trozos más grandes al principio puede ser beneficiosa. Al bebé que acaba de empezar, le resulta más fácil aprender a mover esos trozos grandes de comida en la boca y desarrollar habilidades básicas para manipularlos. Si vas a empezar cuando el bebé ya sabe hacer la pinza, puedes ofrecerle ambos tamaños y priorizar los más grandes si le cuesta gestionar los más pequeños. Si necesitas un poco más de ayuda para hacer esta transición, consulta el capítulo 13.

¿Por qué hay que reducir el tamaño?

No es que sea una necesidad, pero es una buena oportunidad para que el bebé adquiera habilidades. Por lo general, los tamaños reducidos pueden aumentar su ingesta, aunque no siempre es así. Estos nuevos tamaños y formas suponen una experiencia de aprendizaje. Aunque algunos bebés toman las habilidades que ya usan para masticar trozos más grandes y las aplican de inmediato a gestionar los más pequeños, otros sí escupen mucho durante este aprendizaje. Una muy buena idea es ofrecer trozos tanto grandes como pequeños para que el bebé pueda seguir trabajando su motricidad gruesa y mejorar sus habilidades para morder y triturar los alimentos, y a la vez refinar las que le permitan gestionar trozos más pequeños.

¿Por qué no empezar con purés y esperar a los 9 meses del bebé para pasar directamente a ofrecerle trozos del tamaño de un bocado?

Simple y llanamente: los bebés necesitan aprender a mover la lengua y la mandíbula para masticar los trozos de alimentos pequeños. Esos movimientos se aprenden con los trozos más grandes. Durante muchos años, a las familias se les dijo que, al iniciar la alimentación complementaria, solo debían ofrecer a sus bebés trozos pequeños, del tamaño de un bocado, porque los trozos más grandes suponían un riesgo de atragantamiento. Este mito persiste, aunque la evidencia científica no lo respalda. En todo caso, las investigaciones sustentan más la idea de desarrollar la masticación entre los 6 y los 8 meses mediante alimentos en trozos más grandes.[14,15,16] Si lo primero que se le ofrece son trozos del tamaño de un bocado, el bebé no podrá cogerlos hasta sus 9 o 10 meses y perderá meses de práctica y adquisición de habilidades antes de que los alimentos sólidos le aporten una parte más importante de su nutrición. La masticación a esta edad no es un mecanismo intrínsecamente más seguro si los bebés no han tenido la oportunidad de practicarla de forma repetida durante los primeros meses de la alimentación complementaria. Recuerda que las investigaciones han demostrado que, entre los 6 y los 8 meses, hay una ventana de oportunidad en el desarrollo de los bebés para que aprendan a masticar cuando están más dispuestos y tienen los reflejos más fuertes, lo que los ayuda a aprender de forma segura. Si hasta alrededor de los 9 meses no se le ofrecen alimentos en trozos, el bebé perderá esa ventana y le resultará más difícil (aunque no imposible) aprender a masticar.[17,18,19]

Resumen

✔ Entre los 6 y los 8 meses es el momento de ofrecer trozos grandes de alimentos. Facilitan que el bebé pueda comer de forma autónoma (lo que reduce el riesgo de atragantamiento) y también son más fáciles de gestionar en la boca.

✔ Alrededor de los 9 meses, el bebé aprende a hacer la pinza, lo que le permitirá coger trozos más pequeños. A partir de ese momento, se le pueden ofrecer trozos del tamaño de un bocado si se desea.

✔ Haz que experimente con todas las texturas: alimentos que se deshacen, blandos, fibrosos, duros, irrompibles, crujientes, grumosos y semisólidos.

✔ Cuando le ofrezcas alimentos en trozos, córtalos de las formas y los tamaños adecuados para que pueda cogerlos. La forma de bastón es de fácil agarre y sumar protuberancias o textura también sirve para que los alimentos no se resbalen de los dedos.

✔ Los alimentos firmes, resbaladizos, pequeños y redondeados suponen un riesgo de atragantamiento, así que consulta todas las pautas para ofrecer arándanos, uvas o tomates *cherry* (entre otros alimentos).

CAPÍTULO 11

El inicio

El padre y la madre de Suri venían de familias en las que la cultura gastronómica era muy importante y les hacía mucha ilusión compartir ese amor por la comida con su hija. Cuando la bebé mostró señales de que había alcanzado el desarrollo psicomotor adecuado, sus padres quisieron ofrecerle alimentos sólidos enseguida, por lo que simplemente empezaron a compartir con ella un poco de su propia comida para presentar a Suri los sabores de la cocina familiar desde el primer día. A la bebé le entusiasmó. A los 9 meses, hacía dos comidas al día y, por lo general, comía versiones adaptadas del menú del resto de la familia.

La madre de Alex llegó a esta misma etapa con algunos de sus propios temores. Como le daba miedo ofrecer a Alex comida que el bebé tuviera que masticar, le ofreció purés y papillas en una sola comida al día hasta que cumplió 8 meses.

A partir de entonces, le permitió experimentar con los purés y las papillas con la mano, dejándole tomar la iniciativa a la hora de comer. Cuando Alex estaba especialmente molesto o cansado, su madre se saltaba esa comida. A sus 8 meses, el pequeño empezó a querer coger la comida que su madre tenía en el plato. Entonces, ella empezó a darle mordedores naturales, como un hueso de mango o maíz en la mazorca, junto con sus comidas chafadas. Al poco tiempo, cuando Alex tenía unos 9 meses, su madre se sintió segura para ofrecerle versiones modificadas de lo que ella misma estaba comiendo, y Alex, valiéndose de sus nuevas habilidades motoras orales más lo que había aprendido por comer de forma autónoma desde el comienzo, aprendió a masticar: el pequeño se sumaba feliz a la mesa una o dos veces al día.

Algunas familias quieren empezar con los alimentos sólidos en cuanto el bebé está preparado; otras prefieren tantear un poco más el terreno. Hemos llegado a la ventana mágica, el momento en que el bebé ya está preparado y tú eliges a qué ritmo avanzar.

Hay muchas formas de alcanzar el objetivo final, que es que el bebé coma lo mismo que el resto de la familia. Algunas familias, como hicieron los padres de Suri, empiezan a ofrecer alimentos en trozos enseguida, mientras que otras, como en el caso de Alex, eligen un método un poco más conservador y hacen una transición gradual de los purés y las papillas a los alimentos en trozos. Usaremos dos ejemplos para mostrar que, incluso en esta ventana ampliada de aprendizaje, los adultos van a tener opiniones distintas sobre cómo organizar este tramo y los bebés tendrán diferentes formas de abordarlo, y está bien. Elige el ritmo más cómodo para todos y el más adecuado al temperamento y la comunicación del bebé. Puede que quieras avanzar paulatinamente o empezar de lleno, pero ten en cuenta que el bebé probablemente también tenga sus propias opiniones.

Cuando empieces a llevar al bebé a la mesa para comer, ofrécele porciones pequeñas. Primero, una comida podría ser no más que uno o dos trozos de algún alimento. Puedes reservar unos trozos en tu plato en el probable caso de que quiera más.

En esta ventana de los 6 a los 8 meses, el bebé está preparado para aprender a masticar y probablemente en ningún otro momento esté mejor dispuesto a experimentar con nuevos alimentos. Los próximos 2 o 3 meses son el momento ideal para ofrecerle diferentes sabores, texturas, colores, tamaños y formas. Eso implicará un gran cambio en su vida… y también en la tuya. Lo fabuloso es que podéis elegir cómo transitar este momento de la manera que os funcione mejor. El ritmo es personal y los bebés se adaptan bastante, así que tú decides cómo encararlo.

Este inicio es un poquito distinto para los bebés ciegos o con baja visión y también para los bebés sordos o hipoacúsicos. Puedes consultar más información en SolidStarts.com.

Guía breve para el inicio

Como ya has visto, casi todos los alimentos se pueden adecuar al desarrollo del bebé con unas pocas modificaciones; no hace falta planificar más de una comida ni lanzarse a preparar cosas rápidas en el último momento. Cuando decidas ofrecer al bebé sus primeras comidas, apuesta por lo sencillo, ten expectativas razonables e intenta disfrutar.

No tienes que gestionar toda la situación mientras el bebé come, pero sí tienes que gestionar tus expectativas. Al inicio, el bebé quizá no ingiera mucho o puede que ni siquiera toque la comida, pero confía en que, con práctica e imitación, aprenderá. No hay ninguna necesidad de contar bocados, por bienintencionado que sea. Tampoco hay que obsesionarse con la nutrición. Aunque tengas la mejor de las intenciones, la evidencia demuestra que esa mentalidad puede generar más presión al bebé e interferir en su relación con la comida.[1,2]

Las primeras comidas

Empieza con comidas simples, de un solo ingrediente. El bebé no necesita un plato lleno, sino un solo trozo de algún alimento como fruta, verdura, carne o pescado de tu propia comida. En cuanto a las cantidades, guíate por las señales del bebé, no por ninguna guía estricta sobre el tamaño de las porciones.

Cuando cocines algo que sabes que vas a compartir con el bebé, ponle menos azúcar y sal siempre que puedas. Y si no puedes, compártelo igualmente con él y disfrutadlo. Lo más importante es construir una experiencia positiva en torno a la comida. (Hablaremos más sobre el azúcar y la sal en el capítulo 15).

Las primeras semanas

Después de la introducción de un alimento, puedes volver a ofrecerle lo mismo al día siguiente o puedes pasar a otros sabores y menús. Antiguamente, el consejo era introducir el mismo alimento durante tres días seguidos antes de pasar a otro. Eso no es necesario. De hecho, se ha demostrado que interfiere en la introducción de alimentos variados durante el primer año. De nuevo: no hay ningún problema en ofrecer en una misma comida (o en un mismo día) dos o más alimentos nuevos si no son alérgenos comunes. Por otra parte, la idea es que introduzcas el huevo, el cacahuete y los lácteos durante las primeras semanas de la alimentación complementaria. En el capítulo 14 hay más información sobre la introducción de alérgenos.

Un posible ejemplo

Por la mañana, quizá prepares tu propio desayuno, que podría ser un tazón de yogur con granola y una pera. Puedes poner un trozo de pera cortado grande en el plato del bebé para que lo explore y mojar el trozo en un poco de yogur para introducir los lácteos (un alérgeno común).

No compartas con él la granola, porque tiene muchos frutos secos y partes duras. Otro día, quizá tu menú sea arroz especiado con muslos de pollo. Puedes ofrecer al bebé un muslo de pollo sin la piel. Si parece estar disfrutando de la actividad, puedes servirle un poco de arroz especiado encima de yogur para reducir el picor. Si el bebé se muestra feliz e interesado, le puedes ofrecer más.

Las porciones y el desperdicio

En estas primeras semanas, y quizá durante unos meses, te recomendamos pensar las comidas como un momento de experimentación. Deja que el bebé juegue con la comida y la explore a su manera. Esto inevitablemente implica, sin embargo, que se manchará y a veces se desperdiciará comida que el bebé aplastará o tirará al suelo.

La inquietud por el desperdicio de comida es válida porque, a decir verdad, el bebé no va a comer mucho de lo que le sirvas en esas primeras semanas o incluso hasta pasado el primer mes. Por eso también las porciones deben ser pequeñas al inicio y conviene poner un hule en el suelo donde pueda caer la comida.

Si, al terminar, toda la comida ha acabado en el suelo, se habrá perdido solo un poco. Y esta inversión inicial en la experimentación, en la que al principio parece que se desperdicia demasiado, puede reducir significativamente la cantidad de comida que se desperdicie después. Habrá menos tápers que vuelvan intactos a casa, menos viajes a la cocina para preparar una segunda comida porque la primera ha sido rechazada y menos compras de comida especial para bebés que nadie más en la familia comerá.

Cada experiencia a la mesa se construye sobre la anterior. Al cabo de unas pocas semanas, ya sabrás mucho más sobre lo que puede hacer el bebé con la comida, sobre los tamaños que parecen funcionar mejor y sobre cuánta comida llevar a la mesa para que todos tengáis la mejor experiencia posible.

 ## Purés, papillas y cucharas

Si vas a adoptar un abordaje más gradual y empezar con purés y papillas, recuerda lo siguiente:

- Empezar a darle de probar muy poquito de algún alimento puede preparar al bebé para lo que viene. Puedes ponerte algo de comida en el dedo para ofrecérsela o incluso extender un poco de puré en la bandeja o en la mesa y dejar que experimente.

- Ofrecerle cucharaditas puede ser una excelente manera de que tome la iniciativa. Moja ambos extremos de la cuchara para aumentar la probabilidad de que el bebé logre llevarse algo a la boca si la coge al revés.

- En el capítulo 9 se dan algunas excelentes opciones de purés y papillas que se adhieren bien a una cuchara.

- Si quieres controlar tú la cuchara, recuerda las pautas de la alimentación perceptiva con cuchara del capítulo 5. Acerca la cuchara al bebé y espera a que se incline, abra la boca y la acepte.

- Procura que el siguiente paso sea que el bebé sostenga la cuchara y se alimente de forma autónoma, y cuanto antes, mejor; así se evita que desarrolle un fuerte reflejo de succión en respuesta a la comida.

Casi todo es normal

Cuando el bebé comparta la mesa contigo, primero te observará comer y quizá empiece a imitarte. Si está habituado a ver a otros comer, tal vez intente llevarse la comida a la boca enseguida. O tal vez no. Ambas situaciones son normales.

188

Entre muchas otras posibles, estas son algunas de las cosas que pueden pasar a la hora de la comida con un bebé y que son normales. El bebé:

→ aprieta la comida;
→ la aplasta;
→ la suelta;
→ la tira;
→ la vuelca;
→ la esparce con la palma de la mano;
→ la golpea;
→ refunfuña;
→ escupe;
→ tiene arcadas;
→ muerde bocados grandes;
→ muerde un alimento y luego se queja;

→ se sacude;
→ tiembla;
→ pone caras graciosas;
→ no come mucho;
→ come mucho un día y poco al siguiente;
→ hace ruidos de flatulencias con la boca;
→ hace comidas de no más de 5 minutos;
→ hace comidas de 30 minutos;
→ se empuja con las piernas para ponerse de pie.

Trata de no emitir juicios sobre si al bebé le gusta o le disgusta algo según su reacción aparente. Los bebés se animan a experimentar con sabores y alimentos que quizá tú ni soñando te pondrías en la boca, luego pueden poner cara de terror y pedir más. Entonces, aunque parezca que no le guste, evita decirlo. En cambio, di cosas como «Creo que todavía no sabes si te gusta ese sabor» o «Ese sabor no lo conocías» o «Bueno, ya has comido suficiente de este». También puedes decir cosas como «Veo que has tocado eso» o «Ya sé que todo esto es nuevo». Si no sabes qué decir, céntrate en narrar lo que ves que hace el bebé. Esto es sobre todo para ti, no para el bebé, que quizá no comprenda las palabras, pero sí entiende tu tono sereno y reconfortante, y responderá en consecuencia. También está bien si el bebé no hace nada y das por terminada la comida. Muchas veces, menos es más.

Queremos repetirlo: incluso si el bebé no toca un solo alimento o no come nada, la experiencia a la mesa fue buena. Aprender a comer alimentos sólidos lleva tiempo y práctica.

Los bebés no comen con buenos modales

Los bebés nacen con muchos reflejos útiles. Los modales para comer no son uno de ellos. Si el bebé interactúa con la comida, probablemente la exprima, la apriete, la esparza por toda la mesa, la suelte, la tire o la golpee. Todo eso es esperable y forma parte del aprendizaje. Aunque te resulte difícil, trata de no anular su experimentación. Puedes presentarle algunos utensilios (se da más información en el capítulo 12), pero ten en cuenta que el uso de utensilios es otra habilidad que al bebé le llevará meses de práctica adquirir. Aunque muchas familias también tienen como objetivo que sus hijos tengan buenos modales a la hora de comer, ten presente que la motricidad y las habilidades cognitivas que se necesitan para comer con buenos modales llevan años de perfeccionamiento.[3]

La suciedad que se genera a la hora de la comida implica muchos sistemas sensoriales que operan en simultáneo: el gusto, el tacto, el olfato, la vista, el oído y la conciencia corporal. A partir de esas experiencias sensoriales, el cerebro del bebé infiere qué sensación le dará y cómo se moverá la comida en la boca. Cuando el bebé aplasta la comida con un puño, el cerebro aprende más sobre la fuerza necesaria para triturar esa comida con la mandíbula. Todos esos estímulos sensoriales que aportan los alimentos crean conexiones en el cerebro del bebé y favorecen el desarrollo de su motricidad y su capacidad de resolver problemas.[4]

El juego sensorial que implica la comida puede aumentar la aceptación de nuevos alimentos y más variados, puesto que permite que el cerebro del bebé reciba y envíe información sobre las diferentes propiedades de los alimentos, como la textura, la temperatura, el color, el olor y el estado (pegajoso, blando, duro, cremoso) y se familiarice con estas propiedades.[5] Dejar que el bebé experimente y toque y que sienta diferentes texturas en el cuerpo reduce la probabilidad de que desarrolle una sensibilidad a las texturas variadas.[6,7,8] Algunos bebés tienen menos interés natural por ensuciarse y no exploran la comida con tantas ganas. Para la mayoría de los bebés, esta es una variación normal del temperamento. Si esta descripción se ajusta a tu bebé, consulta más información en la sección Resolución de problemas de la página 341.

Intenta controlar las ganas de dar de comer al bebé con la mano o limpiarle constantemente la cara. Ya hemos comentado las muchas desventajas que tiene una conducta excesivamente controladora por parte del adulto durante las comidas, pero limpiarle la cara y las manos a cada rato al bebé también puede ser un inconveniente. A muy pocos bebés les gusta que les limpien la cara y la mayoría directamente lo detestan. Si un bebé asocia la trona con que le van a limpiar la cara quizá empiece a evitar la silla directamente. Con el tiempo, la limpieza excesiva durante las comidas también puede hacer que el bebé no tolere ensuciarse el cuerpo.

 ## Si el desastre a la mesa te estresa

A algunos padres les estresa especialmente la suciedad que se genera a la hora de comer. No pasa nada si prefieres elegir determinados días o momentos, en los que sientas que puedes con la suciedad y la limpieza, para dejar que el bebé se alimente solo, y le des de comer con cuchara o con la mano (si lo acepta) en otras comidas. Si la suciedad te supone un problema, ofrécele muchos mordedores naturales: bastones de comida que no se rompan. Estos alimentos, como el maíz en la mazorca o las chuletas, tienen la increíble ventaja de ser los menos «sucios» (y son excelentes para la motricidad oral). Saber que la suciedad conlleva algo valioso puede reducir un poco el estrés que genera y hacerla más tolerable. Otras familias prefieren tener un paño húmedo en la mesa y enseñar al bebé desde bien pequeño a limpiarse las manos periódicamente. En lugar de que un adulto limpie al bebé, lo que se puede hacer es que el adulto se limpie las manos y luego le ofrezca el paño al bebé para que lo toque e imite la acción. El bebé suele aprenderlo rápido e intenta limpiarse las manos cuando se le ofrece el paño. Darle esa indicación, pero sin quitarle el control, puede ser una manera respetuosa de minimizar el desastre.

Preguntas frecuentes sobre el inicio

Hay situaciones muy comunes que inquietan más a los padres que otras. Aquí te mostramos algunas preguntas que solemos recibir:

¿Y si el bebé no parece tener ningún interés?

Si el bebé no busca la cuchara o la comida automáticamente para llevársela a la boca, te damos un plan que puedes aplicar. Ponlo en la trona y asegúrate de que la mesa esté a su alcance y que te vea. Una mala postura en la silla es algo que suele impedir que los bebés participen. Se dan más detalles sobre la posición del bebé en la trona en el capítulo 8.

Cuando hayas comprobado que el bebé está en la posición correcta, asegúrate de que sepa qué se supone que debe hacer. Sonríele y hazle gestos para que te mire; luego llévate tú la comida a la boca exageradamente, sea una cucharada o un trozo de algún alimento. Ponte la comida en la boca haciendo gestos ampulosos. Muéstrale que te encanta la experiencia de comer. Di «mmmm» con mucho énfasis, masticando con la boca abierta para que pueda ver qué está pasando ahí. Repite esto una o dos veces y luego dale la cuchara llena o el trozo de alimento para que lo coja, así le das el mensaje: «Esto es para que lo cojas tú».

Si el bebé no te imita y no busca la comida, ponla en la bandeja o en la mesa y sigue enseñándole cuánto te gusta tu comida, pero para de vez en cuando para que mire el entorno y vea la comida que tiene delante.

Durante la primera comida, o incluso durante las primeras comidas, el bebé quizá no haga nada más que observarte. No es un problema ni es necesario modificar nada. En las comidas siguientes, haz la misma rutina e incorpora alimentos de diferentes tamaños, formas, colores y texturas para ver si alguno en concreto llama la atención del bebé y lo anima a experimentar. Tampoco hace falta intentar darle de comer con la mano ni insistir para que coja la comida. Lo hará cuando esté listo si mantienes la rutina de sentaros juntos a la mesa, compartir la comida, dar ejemplo y disfrutar de la comida, y luego pasar a otra cosa cuando pierda el interés. Si el bebé no muestra ningún cambio después de unas cuantas semanas de aplicar estos consejos básicos, consulta el apartado sobre el rechazo de la comida en la página 348 de la sección Resolución de problemas.

¿Y si el bebé lo escupe todo?

Aunque verlo puede ser bastante frustrante, que el bebé escupa la comida es una parte importante de su aprendizaje. Los bebés tienden a morder y escupir durante un tiempo hasta que aprenden a mover la comida hacia atrás para tragarla. En algunos bebés, este aprendizaje se da rápido, mientras que en otros lleva algunas semanas o meses de práctica. Siempre que, después de practicar durante un mes o poco más, el bebé demuestre que puede mover ciertos alimentos fáciles de gestionar hacia la parte posterior de la boca para tragarlos (piensa en un puré o algo de textura cremosa como el yogur o las gachas de avena), solo hay que dejarle que siga perfeccionando esa habilidad.

Hay dos cosas que puedes hacer para ayudar al bebé a superar esta etapa: (1) ofrecerle mordedores naturales muy a menudo para que experimente; y (2) dejar pasar entre 45 y 60 minutos después de la toma de pecho o biberón para sentarlo a la mesa, así tendrá más hambre. Los mordedores naturales son excelentes para que el bebé practique los movimientos necesarios de la lengua para llevar la comida hacia atrás y tragarla, y el hecho de que tenga un poco más de hambre en el momento de comer le da una motivación extra para tragar el alimento.

Si después de 2 o 3 meses de práctica sostenida y de sentarse a la mesa con hambre, el bebé sigue escupiendo todos los alimentos, incluso los de consistencia blanda o los purés, valora la idea de hablar con tu médico sobre una posible evaluación de su motricidad oral/deglución.

Recuerda que la habilidad de escupir también es importante para el bebé: cuando empiece a deambular y se lleve distintas cosas a la boca, será crucial que cuente con la motricidad para escupir objetos potencialmente peligrosos.

¿Y si el bebé no escupe? ¡Enséñale!

1. Cuando no estéis a la mesa, saca la lengua para que el bebé te vea y quédate así. Espera a que te imite. También puedes darle unos toquecitos suaves en la barbilla mientras sacas la lengua.

2. Muéstrale cómo se escupe. Exagerando cada movimiento, ponte algo en la boca y luego escúpelo en tu mano.

3. Busca un trapo limpio, sostenlo con la boca por una de las esquinas y agítalo delante del bebé. Espera a que trate de agarrar o tocar el paño y, cuando lo haga, suéltalo y ríete. Repite la actividad como un juego. Cada vez que el bebé tire del trapo, abre la boca y haz el ruido y el gesto de sacar la lengua como si estuvieras escupiendo algo. Intenta hacer una versión del juego en la que sea el bebé quien se pone el paño en la boca, tú tiras suavemente y dices «escúpelo» para que el bebé abra la boca y lo suelte.

A un bebé puede llevarle meses aprender a escupir bien. No te desanimes. Si le muestras cómo debe hacerlo y el bebé lo practica de forma sostenida, lo aprenderá.

¿Y si el bebé tose?

Aunque la tos a veces se confunde con un atragantamiento, recuerda que la tos y el atragantamiento no son la misma cosa: la tos es una señal de que está pasando aire por las vías respiratorias. Si el bebé está tosiendo, deja que lo resuelva por sus propios medios. Ofrecerle un vaso de agua o ponerle los dedos en la boca mientras tose suele empeorar la situación. Puedes arrodillarte delante de la silla para que te mire y mantener la calma mientras tose. Es una señal de que su cuerpo está haciendo lo necesario para alejar el alimento del conducto de la respiración.

¿Y si el bebé rompe un trozo grande de comida en trozos más pequeños?

Si el bebé puede romper el alimento, probablemente sea algo lo suficientemente blando como para que lo mordisquee con las encías, pero la clave es saber si se lo puede llevar a la boca por sus propios medios. El principio fundamental para que la alimentación y la deglución sean seguras es la autonomía en el momento de comer. Si un bebé tiene la habilidad suficiente para coger un trozo pequeño de algún alimento (hace la pinza), puede comerlo por su cuenta de forma segura. La mayoría de los bebés pequeños que rompen la comida no cuentan con esta habilidad y tendrán muchas dificultades para coger trozos pequeños, lo que implica que no podrán llevárselos a la boca. Si en algún momento esto te genera alguna inquietud, quita esos trozos más pequeños de la bandeja o la mesa. En la sección Resolución de problemas, de la página 341, se da más información.

¿Y esta caca?

Cuando el bebé empieza a ingerir alimentos sólidos, sus heces cambian. Notarás cambios generales en la consistencia, la frecuencia, el color y el olor. Es muy normal ver trocitos de piel de tomate, de setas, cáscaras de granos de maíz o de alubias y pedacitos de otros alimentos fibrosos que son difíciles de digerir. Siempre que el bebé no tenga ningún problema, no hay de qué preocuparse. La consistencia de las heces del bebé es más importante que la cantidad de veces que evacúa. Si las heces son blandas y pasan sin dificultad, puede ser normal que el bebé haga todos los días o cada pocos días. Si las heces empiezan a ser más duras y secas, valora la posibilidad de darle un poco de agua a diario. Consulta la sección Resolución de problemas, de la página 352, para ver más consejos.

Resumen

✔ Elige el ritmo que os vaya mejor al bebé y a todos.

✔ Elige alimentos que te gustan, póntelos en el plato, dale un poco al bebé y comed juntos.

✔ Algunos bebés empiezan a comer enseguida. Otros necesitan más tiempo. Ambos comportamientos son normales.

✔ Cuando los bebés comen, (se) ensucian mucho. Lo bueno es que cuenta como juego sensorial.

CAPÍTULO 12

Enseñar al bebé a usar vasos, pajitas y cubiertos

Nicole no le dio un vaso a Emma hasta que la bebé tenía casi 8 meses de edad. Al primer intento, Emma no quiso saber nada del vaso. Pero si Nicole lo dejaba en la mesa, Emma lo volcaba o vaciaba el contenido. Le aconsejamos a Nicole que dejara de llevar el vaso a la mesa durante unos días y en su lugar cogiera en brazos a Emma y caminara con ese mismo vaso en la mano (no durante la comida) y bebiera algunos sorbos de agua. Cuando Emma pareció interesarse y quiso coger el vaso, Nicole la ayudó y la pequeña bebió un sorbito. A Emma le interesaba más que su mamá la ayudara con el vaso cuando no estaban a la mesa. Una semana después, Nicole volvió a llevar el vaso a la mesa, Emma lo levantó y se lo llevó directo a la boca. Enseguida, se volcó toda el agua en

197

la cara, por supuesto, pero cuando Nicole volvió a poner un poquito de agua en el vaso, Emma dejó que su madre lo manejara. A partir de ahí, a Emma le interesó mucho más el vaso y beber sorbos durante las comidas, lo que poco a poco la ayudó a aprender a manejar el vaso sin ayuda.

Los vasos, las pajitas y los cubiertos se pueden introducir por lo general cuando el bebé tiene unos 6 meses. De hecho, recomendamos empezar con los vasos y las pajitas antes. Sí, una cosa más que sumar a una agenda de por sí cargada, pero muchos bebés aceptan el uso de los vasos y las pajitas mucho más rápido cuando se les presentan antes.

Los cubiertos pueden quedar para más adelante. El manejo de los cubiertos es una habilidad de motricidad fina compleja que también requiere una buena coordinación mano-ojo, y por eso es todo un desafío para un bebé que aún está descubriendo cómo coger y sostener cosas. Si al bebé parecen interesarle los cubiertos porque te ve manipular esas cosas de metal brillante durante la comida, lleva uno a la mesa para introducir el concepto. Luego hablaremos sobre cómo abordar esto para evitar la frustración del bebé y fomentar su aprendizaje, y te diremos qué puedes hacer para que quiera usar cubiertos en el futuro, cuando ya sea un niño pequeño.

La mayoría de los niños sabe usar bien una cuchara entre los 18 y los 24 meses, y un tenedor a los 3 años. Pero no es para nada infrecuente que un niño de hasta 5 o 6 años siga comiendo con las manos los alimentos más resbaladizos o difíciles de coger.

Vasos y pajitas

La introducción temprana de vasos y pajitas se fundamenta en el deseo del bebé de explorar con la boca, su gran habilidad de succión producto de las tomas de pecho o biberón y sus incipientes ganas de imitar a sus cuidadores. Sigue estas pautas:

→ Deja que el bebé juegue con vasos y pajitas, y se acostumbre a tenerlos cerca o en la boca.

→ Acércale un vaso o una pajita cada vez que le ofrezcas un alimento sólido.

→ Alterna el uso del vaso y la pajita en diferentes comidas o días, pero es muy bueno que practique con ambos durante este periodo.

→ Ofrece al bebé agua, leche materna o de fórmula en vaso.

→ Hazte a la idea de que volcará el vaso, derramará líquido, etcétera.

Si te estás sacando leche, quizá no te convenga usarla durante el periodo inicial de aprendizaje, porque el bebé va a derramar gran parte del contenido del vaso y probablemente escupa el contenido de la pajita.

Si decides practicar con agua, recuerda que la Academia Estadounidense de Pediatría recomienda que los bebés de alrededor de 6 meses beban entre 120 y 250 ml de agua al día aproximadamente. Por nuestra parte, preferimos sugerir un abordaje más cauteloso y recomendar entre 60 y 120 ml al día, ya que el agua puede desplazar el valioso aporte nutricional de la leche materna o de fórmula al organismo del bebé.

Recuerda que aprender a usar una pajita y aprender a usar un vaso son dos habilidades nuevas para el bebé. Todo nuevo aprendizaje lleva tiempo y práctica, así que no te desanimes si no le sale enseguida.

Elegir un vaso

Recomendamos un vaso común abierto en lugar de uno con boquilla. Beber de un vaso abierto es una habilidad que sirve para toda la vida, mientras que un bebé solo usará un vasito con boquilla durante unos meses o unos años. Hay mucho debate entre odontólogos, terapeutas del habla y especialistas en deglución sobre si el uso de vasos con boquilla y vasos antiderrame (llamados «vasos 360») influye de forma negativa en la motricidad oral o el desarrollo bucal. No hay evidencia convincente que demuestre un efecto negativo que surja del uso de algún tipo de vaso.

Desde nuestro punto de vista, simplemente da menos trabajo enseñar a un bebé a usar el mismo tipo de vaso que usará en la niñez. Busca un vaso de poca capacidad.

Enseñar al bebé a usar un vaso abierto

El primer tiempo de uso de un vaso es solo para que el bebé practique. Ponle unos 30 ml de líquido aproximadamente. El bebé está aprendiendo a llevarse el vaso a la boca, a hacer que el líquido salga del vaso y caiga en su boca y a gestionar ese líquido de distintas maneras dentro de la boca, así que es mejor usar cantidades pequeñas para empezar. Quizá veas que tose al principio; es esperable y no debe preocuparte.

Puedes acercar el vaso al bebé para que lo agarre y ponerle las manos alrededor del vaso para ayudar a que se lo lleve a la boca. Evita verterle tú el líquido en la boca. La idea es que la iniciativa y el intento de beber sean suyos. Puedes ayudarlo a estabilizar el vaso en su labio inferior e inclinarlo solo lo suficiente para que el líquido le llegue a la boca. Quizá veas que toma el líquido con la lengua o lo succiona; ambas cosas están bien. Probablemente derrame líquido. A medida que aprenda, cometerá menos errores.

Algunos bebés se resisten a que les acerquen cosas a la boca o sencillamente quieren hacerlo por su cuenta. Es un comportamiento normal. Si al bebé no le gusta que lo guíes, deja que lo intente por su cuenta. Recuerda que es probable que incline demasiado el vaso hacia atrás y se vuelque toda el agua encima. Cuando esto pase, enséñale: «Uy, se te ha ido muy atrás». Puedes agregar un poquito más de agua y dejar que vuelva a intentarlo. Si lo vuelve a derramar, no hay necesidad de recargar el vaso en esta comida. Déjalo a un lado y espera a la próxima.

A medida que el bebé gane coordinación, puedes empezar a poner el vaso abierto en la mesa y dejar que lo levante y beba sin ayuda. Si derrama el contenido a modo de juego, no le vuelvas a servir más en esa comida y dile con serenidad: «Uy, no hay más agua». Por supuesto que, si lo vuelca accidentalmente, puedes decidir ofrecerle más. De lo que se trata es de evitar el juego de «yo vuelco el vaso y me lo vuelven a llenar».

Como con todo lo demás: dale ejemplo una vez, dos, tres… Muéstrale cómo bebes tú de un vaso, acercándotelo a la boca y apoyándolo en tu labio inferior. Muéstrale de forma exagerada cómo es tener el agua dentro de la boca y luego tragarla. Y, por último, ten paciencia. Esta habilidad no es fácil y precisa mucha práctica.

Recuerda que no es raro que a los bebés les lleve un tiempo aprender a beber de un vaso, y es perfectamente normal que sigan derramando el líquido y equivocándose incluso después de cumplir un año.

Elegir un vaso con pajita

Elegir un tipo concreto de pajita puede parecer complicado. A pesar de las muchas opiniones sobre cuándo y cómo debe usar una pajita el bebé y de qué tipo, no hay un consenso ni evidencia científica sólida que asocien claramente el tipo de pajita utilizada con un determinado impacto en su alimentación, deglución, habla o dentición. Lo que sí sabemos es que si tu hijo o hija usa una pajita (cualquiera) para beber, luego probablemente sepa beber de otras: lo que cuenta es la exposición y la práctica. Comprobar que la pajita esté limpia suele ser más importante que si es de tal o cual tipo. Dicho esto, estas son algunas consideraciones posibles antes de elegir una:

→ **Diámetro:** cuanto más fina sea la pajita, menos líquido fluirá. Si una normal te parece demasiado grande para tu bebé, puedes usar otra un poco más fina.
→ **Material:** aunque hay algunos niños que manejan mejor las pajitas de un material concreto, no hay evidencia sólida que demuestre que un material sea mejor que otro, aunque algunos fabricantes comercializan sus productos diciendo que son específicos para determinada edad. Por otro lado, en lo que respecta a las pajitas rígidas, lo que sí es un riesgo es que los niños se caigan mientras las tienen en la boca.
→ **Longitud:** si a tu bebé le cuesta succionar el líquido hacia arriba, una pajita de menor longitud puede resultarle mejor.

→ **Con válvula o sin válvula:** algunos vasos con pajita tienen válvulas que evitan derrames si el vaso se vuelca. Para abrir la válvula, el niño tiene que morder la pajita mientras succiona. Por lo general, lo que recomendamos son pajitas sin válvula. En las que tienen válvula, el líquido fluye más rápido si el niño muerde, lo que puede alentarle a morder cualquier pajita. Pero, como se ha dicho, una pajita con válvula evita los derrames, así que, si para ti tiene sentido usarla, altérnala con una común.

Como siempre, la mejor manera de proteger a los niños es comprobar que estén bien sentados y supervisados mientras aprenden a beber con pajita.

Enseñar al bebé a usar una pajita

Algunos bebés, sobre todo si están cerca de cumplir 6 meses, aprenden a usar las pajitas enseguida: pueden succionar sin ningún tipo de práctica previa, porque ya han perfeccionado esa habilidad con las tomas de pecho o biberón, y aplican el mismo patrón a una pajita.

Si el bebé no entiende cómo usar la pajita o si se trata de un bebé un poco mayor, quizá tengas que enseñarle a sellar los labios y succionar. Después de mostrárselo (llevándote una pajita a la boca y exagerando los movimientos), hay dos maneras:

El método de la pipeta. Este método se usa con una pajita común. Con la pajita sumergida en el líquido, tapa con un dedo la abertura superior y luego saca la pajita de forma que quede un poco de líquido en el interior. Pon la pajita casi verticalmente cerca del bebé y espera a que abra la boca para aceptarla. Cuando el bebé selle los labios, quita el dedo de la pajita para que el líquido pase a la boca del bebé. Practícalo algunas veces siempre que el bebé muestre interés. Con cada repetición, inclina un poco la pajita para que quede más horizontal y el bebé tenga que esforzarse un poco más para extraer el líquido. Si no lo logra, no hay problema. Guarda la pajita para la próxima comida. Por lo general, después de intentarlo algunas veces, el bebé aprende a succionar el líquido.

El método con pajita de aprendizaje. Los vasos con pajita de aprendizaje son comprimibles y, al apretarlos, expulsan el líquido para que el bebé lo tome. Estos vasos introducen el concepto de que el líquido sube por la pajita, así, el bebé se da cuenta de que también debe succionar. En el mercado hay muchos vasos que se pueden presionar para llenar la pajita aunque no se comercialicen como «de aprendizaje».

Si el método de la pipeta no ha resultado, te contamos cómo usar un vaso con pajita de aprendizaje. Pon agua, leche materna o de fórmula en el vaso, llévalo a la mesa y acércale la pajita al bebé. Espera a que abra la boca y se incline para aceptarla. Presiona un poco el vaso para que salga una pequeña cantidad de líquido. La mayoría de las veces, el bebé responderá sellando los labios de inmediato para tragar, lo que lo ayuda a aprender que debe apretar la pajita con los labios.

Después de practicar esto varias veces, puedes ofrecerle al bebé la pajita de aprendizaje, pero sin presionar el vaso. Espera a ver si intenta succionar el líquido por su cuenta. Quizá tendréis que practicarlo muchas veces, pero, una vez entienda cómo usar sistemáticamente la pajita y no necesite que tú aprietes el vaso, puedes empezar a darle otros vasos con pajita para que aplique esa habilidad a cualquier vaso del mismo tipo.

Si al bebé parece no interesarle beber con pajita, no hay problema. Primero, dale más tiempo para que te observe usar una mientras juega con la suya. También puedes agregar algún sabor que le guste, por ejemplo, poner un poco de puré de manzana o incluso leche materna o de fórmula en un extremo de la pajita para ver si la acepta.

Preguntas frecuentes sobre los vasos y las pajitas
¿Y si el bebé muerde la pajita?
Que los bebés muerdan la pajita es normal, porque buscan tener estabilidad en la mandíbula. Puedes dar ejemplo: abre la boca bien grande y luego exagera la posición de los labios hacia afuera antes de sorber. Después de dar un sorbo y decir «aaah», el bebé quizá imite ese sonido, lo que puede disuadirle de morder.

Practica el método de la pipeta, poniendo la pajita en los labios del bebé, delante de los dientes, para que pueda presionar ligeramente los labios y sentir cómo sale el líquido.

¿Y si el bebé escupe el contenido de la pajita o del vaso?

Es muy común que los bebés escupan cuando beben con pajita o en vaso, porque están aprendiendo a mover el líquido de una forma distinta en la boca. Si dejas que lo haga, ten en cuenta que al cabo de más o menos un mes de práctica constante, la mayoría aprende y deja de escupir. Pero si quieres intervenir para que el bebé aprenda un poco más rápido, te damos algunas estrategias:

1. Corta por la mitad una pajita desechable para acortarla y luego ponla en un vaso: es más probable que el bebé extraiga menos líquido.

2. Usa una pajita de un diámetro menor, para que al bebé le resulte más fácil sellar bien los labios, un movimiento esencial para la deglución de líquidos. Así también extrae menos líquido con cada sorbo.

3. Si el bebé está a punto de cumplir su primer año y aún no ha adquirido esta habilidad, prueba a ofrecerle un líquido más espeso (un batido, kéfir, etcétera), algo que viaje más lento hacia su boca, de forma que cuando lo extraiga tenga más tiempo de coordinar la deglución. Una vez que el bebé se acostumbre a la sensación de la succión y posterior deglución del líquido, puedes volver a ofrecerle otros líquidos menos densos.

4. A veces sirve usar un vaso totalmente abierto. El bebé puede succionar o pasar la lengua por el borde del vaso para llevarse el líquido a la boca, y esa succión tiende a dar paso a la deglución.

Algunos bebés se dan cuenta de que, si quieren, pueden escupir el líquido cada vez que toman un sorbo. Si tu bebé hace eso, trata de mostrarte indiferente, para no reforzar el comportamiento, pero también quita el vaso para poner un límite rápidamente. Puedes decir: «El agua es para beber» con un gesto neutral y alejar el vaso de la mesa durante un rato. Sí puedes permitir ese comportamiento en otros momentos más apropiados que no sean la comida. Por ejemplo, durante el baño, puedes darle al bebé un vaso de agua limpia para que pueda escupir todo lo que quiera. O puedes mostrarle que escupir puede tener un propósito, por ejemplo, al enjuagarse la boca después de cepillarse los dientes. O puedes dejar que escupa al aire libre. Así, satisfaces su necesidad de explorar esa actividad divertida, pero le muestras que hay ciertos espacios y situaciones en los que es apropiado y otros en los que no. Cuando volváis a la mesa, puedes recordarle aquello de «el agua es para beber». Y si sigue escupiendo, puedes quitarle el vaso y hacerle saber que habrá tiempo para jugar con agua después.

¿Cuándo puede un bebé usar un vaso sin ayuda?

Aunque el rango de edad en que los niños dominan esta habilidad es amplio, la mayoría ya ha aprendido a usar el vaso entre los 18 y los 24 meses. Es probable que siga habiendo derrames ocasionales hasta los 3 años, lo cual debería ir mejorando a medida que mejoran también su concentración y su motricidad fina. Dicho esto, muchos bebés aprenden a usar un vaso con pajita mucho antes, alrededor de su primer año, si empiezan a practicar a los 6 meses de edad.

¿Y si el bebé tose siempre mientras bebe en vaso o con pajita?

En general, vemos que ese comportamiento desaparece después de algunos meses de práctica constante. Si el bebé o el niño está teniendo alguna dificultad, puedes probar las mismas estrategias que usamos para enseñarle a escupir.

Si después de haber probado estas estrategias durante un mes o más (o antes si ha tenido otras afecciones como fiebre, infecciones frecuentes de las vías aéreas respiratorias o tos prolongada sin causa aparente), el bebé sigue tosiendo después de beber, consulta con el médico, porque puede ser necesario evaluar su deglución.

¿Y si al bebé no le interesa beber en vaso o con pajita?

Si al principio el bebé no parece interesado en el vaso, no lo presiones y trata de mantenerte neutral. A algunos bebés simplemente no les interesa nada usar el vaso hasta que se han destetado o ya no toman biberón, y no pasa nada. Para motivarlo, una opción es poner vasos vacíos en una manta, fuera de las comidas, a modo de juego: puedes darle un vaso con un poco de agua para que traspase a otros vasos o también puedes poner agua en un recipiente más grande y dejar que la saque con un vaso.

Otra buena estrategia es ejemplificar la actividad para animar al bebé a que te imite. Deja que te vea beber de un vaso en las comidas o entre comidas. Si sigue resistiéndose, prueba a cogerlo en brazos y llevarlo lejos de la mesa, luego bebe agua de un vaso y ofrécele un sorbo. Sigue llevando el vaso a las comidas y déjalo cerca del bebé para que pueda cogerlo si cambia de opinión, y ten en cuenta que es muy probable que lo coja para probar en algún momento.

Ana, la mamá de Julián, llevó a la mesa un vaso con pajita y un vaso abierto cuando su bebé tenía unos 7 meses. A veces llevaba un vasito abierto y otras veces llevaba un vaso con pajita. Al principio, Julián solamente jugaba con la pajita, pero, cuando Ana usó el método de la pipeta para mostrarle que de la pajita podía salir líquido, Julián se mostró mucho más interesado. Luego Ana volvió a poner la pajita en el vaso y untó una cantidad mínima de puré de manzana en la pajita para animar a Julián a apretarla con los labios. Cuando lo hizo, su madre apretó suavemente el vaso para que cayera un poco de agua en la boca del bebé. Julián se sorprendió y pidió más. Eso fue un antes y un después para Julián, que desde entonces quiso usar un vaso con pajita. A sus 8 meses ya tomaba cerca

de 30 ml de leche materna con ese vaso durante las comidas
con alimentos sólidos.

¿Con la mano o con cubiertos? Que lo decida el bebé

Por lo general, sugerimos dejar que el bebé decida si quiere comer con la mano o con cubiertos en lugar de imponer una forma. Muchos bebés descubren que es más rápido comer con la mano (¡el uso de los cubiertos es difícil para ellos!) e ignoran completamente las cucharas y los tenedores durante un tiempo. No te olvides de que la mayoría de los niños aprenden a usar bien los cubiertos entre los 18 meses y los 3 años, así que no esperes grandes avances al comienzo. Los bebés aprenden a usar los cubiertos por imitación de los adultos, así que, si quieres que el bebé lo descifre por su cuenta, esa es sin duda una opción.

Da ejemplo

Pon comida en una cuchara, puede ser tomando una cucharada, hincando la cuchara o moviéndola en círculos para que se le adhiera comida. Muestra cómo te la llevas a la boca. Cada vez que el bebé te ve ejecutar una habilidad, sus neuronas espejo se activan y sientan las bases para poder hacerla también. No es necesario llevar cubiertos a la mesa en cada comida, pero que haya cucharas o tenedores cada cierto tiempo favorece la práctica.

Llena previamente las cucharas y los tenedores

Al principio, las cucharas pueden llenarse con alimentos espesos y fáciles de levantar, como yogur griego, *labneh*, aguacate chafado o incluso crema batida. Moja la cuchara y dásela al bebé o déjala a su alcance para que pueda cogerla. Puedes poner comida en ambos extremos de la cuchara para que el bebé pueda tomar algo en cualquier caso si logra llevársela a la boca. También puedes pinchar un trozo de algún alimento con el tenedor. Algunos bebés responden bien a un sonido gracioso como «¡Tac!» cuando se pincha la comida. Si el bebé se lleva a la boca el mango del cubierto y la comida termina cayéndose, no pasa nada. Aprenderá del error. Una idea que nos encanta aplicar con los niños pequeños es usar cucharas grandes y profundas, como las de medir, para que practiquen cómo coger la comida con cuchara y mejoren esa habilidad.

Preguntas frecuentes sobre los utensilios

¿Y si el bebé no quiere coger o sostener la cuchara?

Si el bebé no tiene interés en coger o sostener la cuchara, o quiere que lo hagas tú, no pasa nada, pero ve poco a poco y haz pausas entre bocado y bocado para comer tu propia comida. Es una forma de dar ejemplo y proporcionar un espacio para que cambie de opinión e intente coger la cuchara por su cuenta cuando esté preparado. También puedes dejar la cuchara un poco más lejos de lo habitual para animar al bebé a intentar cogerla.

¿Y si el bebé tira la cuchara constantemente?

Es completamente normal. Puedes volver a dársela cada vez o puedes quitársela y dejar que siga comiendo con los dedos o con la mano sin la distracción de la cuchara. Vuelve a llevar la cuchara a la siguiente comida.

¿Y si el bebé solo juega con la cuchara?

Si la cuchara se convierte en una distracción, está bien quitarla y dejar que el bebé coma con la mano unos días antes de volverlo a intentar. También se puede llevar la cuchara a algunas comidas y a otras no. Con el tiempo, a medida que el bebé mejore su coordinación y se interese más por la comida, probablemente empiece a usar la cuchara como cubierto en vez de como juguete.

¿Y si el bebé vuelca el plato, el tazón o el mantel o los usa para jugar?

Eso es normal y esperable a medida que el bebé aprenda que estos objetos se pueden levantar y que le divierta ver cómo cae al suelo la comida. Si el plato, el tazón o el mantel se convierten en una distracción, quítalos de las comidas durante las semanas siguientes y pon los alimentos directamente sobre la mesa. En la sección Resolución de problemas de la página 341 hay más consejos sobre qué hacer cuando el bebé o el niño pequeño tiran la comida.

¿Y si el bebé (o el niño pequeño) se niega a usar cubiertos o le resulta muy difícil?

El uso de cubiertos requiere habilidades de motricidad fina complejas que lleva tiempo perfeccionar. Si el bebé o el niño no están interesados o les cuesta mucho, jugad con los cubiertos en otro lugar que no sea la mesa. Practicad cómo coger con cuchara elementos secos o el agua de la bañera; usad un tenedor para pinchar plastilina. Usar los cubiertos durante el juego puede ser una excelente manera de presentárselos a un bebé que no tiene mucho interés en usarlos.

Resumen

✔ Presenta vasos y pajitas cuanto antes al bebé. Es más fácil enseñarle cuando es más pequeño y hay ciertos reflejos en funcionamiento.

✔ Beber con pajita es una habilidad nueva; beber en vaso es otra. A un bebé puede llevarle un tiempo adquirir ambas. Así que hay que tener paciencia mientras dure ese aprendizaje.

✔ Los cubiertos pueden venir después, a menos que el bebé muestre mucho interés por imitarte porque te ve usándolos.

✔ Puedes dejar que el bebé decida si come con la mano o con cubiertos. Comer con la mano es más rápido, así que quizá las cucharas queden relegadas durante un tiempo. La mayoría de los niños aprende a comer con cubiertos entre los 18 meses y los 3 años.

CAPÍTULO 13

De la alimentación con cuchara a la alimentación autónoma

Mariella había dado purés con cuchara a su bebé de 10 meses, Leo, desde el inicio de la alimentación complementaria, a sus 5 meses. Cuando Leo ya no quiso comer más purés, su madre supo que era el momento de darle comida real. Pero nos dijo: «[la idea de darle comida real] me quita el sueño: pienso que se va a atragantar y se va a morir». Mariella no sabía cómo empezar y no estaba segura de cómo superar su miedo. Se puso en contacto con nosotros para que la ayudáramos.

Si el bebé tiene 8 meses o más y ha sido alimentado principalmente con purés o papillas, es hora de hacer la transición a los alimentos en trozos y la alimentación autónoma. Para algunos bebés, esa transición es fácil: con naturalidad, empiezan a coger los alimentos y llevárselos a la boca casi sin esfuerzo. Otros bebés necesitan que los guíen un poco más. Cuando pases de los purés a los alimentos en trozos, piensa que esta es una habilidad nueva y recuerda que el aprendizaje de cualquier habilidad lleva tiempo y concentración.

Cuando empieces a ofrecerle alimentos para masticar y permitas que se alimente solo, quizá notes que el bebé termina ingiriendo menos en cada comida. Eso es normal mientras aprende esas nuevas habilidades. Si te preocupa la ingesta concreta de tu bebé, te recomendamos ofrecerle más leche materna o de fórmula durante esta transición (en lugar de darle más purés para que se llene el estómago) para ayudarlo en esta nueva etapa.

Cómo empezar

Quita las distracciones de la mesa (por ejemplo, los juguetes). Incluso puedes quitar los platos, tazones, vasos y manteles durante algunas semanas si distraen al bebé. Minimiza la conversación durante unos días y habla de forma clara y directa. Simplifica el lenguaje; di, por ejemplo, «Ahora tú» en lugar de «Bueno, ¡ahora te toca a ti intentarlo!» o «Ponla aquí» en lugar de «La cuchara va en este lugar». Señala y usa el lenguaje corporal y distintos elementos para dar ejemplo mientras hablas al bebé.

Lo ideal es que el bebé esté sereno, contento y pueda concentrarse, y que haya tomado el pecho o un biberón entre 45 minutos y una hora antes de sentarse a la mesa para comer. Recuerda que lo primordial al inicio de la transición de la alimentación con cuchara a la alimentación autónoma es la experimentación y adquisición de habilidades, no la ingesta. Usa la leche materna o de fórmula como red de contención para cubrir sus necesidades nutricionales durante este tiempo, de modo que, incluso si el bebé no come nada sólido, la comida sea un éxito. Y ofrécele una toma de leche o un biberón unos 45 minutos después si crees que todavía tiene hambre o ha comido muy poco. A medida que el bebé aprenda a comer alimentos sólidos, puedes quitar gradualmente esas tomas de pecho o biberón antes o después de las comidas. Así, el bebé tendrá una motivación extra para comer alimentos sólidos y llenarse el estómago.

Un abordaje gradual

Si quieres avanzar un poco más lento, ofrece al bebé al mismo tiempo purés y comida que deba masticar. Una idea es servir los mismos alimentos de dos maneras para que el bebé pueda elegir. Por ejemplo, puedes servir un bastón de mango con puré de mango o la mitad de un aguacate con aguacate chafado. También puedes dejar que el bebé use bastones de comida como cubiertos para comer los purés; por ejemplo, puede mojar un bastón de mango en yogur o un bastón de alguna verdura cocida en humus. Si prefieres ofrecerle los purés y los alimentos en trozos por separado, te recomendamos comenzar con una pequeña cantidad con cuchara para evitar que el bebé tenga mucha hambre y se frustre (pero no tanto como para que se llene) y luego darle tiempo para que experimente con los alimentos en trozos.

Reduce poco a poco la cantidad de purés

Algunas familias eligen empezar con alimentos en trozos y luego complementar con purés, pero aquí cabe una advertencia: los bebés aprenden muy rápido que masticar un alimento es mucho más difícil que chupar puré de una cuchara. Es habitual ver que evitan directamente los alimentos que tienen que masticar y esperan a que aparezcan los purés/las cucharas. Así, dejar de ofrecer purés se complica un poco. Con el tiempo, la idea es reducir gradualmente la cantidad de purés a medida que el bebé aprenda a masticar y comer de forma autónoma.

La alimentación autónoma con cuchara

Por lo general, recomendamos dejar que el bebé aprenda a comer con la mano desde el principio. Pero si ha iniciado la alimentación complementaria con purés y está acostumbrado a que sus padres le den de comer con cuchara, entonces quizá lo ayude aprender primero a comer con cuchara de forma autónoma. Como la habilidad para masticar y gestionar alimentos en trozos implica otro nivel de dificultad, puede ser conveniente que el bebé siga con papillas y purés durante un tiempo más.

No te desanimes si el bebé (se) ensucia mucho, no puede llevarse la comida a la boca o la tira por todas partes. Es una parte normal del aprendizaje.

Leo estaba muy acostumbrado a que le dieran de comer, pero también estaba empezando a rechazar la cuchara. Ayudamos a Mariella para que dejara que Leo comiera con cuchara de forma autónoma. El bebé rápidamente buscó y cogió la cuchara sin ninguna presión. Mariella estaba muy orgullosa.

Estos son algunos consejos para ayudar al bebé a comer de forma autónoma con cuchara:

→ Usa cucharas fáciles de coger y que contengan bien la comida, y ten a mano de más por si alguna se cae.

→ Usa alimentos que el bebé pueda coger fácilmente con la cuchara. Algunas excelentes primeras opciones son el yogur griego o el aguacate chafado.

→ Muestra cómo llenar una cuchara y cómo llevársela luego a la boca mientras el bebé te mira. Luego vuelve a llenar la cuchara y déjala al alcance del bebé. Si no la coge, asegúrate de que la vea. Da unos golpecitos en la mesa con la cuchara o dile «aquí» para que se implique.

→ Sostén la cuchara de forma vertical delante del bebé. Si lo necesitas, puedes presentarla para que el bebé se incline y acerque la boca, y luego aléjate despacio cuando haya tomado algunos bocados para animarlo a que intente coger la cuchara.

→ Puede pasar que el bebé siga sin querer coger la cuchara; en tal caso, cógela tú y dale unos toquecitos suaves en el brazo o la mano mientras le acercas la cuchara. Si con eso no basta, prueba ponerle la cuchara en la mano. Si es necesario, intenta guiarlo suavemente desde el codo para que acerque el brazo o la mano a la cuchara (incluso puedes ponerte detrás). Detente ante la mínima señal de resistencia por parte del bebé, porque no quieres darle la idea de que lo estás «obligando».

→ Muestra cómo meter la cuchara en la comida y llenarla. Después de que el bebé haya aceptado una cucharadita, pon la cuchara en la mesa en lugar de volver a ponerla en el tazón. Señala el tazón y di: «Ahora tú». Si el bebé no lo intenta, puedes ayudarlo a meter la cuchara en el tazón. Muéstrate amable y accesible mientras le ofreces ayuda. Algunos padres llenan una segunda cuchara y se la dan al bebé, lo que hace que este suelte la primera, pero recuerda que la idea es que el bebé aprenda a coger la cuchara y volver a llenarla, así que solo habría que usar esta estrategia esporádicamente.

→ Come con el bebé y muéstrale cómo se hace. Mientras tengas las manos ocupadas, el bebé tendrá más espacio para sumarse y hacerlo sin ayuda.

→ Si es necesario, practicad estas habilidades fuera de la mesa antes de esperar que el bebé las aplique en las comidas. Te contamos tres maneras posibles:
  • Practicad excavar en el jardín con una pala.
  • Pasad tierra de un cubo a otro con una cuchara.
  • Usad cucharas durante el juego con agua, ya sea durante el baño o al aire libre.

Recuerda que para el bebé es más fácil que le den de comer que comer por sus propios medios. Como ya hemos dicho, una buena idea es intentar ofrecerle algunas cucharaditas antes de dejar que lo haga solo. Así no llegará con muchísima hambre al momento en que necesita hacer todo el trabajo para comer y además envía la señal al cuerpo de que es la hora de comer. Algunos bebés cogerán sin ayuda algunas cucharaditas y luego querrán que les den de comer, y no pasa nada, siempre que vayas aumentando el tiempo de alimentación autónoma en sustitución de la alimentación con cuchara por parte del adulto.

Alimentos en trozos

Empieza con mordedores naturales irrompibles

Los mordedores naturales son la manera más fácil de desarrollar la masticación. Estos alimentos son atractivos a la vista (grandes y llamativos), al bebé le resulta fácil levantarlos y llevárselos a la boca, y activan los reflejos que promueven la masticación. Los mordedores naturales también ayudan al bebé a descubrir que el mecanismo succión-deglución no le servirá para los alimentos que deba masticar: para eso, tendrá que mover la lengua de otras maneras.

Continúa con alimentos blandos en trozos GRANDES

Al cabo de una semana, aproximadamente, empieza a ofrecer alimentos blandos en trozos, y te sugerimos que sean trozos grandes (consulta las sugerencias sobre cómo preparar los alimentos para los bebés de 6 a 8 meses en el capítulo 10). Estos trozos más grandes tienden a ser más fáciles de gestionar para un bebé que acaba de empezar a masticar. Le resulta más fácil llevárselos a la boca y expulsarlos de ella si es necesario, y también es más fácil que el cerebro los reconozca y los mueva en la boca. Estos trozos más grandes siguen promoviendo la incipiente masticación del bebé antes del paso a los bocados más pequeños, que requieren una mayor coordinación. Los bocados más pequeños tienden a ser más fáciles de mover en la boca si se ha experimentado con trozos más grandes.

Trozos del tamaño de un bocado para los bebés que ya hacen la pinza

Si el bebé ya ha aprendido a hacer la pinza, también es seguro empezar a ofrecerle trozos de comida más pequeños, del tamaño de un bocado (son las sugerencias sobre cómo preparar los alimentos después de los 9 meses). Si notas que el bebé intenta tragar los trozos enteros, tiene arcadas o muchas dificultades para gestionar esos trozos más pequeños, ofrecerle trozos más grandes puede ayudar a que su cerebro comprenda mejor lo que sucede cuando la comida está en la boca.

Aunque se sentía mucho más a gusto, a Mariella todavía le ponía nerviosa la idea de ofrecer alimentos en trozos a Leo. Después de que el pequeño aprendiera a comer con cuchara de forma autónoma, Mariella empezó a darle mordedores naturales irrompibles; por ejemplo, le daba un hueso de mango para que lo usara para comer alimentos chafados o en puré. A Leo le encantaba mordisquear los mordedores naturales y eso le quitó estrés a Mariella cuando empezó a ver todo lo que podía hacer su hijo. Después de aproximadamente un mes de práctica, Mariella se sintió tranquila como para darle trozos del tamaño de un bocado, y a Leo le encantaban todas esas nuevas comidas.

Haz lo mismo que esperas que haga el bebé

Más allá de la estrategia que elijas, lo más importante que puedes hacer para que el bebé pase de las cucharaditas a los alimentos en trozos es compartir la mesa y comer los mismos alimentos u otros similares para que puedas dar ejemplo de todas las habilidades que quieras que aprenda. Llevar la trona del bebé a la mesa directamente suele ser útil. Algunos bebés necesitan sentarse en el regazo de su madre o padre al comienzo. Haz que te mire, exagera los movimientos, pero hazlos despacio, y repítelos tantas veces como sea necesario. Deja que el bebé te imite. Puede parecer una tontería, pero los bebés aprenden observándonos.

Resumen

✔ Si el bebé tiene 8 meses y come principalmente purés o papillas, es momento de que empiece a comer alimentos en trozos de forma autónoma. Cuanto antes empiece, más fácil será la transición.

✔ Algunos bebés incorporan los alimentos en trozos sin ningún problema; otros necesitan que los guíen un poco más porque tienen que adquirir nuevas habilidades, y el aprendizaje requiere tiempo y concentración.

✔ Por lo general, recomendamos dejar que el bebé practique comer de forma autónoma con la mano (no con cubiertos) al inicio.

✔ Si el bebé está acostumbrado a que le den purés con cuchara, puede ser conveniente que empiece a comer de forma autónoma con cuchara.

✔ Dar ejemplo es muy útil. Come con el bebé y muéstrale lo que tiene que hacer.

✔ Es esperable que el bebé ensucie mucho mientras aprende.

PARTE 4
Practicar la resiliencia

CAPÍTULO 14

Cuándo (y cómo) ofrecer alérgenos alimentarios

Mi bebé de 6 meses, Tavi, empezó a comer alimentos sólidos hace poco y prácticamente solo juega con la comida. Mi médico me dijo que debo darle crema de cacahuete lo antes posible y eso me pone muy nerviosa. ¿Qué hago si tiene una reacción alérgica? ¿Y tiene sentido dado que no llega a tragar casi nada todavía? ¿No sería mejor esperar hasta que sea mayor?

MEESHA

Las familias de niños que tienen alergias alimentarias están constantemente en alerta y muy dedicadas a proteger a sus hijos de los riesgos de la exposición accidental a un alérgeno. Aunque la mayoría de los niños con alergias alimentarias nunca tendrán una reacción que ponga en riesgo su vida y podrán disfrutar de forma segura de una gran variedad de

221

comidas, eso se debe, sobre todo, a la diligencia de sus familias. Las familias que conviven con una o más alergias alimentarias saben cuánto esfuerzo lleva procurar esa protección y lo agotador que puede ser.

De ahí surge nuestro enorme interés por comunicar a las familias con niños que el riesgo de desarrollar alergias alimentarias puede reducirse introduciendo los alérgenos de manera proactiva. Las alergias alimentarias han aumentado en las últimas décadas y, como hay más conciencia al respecto, el tema ha sido central en todo debate sobre la alimentación complementaria. Parece que todo el mundo conoce a alguien cuyo hijo o hija ha tenido una reacción alérgica. Por eso las preocupaciones de Meesha son totalmente comprensibles. Sin embargo, la mayoría de los bebés no tendrán nunca una alergia de ningún tipo. Ya lo hemos dicho y lo repetiremos: a casi todos los bebés se les pueden ofrecer alérgenos alimentarios comunes sin ningún problema, lo que en realidad puede aumentar el riesgo es retrasar la introducción.

Se pueden tomar medidas para reducir el riesgo de que un niño desarrolle alergias alimentarias. Y la más importante es esta: la introducción temprana de alérgenos alimentarios comunes.

La mayoría de las alergias alimentarias en todo el mundo están causadas por unos pocos alimentos.[1] Técnicamente, es posible ser alérgico a cualquier alimento, pero, cuando se descubre una alergia, el culpable suele estar en una lista muy breve de alérgenos que incluye los huevos, la leche, los cacahuetes, los frutos secos, la soja, el marisco, el sésamo y el trigo.

Es comprensible que te inquiete la idea de introducir un alérgeno en la dieta de un bebé que está aprendiendo a comer. Vamos a contarte algunos motivos importantes por los que recomendamos la introducción temprana de estos alérgenos alimentarios comunes.

Una de las razones es que introducir esos alérgenos de manera temprana puede, de hecho, prevenir las alergias. Hay evidencia concluyente que demuestra que la introducción temprana (y la exposición periódica) a un alérgeno alimentario común puede prevenir el desarrollo de una alergia a ese alimento, en especial en los bebés que tienen un alto riesgo. ¡Qué fantástica oportunidad! Unas medidas muy sencillas mientras el bebé aprende a comer alimentos sólidos podrían evitar que desarrolle cualquier tipo de alergia alimentaria y, a lo largo del tiempo, evitaros también una gran cantidad de estrés vinculado a la comida, la salud y la vida en general.

Otra razón muy importante para no demorar la introducción de alérgenos es que la exposición gradual y controlada a esos alimentos puede hacer que la reacción sea menor en caso de que sucediera fuera de casa, en un ambiente no controlado (como el colegio, la guardería, la casa de un amigo o estando de viaje), donde se desconoce la cantidad de alimento que se ha ofrecido. Cuando introduces a propósito los alérgenos, tienes más control sobre qué alimento ofreces, en qué cantidad y en qué circunstancias.

Además, detectar la existencia de una alergia cuanto antes tiene un inmenso valor, porque puedes tomar las medidas necesarias para consultar con un médico, aprender a reconocer y tratar las reacciones alérgicas, hacer un plan con los cuidadores y ajustar la dieta del bebé para evitar la exposición accidental a alérgenos conocidos en un futuro.

Por último, cuanto antes sepas de una alergia alimentaria, antes también podrás buscar tratamientos que ayuden al niño, como la inmunoterapia, que puede reducir la intensidad de los síntomas (y, en algunos casos, acelerar la resolución de esa alergia). Los estudios sugieren que los sistemas inmunitarios más jóvenes responden particularmente bien a los tratamientos contra las alergias alimentarias. Así que, cuanto antes, mejor.[2]

Por todo lo anterior, coincidimos con el médico de Tavi y recomendamos a las familias que introduzcan alérgenos alimentarios comunes en cuanto el bebé esté preparado, junto con otros alimentos sólidos. En este capítulo, desmitificaremos el funcionamiento de la introducción de alérgenos en el caso de los bebés y te mostraremos qué debes hacer antes de empezar. También te guiaremos paso a paso para que sepas cómo introducir alérgenos alimentarios comunes.

¿Qué es una alergia alimentaria?

Una alergia alimentaria se produce cuando el sistema inmunitario del cuerpo se confunde y reacciona exageradamente a un alimento que debería ignorar. Esta hipersensibilidad puede hacer que se desarrollen rápidamente los síntomas de una reacción alérgica (por lo general, a los pocos minutos, pero a veces puede ser a las pocas horas). Los síntomas de una alergia alimentaria incluyen picazón, erupción cutánea con inflamación (que puede manifestarse como ronchas rosadas o rojas en los bebés de piel más clara y de color morado o marrón en bebés de piel más oscura), salivación excesiva, hinchazón, dificultad para respirar, vómitos, diarreas o un cambio repentino en el comportamiento o el estado mental (ponerse muy quisquilloso/demandante de repente, o tener mucho sueño/parecer aletargado). Aunque la mayoría de las reacciones alérgicas causadas por un alimento son leves y se resuelven rápido, otras pueden ser graves. En este capítulo, nos centramos en cómo reconocerlas y tratarlas.

Si sospechas que tu hijo o hija ha tenido algún tipo de reacción alérgica a un alimento, deja de ofrecérselo y habla con tu médico. Si se confirma que el bebé tiene una alergia alimentaria, el médico te orientará para que sepas cómo reconocer y tratar las reacciones con medicación de emergencia (sobre todo adrenalina, también llamada *epinefrina*, en caso de una reacción grave), y debes hacer un plan para controlar la alergia a lo largo del tiempo, porque muchas alergias alimentarias se resuelven naturalmente durante la infancia.

Lo que hemos aprendido

Repasemos lo que dice la ciencia. Aunque la mayoría de los niños nunca tendrá una reacción alérgica a un alimento, las alergias alimentarias son relativamente frecuentes y algunas pueden poner en riesgo la vida. En Estados Unidos, en la actualidad, 1 de cada 13 niños presenta una alergia a un alimento y más del 40 por ciento son alérgicos a más de un alimento.[3]

Se registró un aumento de las alergias alimentarias a comienzos de la década de 1990 y los primeros años de la década de 2000. En Estados Unidos, entre 1997 y 2011, hubo un impactante incremento del 50 por ciento en la cantidad de alergias.[4] Es interesante observar que durante ese periodo aproximado se recomendó a muchas familias esperar hasta después del primer año del bebé para introducir alérgenos comunes. En Australia, América del Norte y Reino Unido, las recomendaciones eran más o menos estas: nada de leche hasta el primer año de vida; nada de huevo hasta el segundo año; nada de frutos secos hasta los tres años. Con la idea de proteger a los bebés de las reacciones alérgicas, se los aislaba totalmente de la exposición a los alérgenos alimentarios. Sin embargo, las tasas de alergias seguían aumentando. Mientras tanto, en África y Asia, los bebés incorporaban regularmente en su dieta alérgenos alimentarios comunes como el cacahuete. En las regiones donde el cacahuete era un ingrediente habitual en la dieta de los bebés, las tasas de alergia al cacahuete se mantenían bastante bajas. A pesar de nacer con las mejores intenciones, el método para introducir alérgenos adoptado por los médicos en muchos países industrializados no estaba funcionando.

Así que puedes imaginar la conmoción en la comunidad médica cuando un estudio observacional de 2008 que comparaba a niños de Israel con niños de Reino Unido demostró lo que algunos alergólogos, pediatras y epidemiólogos habían sospechado: entre los bebés israelís (a quienes se ofrecía regularmente tentempiés con cacahuete durante el primer año), la tasa de alergia al cacahuete era una décima parte de la tasa de la misma alergia entre los bebés británicos del mismo origen judío askenazí, quienes, por recomendación médica, no se habían expuesto al cacahuete.[5] Estudios de control posteriores confirmaron que la antigua recomendación de evitar la exposición a los alérgenos en realidad era contraproducente. Este es un resumen de lo que arrojaron esas investigaciones:

→ En 2015, un estudio de referencia denominado LEAP (Learning Early About Peanut Allergy, «Descubrir la alergia al cacahuete de forma temprana») demostró que la introducción temprana del cacahuete en la dieta de bebés con alto riesgo de desarrollar una alergia a este alimento podía reducir ese riesgo en un 81 por ciento.[6]

→ Un estudio de seguimiento llamado LEAP-On, publicado en 2016, demostró que la ingesta regular y temprana de cacahuete hasta los 5 años protegía a los niños de desarrollar una alergia a este alimento más adelante en la vida, incluso hasta un año después de la última ingesta.[7]

→ También en el 2016, un estudio llamado EAT (Inquiring About Tolerance, «Investigación sobre la tolerancia») arrojó más evidencia de que la ingesta temprana y continua de diversos alérgenos, en particular el huevo y el cacahuete, a partir de los 3 meses de vida prevenía las alergias en una población general de niños pequeños.[8]

→ En 2017 se hizo otro estudio, llamado PETIT, que demostró que la introducción de huevo cocido en la dieta de bebés de 6 a 12 meses con alto riesgo de desarrollar alergia por eczema tuvo como resultado una reducción del 79 por ciento de los casos de alergia al huevo en comparación con la no ingesta de huevos.[9]

En respuesta a esa evidencia creciente, el Instituto Nacional de Alergias y Enfermedades Infecciosas de Estados Unidos cambió sus recomendaciones en 2017 y pasó a respaldar la introducción temprana de alérgenos alimentarios.[10] En 2021, mediante un comunicado consensuado, las sociedades de alergología norteamericanas se adhirieron a esas recomendaciones y remarcaron la importancia de introducir tanto el huevo como el cacahuete en la alimentación de todos los bebés a partir de los 6 meses de edad (a partir de los 4 meses para aquellos con alto riesgo de desarrollar una alergia) y no demorar la introducción de otros alérgenos alimentarios comunes una vez iniciada la alimentación complementaria.[11]

Este abordaje sobre la prevención de las alergias alimentarias ha recibido apoyo de grupos de expertos en todo el mundo, incluidas la Sociedad de Alergia e Inmunología Clínica de Australasia (ASCIA,

2016), la Academia de Inmunología, Respirología y Alergia Pediátrica de Asia y el Pacífico (APAPARI, 2018), la Sociedad Pediátrica de Canadá (CPS, 2018), las pautas pediátricas sobre las alergias alimentarias de Japón (2019) y la Academia Europea de Alergia e Inmunología Clínica (EAACI, 2020).[12,13,14,15,16]

Estas pautas actualizadas parecen haber apuntalado un cambio: en un amplio estudio poblacional realizado en Australia, se observó una reducción del 16 por ciento en las alergias al cacahuete asociadas a un triple aumento de las tasas de introducción temprana de cacahuete después de la publicación de aquellas recomendaciones sobre la introducción de este alimento en 2016.[17]

Alérgenos alimentarios comunes

Los siguientes alérgenos causan la mayoría de las reacciones alérgicas en todo el mundo. A la hora de planificar la introducción de alérgenos, prioriza estos alimentos, en especial los que son un elemento básico en algunas dietas, como el cacahuete, el huevo y la leche, cuya introducción temprana tiene beneficios ampliamente respaldados por la evidencia. Una vez introducidos estos alimentos, puedes continuar con los demás alérgenos comunes, siempre y cuando su ingesta se alinee con las preferencias y la cultura culinaria de tu familia.

- → leche de vaca
- → pescado
- → huevo de gallina
- → cacahuete
- → sésamo
- → marisco (por ejemplo, cangrejo, langosta, langostinos)
- → soja
- → frutos secos (por ejemplo, almendras, anacardos, avellanas, nueces)
- → trigo

 **El coco como caso especial**

Aunque el coco es una fruta y la alergia a este alimento es poco frecuente, en Estados Unidos, la Administración de Alimentos y Medicamentos (FDA) clasifica el coco como un fruto seco, lo que significa que, por ley, en ese país, debe rotularse como alérgeno. Dicho de otro modo: aunque el coco no es un alérgeno alimentario común en Estados Unidos, el gobierno exige que se rotule como tal. La FDA reconoce que su lista de frutos secos es amplia e incluso puede contener especies que en la actualidad no se usan como alimentos, pero prefieren pecar por exceso y que el alimento esté en la lista con la idea de proteger a quienes padecen alergias alimentarias.

Comprender los factores de riesgo del bebé

Algunos bebés tienen más riesgo de desarrollar una alergia alimentaria. En ese caso, es especialmente importante aprovechar los beneficios protectores de la introducción temprana de alérgenos, porque estas técnicas parecen funcionar incluso mejor en bebés con ese riesgo elevado. Sin embargo, según los factores de riesgo y la edad del bebé, quizá debas acordar un plan de acción con un pediatra o alergólogo antes de ofrecerle algún alérgeno en casa.

¿Y cómo sabes si tu bebé tiene un alto riesgo de desarrollar una alergia alimentaria? Hay dos grandes factores de riesgo que indican una mayor propensión del bebé (que, por tanto, puede beneficiarse de la introducción temprana, a partir de los 4 meses de vida):

→ eczema, en especial casos graves
→ alergia alimentaria preexistente

Más adelante podrás acceder a una descripción detallada de cada factor de riesgo, pero ten en cuenta que, si el bebé no padece ninguna de estas afecciones, se considera que tiene bajo riesgo.

> Si el bebé no tiene un alto riesgo de desarrollar una alergia alimentaria, ofrecerle alérgenos en casa es una actividad de bajo riesgo que se puede llevar a cabo sin ninguna precaución especial.

Por otra parte, si el bebé experimenta uno de estos grandes factores de riesgo o los dos, consulta con tu equipo médico para elaborar un plan a medida para introducir alérgenos alimentarios comunes en la dieta del bebé, hacer pruebas para detectar posibles alergias (si es necesario) o llevar a cabo la introducción temprana de alérgenos bajo supervisión médica en un consultorio.

Historial familiar de alergia

Se suele suponer que un historial familiar de alergia alimentaria es otro gran factor que determina el riesgo de que un bebé desarrolle una alergia, pero eso no es así. No hay evidencia concluyente que demuestre que los hijos o bien hermanos menores de una persona que padece una alergia alimentaria tengan un mayor riesgo de desarrollar esa alergia en su cuerpo.[18,19] Por eso, no deberías suponer que tu bebé tendrá las mismas alergias que tú. Los alergólogos hoy recomiendan que se introduzcan alérgenos en casa sin ningún estudio previo, incluso en niños con un historial familiar de alergia alimentaria, siempre y cuando el bebé no padezca eczema grave o una alergia alimentaria preexistente.[20] De hecho, el retraso deliberado de la introducción de alérgenos puede aumentar el riesgo de que el bebé desarrolle una alergia alimentaria, en especial si padece eczema.[21]

El eczema

Existe consenso al respecto de que el mayor factor de riesgo para desarrollar una alergia alimentaria es el eczema, sobre todo los casos graves. (Aunque no hay una definición oficial a nivel internacional, la mayoría de los médicos considera que el eczema es grave cuando la erupción cubre un gran porcentaje del cuerpo o dura mucho tiempo a pesar de la aplicación regular de cremas hidratantes y medicaciones antiinflamatorias tópicas).

Hasta un 20 por ciento de los bebés tienen eczema (también llamado «dermatitis atópica»), una erupción que provoca picazón y suele aparecer entre los 2 y los 6 meses de vida.[22] El eczema se produce por un defecto cutáneo que permite que la humedad y los lípidos se eliminen a través de la capa externa de la piel, lo que favorece la entrada de alérgenos, agentes irritantes e infecciones que provocan placas secas, ásperas, inflamadas y picosas en la piel del bebé. Estas placas suelen aparecer en partes del cuerpo que el bebé alcanza a rascarse o frotar contra algo: la cara, el tronco, las piernas o los brazos. Los padres quizá noten que el bebé se frota o se rasca permanentemente allí, lo que puede causar grietas en la piel, sangrado y posiblemente una infección si no se trata rápidamente. Con el tiempo, la textura de la piel también puede engrosarse por la inflamación crónica. La picazón asociada al eczema grave puede causar mucha incomodidad e irritabilidad a los bebés, lo que a su vez puede interferir con el sueño y la alimentación.

Aunque es más probable que las personas con un historial personal o familiar de alergia padezcan eczema, los especialistas coinciden en que el eczema no es consecuencia de una alergia en concreto. Al contrario, el eczema aumenta el riesgo de desarrollar alergias, dado que los bebés con eczema pueden reaccionar a los alérgenos a través de la capa externa de la piel, riesgo que aumenta con el tiempo (más tiempo equivale a mayor exposición al alérgeno alimentario a través de la piel sensible).

La piel de los bebés con eczema requiere un cuidado especial para que sane la barrera dérmica. Hidrata la piel del bebé con pomadas y cremas sin fragancia (más eficaces que las lociones), mantén al bebé fresco y cómodo, córtale las uñas a menudo para evitar que se rasque y se lastime la piel, y consulta con un pediatra, alergólogo o dermatólogo para que te oriente sobre posibles intervenciones, como el uso de medicamentos tópicos antiinflamatorios (que pueden ser necesarios en casos de eczema moderado o grave).

Las recomendaciones más actualizadas para la prevención de alergias alimentarias destacan la importancia de incorporar de forma temprana (ya desde los 4 meses de edad) alérgenos alimentarios comunes como el cacahuete en la dieta de bebés que padecen eczema grave; el objetivo es introducir de forma segura esos alérgenos de alto riesgo antes de que se desarrolle la alergia.[23] Aunque el eczema de leve a moderado se asocia a un menor riesgo de desarrollar una alergia alimentaria en comparación con el eczema grave, estudios recientes sugieren que es aconsejable introducir el cacahuete alrededor de los 4 meses de vida en la dieta de todos los bebés con eczema.[24] De hecho, el riesgo combinado del eczema grave con la introducción tardía de alérgenos alimentarios es lo bastante alto para que algunos especialistas sugieran hacer una prueba de alergia antes de introducir el alérgeno a un bebé mayor de 6 meses en casa.[25] Dicho esto, la mayoría de los médicos coincide en que el eczema leve bien controlado no requiere ninguna evaluación ni prueba especial antes de la introducción de alérgenos en el hogar.

Alergias alimentarias preexistentes

Cuando se ha confirmado o se sospecha que un bebé tiene alergia a un alimento, ese bebé tiene un mayor riesgo de desarrollar alergia a otros.[26] Como ya se ha mencionado, el 40 por ciento de los niños que padecen una alergia alimentaria son alérgicos a más de un alimento. Un estudio del año 2010 estableció que los bebés con alergia confirmada o probable a la leche o al huevo tenían un riesgo significativamente mayor de desarrollar alergia al cacahuete una década después.[27] Otros estudios confirmaron que no solo el huevo y la leche, sino también otros alimentos sospechosos de causar alergias aumentaban el riesgo de provocar una alergia al cacahuete en los primeros años de vida. A partir de estos datos, los alergólogos han teorizado que los factores que contribuyen al desarrollo de alergia a un alimento incrementan el riesgo de desarrollar una alergia a otros alimentos de forma simultánea.

Debido a ese riesgo aumentado, los alergólogos suelen tener un abordaje proactivo y recomiendan la introducción de alérgenos alimentarios en la dieta de estos bebés, ya que demorar la introducción puede aumentar el riesgo de desarrollar alergias a otros alimentos. Sin embargo, es posible que primero sugieran hacer una prueba de alergia para determinados alimentos alergénicos. Estas pruebas miden los niveles de anticuerpos IgE que son específicos para determinados alérgenos. El IgE es el anticuerpo que producen los glóbulos blancos y que reconoce y se adhiere a las estructuras alergénicas de los alimentos. Cuando el IgE que se adhiere a esos alérgenos alimentarios se une a un receptor IgE en la superficie de los glóbulos blancos de los tejidos (la piel, el aparato respiratorio, el intestino, entre otros), se genera una rápida liberación de muchas moléculas de los glóbulos blancos, lo que causa los síntomas comúnmente asociados con las alergias. La reacción a ciertos alimentos mediada por IgE puede detectarse con pruebas cutáneas y análisis de sangre. Un resultado negativo sugiere que probablemente sea seguro ofrecer ese alérgeno en casa. Un resultado positivo para un alimento que no se ha consumido nunca puede ser un indicador de alergia alimentaria, pero no garantiza que exista efectivamente una alergia ni tampoco que ese alimento deba ser automáticamente eliminado de la dieta. Por encima de cualquier otra cosa, es la respuesta del niño ante la ingesta de un alimento la que debe guiar el diagnóstico. Un resultado positivo implica simplemente que hay que reforzar la vigilancia para detectar posibles signos de alergia y que el plan de acción más seguro quizá sea introducir el alérgeno alimentario bajo supervisión médica en el consultorio.

¿Qué hacer cuando no se puede acceder a una evaluación?

La alergología es una especialidad médica bastante pequeña y por desgracia hay pocos especialistas disponibles para atender a todos los bebés que lo necesitan. ¿Qué puedes hacer si tu bebé tiene eczema grave o se sospecha que puede tener una alergia alimentaria y no sabes cómo actuar con la introducción de alérgenos alimentarios?

1. **Empieza antes.** Entre los bebés que tienen un alto riesgo de desarrollar una alergia alimentaria, el mayor riesgo se da en los mayores de 6 meses. Así, la introducción de los alérgenos alimentarios (sobre todo el huevo y el cacahuete) a los 4 meses aprovecha esa ventana de oportunidad y permite que la exposición a esos alimentos se haga en casa de forma controlada. (Aunque la idea de que el bebé se alimente de forma autónoma a esta edad no es práctica, a los bebés que aún son demasiado pequeños para recibir alimentos sólidos se les puede ofrecer huevo chafado o un poco de crema de cacahuete diluida en la punta de una cucharita o un dedo limpio, por ejemplo). Sin embargo, ante cualquier signo de alergia, no ofrezcas más de ese alimento y ponte en contacto con tu médico de inmediato.

2. **Acuerda un plan con tu pediatra.** Si tu bebé tiene un alto riesgo de desarrollar una alergia y es mayor de 6 meses, el médico quizá pueda indicar una serie de análisis de sangre concretos para la detección de alergias (solo para unos pocos alimentos relevantes). Si los análisis dan negativo, la introducción de esos alimentos puede hacerse en casa y sentar las bases para la incorporación de otros alérgenos con más tranquilidad. Si los análisis dan positivo, tu médico tal vez pueda ayudarte a conseguir una cita urgente con un alergólogo, dado que el tiempo es una variable sensible en esta situación. En algunos casos, el médico puede supervisar la introducción del alérgeno en el consultorio.

3. Valora la posibilidad de hacer una consulta virtual. Quizá puedas consultar de forma virtual con un alergólogo, quien, a partir de la información detallada que le brindes, tal vez pueda orientarte también de forma virtual. Las consultas virtuales pueden ser una alternativa práctica para las familias que viven lejos de un centro médico especializado en alergias.

Cómo evaluar el riesgo de alergia alimentaria en un bebé

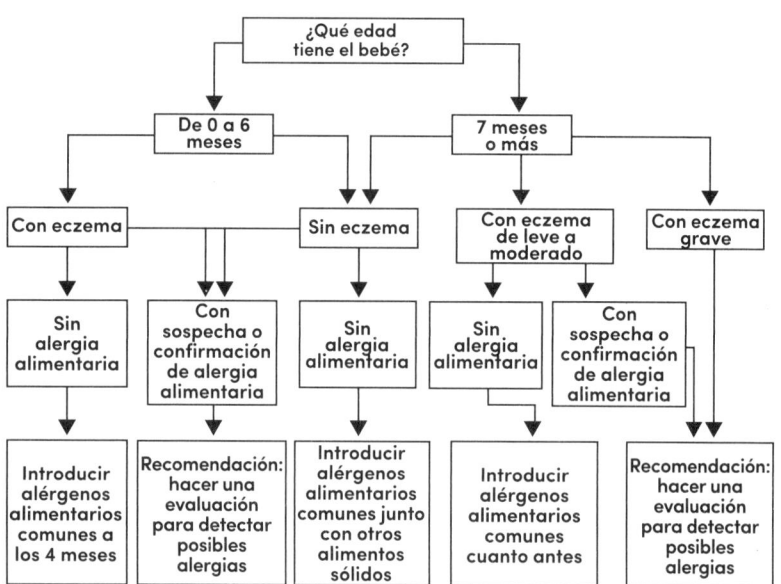

A la mayoría de los bebés se les puede ofrecer alérgenos alimentarios junto con otros alimentos cuando han alcanzado el desarrollo psicomotor necesario para iniciar la alimentación complementaria. Sin embargo, en el caso de los bebés con un mayor riesgo de desarrollar una alergia alimentaria, tal vez convenga introducirlos incluso antes o hacer una evaluación por posibles alergias previamente a la introducción.

Cómo detectar una reacción alérgica

La mayoría de los niños nunca sufrirá una reacción alérgica a un alimento, lo cual como estadística es reconfortante. Sin embargo, como hasta un 8 por ciento de los niños sí puede tener una alergia alimentaria, es importante que todos los cuidadores sepan cómo reconocer rápidamente una reacción alérgica. Si la reacción es leve, quizá no se haga evidente enseguida que el niño la ha experimentado. Por ejemplo, un bebé alérgico al huevo quizá presente un solo episodio de vómito entre 15 y 20 minutos después de comer huevos revueltos. Pero cuando la reacción es grave, los síntomas pueden ser muy intensos y no habrá dudas de que se trata de una reacción. Un ejemplo es un bebé que presenta hinchazón de los ojos y tos persistente casi inmediatamente después de comer crema de cacahuete.

Por lo general, la gravedad de una reacción se determina por la cantidad de síntomas además de su intensidad. Una reacción alérgica leve puede incluir alguno de los siguientes síntomas (si aparece más de un síntoma, se trata de una reacción más grave):

Síntomas de una reacción alérgica leve
→ mucosidad o picazón en la nariz, estornudos
→ picazón en la boca
→ algunas ronchas aisladas, picazón leve
→ náuseas leves, molestias gastrointestinales o un solo episodio de vómito

Si detectas uno de estos síntomas, deja de dar al bebé la comida sospechosa y ponte en contacto con tu pediatra, médico de familia o alergólogo para que te oriente. El médico quizá recomiende dar al bebé una dosis de un antihistamínico de acción rápida u observarlo en casa o en el consultorio.

Sin embargo, si el niño presenta varios síntomas a la vez, quizá esté teniendo una reacción más grave. Llama a los servicios de emergencia de inmediato y pide una ambulancia con adrenalina.

Síntomas de una reacción alérgica grave

Las reacciones alérgicas graves (llamadas «anafilaxias») pueden incluir uno o más de los siguientes síntomas:

→ falta de aire, silbido en el pecho, estridor (un sonido agudo y chillón al inspirar) o tos persistente
→ piel pálida o azulada
→ hinchazón de la cara, los labios o la lengua (esto puede provocar salivación excesiva)
→ ronchas en todo el cuerpo
→ vómitos/diarrea a repetición
→ alteraciones repentinas de la conducta o la conciencia, cansancio, letargo o pérdida de tono muscular

Si un niño presenta alguno de estos síntomas, llama a urgencias inmediatamente y pide una ambulancia con adrenalina. No esperes. Las reacciones alérgicas pueden avanzar rápidamente y la adrenalina es la única medicación que se ha comprobado que puede revertir rápidamente los síntomas de anafilaxia.

Visita «SolidStarts.com» para ver el aspecto de una reacción alérgica de leve a grave en bebés con diferentes tonos de piel.

¿Debo tener medicación antialérgica en casa?

Conviene que tengas en el botiquín algún antihistamínico no sedante y de efecto prolongado como la cetirizina o la levocetirizina para usar en caso de que tu hijo o hija presente síntomas de alergia leve. Esos nuevos antihistamínicos son una opción mejor que la clásica difenhidramina, que los alergólogos ya no recomiendan tanto debido a su tendencia a causar somnolencia como a su corto efecto terapéutico.

Si tu hijo o hija no tiene ninguna alergia confirmada, no es necesario que tengas un dispositivo de adrenalina a mano «por si acaso». La mayoría de los bebés jamás tendrá una reacción alérgica, así que es improbable que lo vayas a necesitar. Además, estos dispositivos son caros y caducan muy rápido, así que son muy costosos de sustituir. Por otro lado, a veces hay escasez de dispositivos de adrenalina, de modo que, si los compran muchas personas que no los necesitan urgentemente, puede que no estén disponibles para los bebés que dependen del acceso a esta medicación.

¿Cómo distingo una erupción causada por un alimento ácido de una reacción alérgica?

Si la erupción cutánea abarca una superficie extensa (por ejemplo, todo el torso), es más probable que se trate de una reacción alérgica y debes consultar inmediatamente a un médico. Las erupciones por contacto con alimentos ácidos (como el limón, la naranja, la piña y el tomate) suelen presentarse en una zona limitada donde la piel del bebé ha estado en contacto con el alimento, como la barbilla. Suelen disiparse 10 minutos después de un lavado suave y en general no causan otros síntomas.

Las erupciones que aparecen después de tocar o comer alimentos también pueden asociarse con urticaria y picazón. Este tipo de erupción puede resolverse sola o no y, si persiste, quizá requiera medicación o atención médica. Si la erupción no se resuelve rápidamente después de un lavado suave, comunícate con tu médico para que te oriente. Existe la posibilidad de que la reacción empeore si no se trata.

Tipos de alergias alimentarias

Algunas respuestas alérgicas son inmediatas. Algunas aparecen de forma tardía. Y algunos síntomas que aparecen después de comer algún alimento quizá no estén relacionados con una alergia. A veces cuesta distinguir las diferencias, así que repasemos los síntomas de distintos tipos de sensibilidades alimentarias.

Alergia alimentaria de respuesta inmediata (mediada por IgE)

La alergia mediada por IgE es la manifestación clásica de una alergia alimentaria, a lo que nos referimos típicamente cuando hablamos de una persona alérgica al cacahuete que necesita llevar consigo un dispositivo de adrenalina, por ejemplo. Este tipo de alergia se desarrolla cuando el sistema inmunitario produce el anticuerpo IgE que reconoce ciertos alimentos que el cuerpo debería considerar inofensivos y reacciona ante ellos. Este es también el tipo de alergia alimentaria sobre el que se ha investigado más y se sabe que puede prevenirse con la introducción temprana de los alérgenos.

Tiempo: se produce una reacción rápida (por lo general, al cabo de unos minutos, pero puede ser a las pocas horas) después de comer el alimento.

Síntomas comunes: hinchazón, erupción con ronchas rojizas o moradas, picazón, molestias gastrointestinales y respiratorias, descenso de la presión arterial (que puede empeorar la circulación y causar cambios neurológicos).

Si un niño tiene una reacción alérgica de respuesta inmediata a un alimento, evita volver a ofrecerle ese alimento hasta que hayas acordado un plan con tu médico. No vuelvas a ofrecérselo por tu cuenta, porque incluso una pequeña cantidad puede desencadenar una reacción grave y la gravedad que puede alcanzar una reacción alérgica a veces es impredecible. En otras palabras, una nueva exposición a ese alimento puede causar una reacción más grave incluso si la primera fue leve. Las pruebas cutáneas o los análisis de sangre pueden servir para confirmar la sospecha de una alergia mediada por IgE. En ese caso, tu médico puede recetarte medicación de emergencia para que tengas a mano si se produce otra reacción alérgica. Hay buenas noticias: muchas de las alergias alimentarias que se desarrollan hasta el primer año de vida se resuelven solas durante la primera infancia; además, se están desarrollando nuevos tratamientos para las alergias persistentes. Si en tu zona atiende un pediatra especialista en alergia infantil, es buena idea hacer una consulta para que te ayude a saber cómo manejar una alergia mediada por IgE.

Alergia alimentaria de respuesta tardía (no mediada por IgE)

Aunque no son tan comunes como las alergias mediadas por IgE, hay otros tipos de alergias alimentarias, llamadas «de respuesta tardía», que se van conociendo cada vez más. Las alergias alimentarias no mediadas por IgE suelen dar síntomas gastrointestinales tardíos, como reflujo, vómitos y diarrea. La diferencia fundamental entre las alergias alimentarias mediadas por IgE y las no mediadas por IgE es el tiempo. Algunas alergias mediadas por IgE quizá no den síntomas hasta horas después de haber ingerido el alimento y otras se manifiestan solo a las semanas o meses de haber incorporado ese alimento en la dieta.

FPIES

El síndrome de enterocolitis inducida por proteínas alimentarias (FPIES) es un tipo de alergia alimentaria no mediada por IgE (también llamada «alergia tardía» o «alergia mediada por células»). El FPIES es una alergia alimentaria infantil de la que se va teniendo más información y que puede ser grave e incluso poner en riesgo la vida en algunos casos. La manifestación clásica (aguda) del FPIES se da en el bebé que acaba de pasar de la lactancia materna al biberón o a la alimentación complementaria. El bebé típicamente empieza a tener episodios de vómito entre 2 y 4 horas después de comer y de diarrea entre 5 y 10 horas después de comer. Si no se tratan, las reacciones pueden producir deshidrataciones serias. El FPIES agudo es extremadamente infrecuente en bebés alimentados con lactancia materna exclusiva.[28] Las reacciones a los alimentos que desencadenan el FPIES también pueden ser crónicas y ocurrir cuando ese alimento se incluye regularmente en la dieta del bebé. Los bebés que padecen FPIES crónico presentan vómitos y diarrea frecuentes, un aspecto desmejorado y dificultades para aumentar de peso. Desafortunadamente, no hay pruebas ni análisis estandarizados o validados para identificar alimentos que desencadenan el FPIES, de forma que el diagnóstico depende sobre todo del historial de reacciones del paciente. Parte del tratamiento consiste en eliminar el alimento desencadenante de la dieta y administrar medicación contra las náuseas (antieméticos), fluidos por vía sanguínea o esteroides para las reacciones importantes. Por suerte, el FPIES se resuelve solo con el crecimiento en la mayoría de los bebés.

Tiempo: normalmente, la reacción se produce a las pocas horas de haber ingerido el alimento.

Síntomas comunes: baja temperatura corporal, palidez extrema, y vómitos y diarreas a repetición que pueden causar una deshidratación seria y un descenso de la presión arterial, además de cambios en el estado mental.

Intolerancias alimentarias

Las intolerancias o sensibilidades alimentarias se producen cuando el cuerpo tiene dificultades para digerir un determinado alimento. Suelen causar síntomas digestivos temporales e incómodos como gases, hinchazón y diarrea. Aunque esos síntomas pueden solaparse con otros relacionados con la alergia, las pruebas de alergia en estos casos dan negativo. Afortunadamente, las intolerancias alimentarias suelen tener poca prevalencia en bebés. En caso de que parezca que al bebé le cuesta digerir algún alimento, una medida razonable es hacer la prueba de eliminar el posible alérgeno de la dieta durante un periodo breve. Pero recuerda que muchos bebés experimentan cambios en su digestión mientras su sistema digestivo pasa de gestionar leche materna o de fórmula a recibir alimentos sólidos. Ciertas intolerancias temporales, como los gases y la hinchazón (por ejemplo, tras la ingesta de alubias y brócoli), son normales y esperables. En la mayoría de los casos, no hay ninguna necesidad de eliminar el alimento de la dieta y, si lo ofrecemos en pequeñas cantidades que iremos aumentando gradualmente según la tolerancia, podemos preparar al bebé para que acepte alimentos variados a largo plazo. Las intolerancias alimentarias pueden variar de un niño a otro, lo que a menudo depende de factores como enfermedades recientes, uso de antibióticos, adaptaciones del microbioma intestinal, entre otros.

La intolerancia a la lactosa es un tipo de intolerancia alimentaria distinta de la alergia a la leche de vaca. Ocurre cuando al cuerpo le cuesta procesar el azúcar de la lactosa que contiene naturalmente la leche. La intolerancia a la lactosa puede causar hinchazón temporal e inofensiva, gases, diarrea, náuseas u otro tipo de molestias. El dato positivo es que esta intolerancia es poco frecuente en bebés, niños pequeños y niños de mayor edad. Sin embargo, su prevalencia tiende a incrementarse junto con el crecimiento, y por eso hasta el 70 por ciento de la población mundial puede verse afectada por esta intolerancia.[29] Existen muchos lácteos sin lactosa aptos para los niños que la padecen. Dicho esto, recuerda que los productos sin lactosa no son seguros para los niños alérgicos a la leche de vaca, porque de todas maneras contienen las proteínas del suero de leche y caseína, que producen la reacción alérgica.

 ## ¿Qué es la APLV?

El término «alergia a las proteínas de la leche de vaca» (APLV) no es un término médico concreto, sino que en realidad incluye las alergias a la leche de vaca mediadas por IgE y no mediadas por IgE. Se cree que entre el 2 y el 3 por ciento de los bebés de Estados Unidos tienen APLV. Las investigaciones muestran que aproximadamente el 0,5 por ciento de los bebés con APLV se recuperarán antes de los 6 años.[30]

La mayoría de los bebés con síntomas leves de alergia a las proteínas de la leche de vaca no mediada por IgE (que puede manifestarse con deposiciones con sangre, pero sin dolor, y también se conoce como «proctitis alérgica inducida por proteínas alimentarias» o FPIAP) pueden reintroducir sin inconvenientes la leche de vaca antes de su primer año con orientación de sus médicos.[31] Los bebés con este tipo de sensibilidad a la leche no mediada por IgE también pueden reaccionar a la soja, pero no existe suficiente evidencia que sugiera que tengan un mayor riesgo de desarrollar alergias mediadas por IgE a otros alérgenos alimentarios comunes como el huevo o los frutos secos.

Cómo introducir e incorporar alérgenos comunes

En las próximas páginas, veremos cómo introducir de forma segura diversos alérgenos alimentarios comunes. Antes de empezar, es importante que evalúes los factores de riesgo en tu bebé que podrían hacer que desarrolle una alergia y que aprendas cuáles son los síntomas de las reacciones alérgicas. Si todavía no lo has hecho, por favor consulta la autoevaluación de la página 234 y repasa la guía para reconocer reacciones alérgicas antes de seguir.

Consejos para la introducción de alérgenos

Aunque es importante que la introducción de los alérgenos alimentarios se haga de forma temprana, te animamos a empezar la alimentación complementaria con alimentos que no sean comúnmente alergénicos. Una vez que el bebé se haya acostumbrado a experimentar con los alimentos sólidos, puedes empezar a ofrecerle alérgenos sin tanta preocupación por posibles reacciones normales a nuevos sabores que puedan confundirse con una reacción alérgica. Consulta el capítulo 9 para ver una lista de opciones que son excelentes como primeros alimentos. Si tu bebé tiene un alto riesgo de desarrollar una alergia alimentaria y está teniendo las primeras exposiciones a alérgenos a sus 4 meses, es importante que sigas las indicaciones del médico.

Evita introducir alérgenos cuando el bebé esté enfermo

Para introducir un alimento potencialmente alergénico, elige un día que el bebé esté sano, sin ninguna enfermedad. Así podrás identificar cualquier síntoma de una reacción alérgica a un alimento sin confundirlo con otros. En este mismo sentido, no introduzcas alérgenos alimentarios poco después de que tu hijo o hija haya recibido alguna vacuna; aunque la vacunación no se asocia con un mayor desarrollo de alergias alimentarias, muchos bebés pueden tener molestias o un poco de fiebre después de la aplicación de la vacuna, y eso puede dar lugar a confusiones durante la introducción de alérgenos alimentarios.

Empieza con una cantidad pequeña

Cuanta menos cantidad de alérgeno alimentario haya en la comida del bebé, menor puede ser la gravedad de la reacción alérgica. Consulta los calendarios de introducción de alérgenos más adelante en este capítulo para ver las cantidades recomendadas.

Mejor por la mañana

Cuando introduces un alérgeno por la mañana, tienes todo el día para observar al bebé y es más probable que localices a tu médico si el niño tiene una reacción alérgica. En nuestra opinión, la mejor hora para la introducción es al despertar o después de la siesta de la mañana.

La mayoría de las reacciones alérgicas mediadas por IgE se producen minutos después de haber ingerido el alimento, pero pueden manifestarse hasta dos horas después.[32] Por eso, lo mejor es introducir los alérgenos a una hora en la que al menos un adulto pueda dedicarle toda su atención al bebé durante las dos horas siguientes y evitar distracciones de otros niños o actividades. Si ambos padres trabajan, quizá sea conveniente elegir las tardes o los fines de semana. Valora las necesidades concretas de tu familia.

Ofrece un solo alérgeno cada vez

Aunque los alimentos que no son alérgenos comunes se pueden introducir juntos, no ofrezcas al bebé más de un alérgeno común al mismo tiempo, porque te podría costar identificar al culpable en el improbable caso de que haya una reacción alérgica. Elige un solo alérgeno común para ofrecerle al bebé y dáselo con otros alimentos que no lo sean y que el bebé ya haya probado alguna vez. Así, si hay una reacción, sabrás qué alimento la causó. Por ejemplo, si el bebé tolera bien la ingesta de huevo durante algunos días, puedes sumar cacahuete dos o tres días y luego empezar a introducir alimentos sólidos que contengan leche de vaca. No es necesario sustituir un alérgeno por otro: el objetivo es seguir añadiendo alimentos a la dieta del bebé.

Presta atención a la piel del bebé

Si el bebé tiene eczema o piel sensible, aplica una pomada de barrera como vaselina pura o una combinación de aceites y ceras vegetales en la cara y las manos del bebé antes de las comidas para minimizar las reacciones por contacto. Eso reduce la posible aparición de una erupción por contacto inofensiva y también puede reducir la gravedad de la reacción si el bebé llegara a tener una alergia al alimento. Después de la comida, límpiale la cara, las manos y la piel al bebé, idealmente fuera de la mesa.

Repite una vez y otra y otra

Cuando hayas introducido un alérgeno alimentario en la dieta del bebé y no se haya generado ninguna reacción, sigue incorporando ese alimento en las comidas regularmente. La clave para mantener la tolerancia es la exposición sostenida a los alérgenos. Incluye cada uno varias veces a la semana (una vez a la semana como mínimo), por ejemplo, como ingrediente en las comidas que prepares. Pueden ser unas gachas hechas con leche de vaca, tortitas de harina de trigo espolvoreadas con cacahuete picado o *tahini*, o tortilla de huevo cortada en tiras como tentempié. No te estreses por la cantidad que ingiera el bebé o si no logras ofrecerle ese alimento varias veces en una misma semana. Pero sí intenta incorporar cada alérgeno al menos una vez a la semana. El objetivo es mantener los alérgenos en la dieta regular del niño hasta los 5 años, para reforzar la posibilidad de que la tolerancia se mantenga a lo largo de la vida.

No alternes alérgenos

Dejar que pase mucho tiempo entre dos exposiciones a un mismo alérgeno puede anular el propósito de la introducción temprana. Por eso, sigue ofreciéndole los alérgenos ya probados a tu bebé. Es importante que haya continuidad.

No te presiones

No te preocupes demasiado por la cantidad. Si el bebé no consume toda la porción del alérgeno que le has ofrecido ese día, no pasa nada. La exposición a un alérgeno puede darse en cantidades moderadas (2 g aproximadamente, o menos de 2 cucharaditas por semana) y aun así ser eficaz para prevenir alergias siempre y cuando se haga de forma regular.

Elige tu propio ritmo

A algunos les gusta introducir un alérgeno todo de una sentada, mientras que otros prefieren ir más despacio. Siempre que la introducción se haga y se sostenga de forma proactiva, puedes elegir el método que más te convenga.

Opción 1: De una sentada. Se introduce una porción completa del alimento potencialmente alergénico en una misma comida.

Opción 2: Introducción a lo largo de un día. La porción se reparte en varias comidas a lo largo del día.

Opción 3: Poco a poco y espaciado. Se empieza con pequeñas porciones que se van incrementando poco a poco a lo largo de varios días.

Todas estas maneras de abordarlo son excelentes. No hay una mejor que la otra y todas pueden aplicarse con cada alimento de la lista de alérgenos comunes.

Una guía paso a paso

Opción 1: De una sentada

Puedes ofrecer al bebé un alérgeno común en una misma comida.

1. Mide 1 cucharadita (5 ml) del alérgeno que quieres introducir, como yogur, huevo chafado, duro o revuelto (bien cuajado); crema de cacahuete o de otro fruto seco diluida; gachas de harina de trigo; *tahini* diluido; o pescado o marisco bien cocido y picado.

2. Pon un poco de alimento en uno de tus dedos o en la punta de una cuchara y haz que el bebé pruebe. Anímalo para que mordisquee otros alimentos y sigue observándolo de cerca. Si no hay ninguna reacción al cabo de 10 minutos, deja que pruebe otro poco.

3. Ofrécele el resto del alimento al ritmo natural al que suela comer, sin meterle prisa, pero solo si muestra interés. Si el bebé no quiere comer más hoy o si no quiere terminar la porción, no pasa nada. Puedes volverlo a intentar mañana.

Veamos este ejemplo con crema de cacahuete u otro fruto seco, o pasta de sésamo (*tahini*):

1. Mezcla 2 cucharaditas (10 ml) de crema blanda de cacahuete (sin miel) u otro fruto seco, o de *tahini*, con una cantidad igual de agua tibia. Separa aproximadamente la mitad de esa mezcla para la comida de hoy.

2. Mete el dedo o la punta de la cuchara en la mezcla y haz que el bebé pruebe. Deja que mordisquee otros alimentos mientras lo observas de cerca. Si pasados 10 minutos no hay ninguna reacción, deja que pruebe otro poco.

3. Ofrece al bebé el resto del alimento a su ritmo natural, sin meterle prisa, pero solo si muestra interés. Si no quiere comer más hoy o si no quiere terminar la porción, no pasa nada. Puedes volverlo a intentar mañana.

Opción 2: Introducción a lo largo de un día

Puedes ofrecerle al bebé un alérgeno común en el transcurso de un mismo día. Veamos este ejemplo con yogur (se puede usar el mismo método para muchos otros alérgenos comunes):

Desayuno: ⅛ de cucharadita de yogur natural mezclado con gachas.

Almuerzo: ½ cucharadita (2,5 ml) de yogur natural con bastones de fruta o de verdura.

Comida: 1 cucharadita (5 ml) de yogur natural mezclado con patatas machacadas y arroz.

Merienda: 2 cucharaditas (10 ml) de yogur natural con bastones de fruta o verdura.

Opción 3: Poco a poco y espaciado

Puedes ofrecer al bebé un alérgeno común a lo largo de 3 días. Veamos este ejemplo con huevo duro o huevos revueltos (se puede usar el mismo método para muchos otros alérgenos comunes):

Día 1: ¼ de cucharadita de huevo bien cocido y chafado con bastones de fruta o verdura.

Día 2: ½ cucharadita (2,5 ml) de huevo bien cocido y chafado con bastones de fruta o verdura.

Día 3: 1 cucharadita (5 ml) de huevo bien cocido y chafado con alubias.

Cómo preparar los alérgenos comunes para el bebé

Aquí van algunos consejos sobre cómo preparar y ofrecer estos alimentos tan importantes:

- **Cacahuete:** diluye una cucharadita de crema de cacahuete blanda o de cacahuete en polvo con agua, leche materna o de fórmula. La mezcla debe estar bien diluida para evitar el riesgo de atragantamiento por lo pegajoso de la crema de cacahuete u otro fruto seco.
- **Frutos secos:** ofrece los frutos secos en forma de una crema ligera o bien molidos y mezclados en la comida del bebé. La textura debe ser suave y fácil de tragar.
- **Leche:** empieza con yogur o agrega leche de vaca a los cereales del bebé.
- **Huevos:** ofrece huevos bien cocidos, ya sean revueltos o duros, y bien chafados. También puedes darle tiras finas de una tortilla de huevo para que las coja con la mano.
- **Trigo:** la introducción del trigo puede hacerse con cereales infantiles o pan rallado con la menor cantidad de ingredientes adicionales (que no contenga sésamo ni ningún otro alérgeno común). Cuando el bebé sea un poco mayor, ofrécele tostadas o fideos del tamaño de un bocado una vez que pueda agarrar esos trozos más pequeños con los dedos.
- **Soja:** ofrece tofu blando chafado en las comidas o edamame hervido y chafado.
- **Pescado:** empieza con variedades sin espinas, con bajo contenido de mercurio y bien cocidas y chafadas para que sean fáciles de tragar.
- **Mariscos:** ofrece mariscos (como camarones) bien cocidos y picados o en croquetas de un tamaño adecuado.
- **Sésamo:** para introducir el sésamo, mezcla *tahini* en comidas que el bebé ya coma.

Recuerda que la introducción temprana de los alérgenos puede tener beneficios para todos los bebés, tengan o no un mayor riesgo de desarrollar alergias. Sin embargo, si tu bebé es un poco mayor y todavía no le has ofrecido ningún alérgeno, no te preocupes. ¡Hay tiempo! Puedes usar igualmente los métodos que mencionamos arriba. Consulta la tabla de la página 234 para saber cómo se evalúa el riesgo de un bebé.

 ## La introducción temprana en bebés de alto riesgo

Para los bebés que tienen alto riesgo de desarrollar una alergia alimentaria, se puede recomendar la introducción de un alérgeno a partir de los 4 meses de edad. Aunque esto pueda parecer ilógico, porque el bebé quizá todavía no esté preparado para incorporar alimentos sólidos, existe nueva evidencia científica que indica que la exposición a alérgenos en esta etapa de la vida puede reducir el riesgo de desarrollar alergias alimentarias. Aunque, bastante antes de los 6 meses, la mayoría de los bebés aún no tiene las habilidades psicomotoras para empezar, hay formas de introducir los alérgenos que se adecúan a su desarrollo (¡sigue leyendo!). En el capítulo 7 hay más información sobre las pautas del desarrollo del bebé para iniciar la alimentación complementaria.

Para los bebés con eczema de distintos niveles de gravedad

Los datos que arrojan investigaciones con más de 2000 bebés revelan que esperar hasta los 6 meses de vida para introducir el cacahuete en la dieta de un bebé con eczema implica desaprovechar una ventana de oportunidad crítica para que la exposición a ese alimento se dé antes del desarrollo de la alergia.[33] Cuanto más tiempo haga que tiene eczema un bebé, más probable es que desarrolle una sensibilidad al cacahuete por contacto y, por tanto, una alergia. Introducir los alérgenos alimentarios antes de que eso pase puede marcar la diferencia.

Si la recomendación de tu pediatra o alergólogo es exponer al bebé a los alérgenos a los 4 meses de edad, estos son nuestros consejos para que la experiencia sea positiva y segura desde el punto de vista de la ingesta:

1. Siéntate al bebé en el regazo con su espalda firme contra tu abdomen. Esta posición le da sostén en todo el cuerpo, incluidos la cabeza y el cuello, para que pueda concentrarse en lo que tiene que hacer y no en sostener su cuerpo.

2. Deja que el bebé controle la experiencia. Acércale la cuchara o el dedo y deja que inspeccione primero con la mirada. Permite que se acerque, abra la boca y acepte el sabor. No le metas comida en la boca.

3. También puedes mojar ambos extremos de una cuchara en el alimento y dársela al bebé. El alimento quizá llegue a la boca o no, y no pasa nada.

4. Si te han indicado ofrecerle cremas de frutos secos al bebé, recuerda que no debes dárselas directamente del frasco, ya que por su textura espesa y pegajosa suponen un riesgo de atragantamiento. Diluye la crema con una pequeña cantidad de leche materna, de fórmula o de agua antes de ofrecérsela para reducir el riesgo de atragantamiento.

Lo más importante de todo: deja que el bebé te guíe. Si no participa de forma activa, vuelve continuamente la cabeza o te aleja la cuchara, piensa que te está comunicando que no tiene interés y conviene parar ahí. Observar las señales y respetar al bebé es una forma de fortalecer la confianza y la conexión entre cuidador y bebé.

¿Y si tu bebé desarrolla una alergia alimentaria?

Aunque lo hagamos lo mejor que podamos para gestionar el riesgo y prevenirlas, algunos bebés desarrollan igualmente alergias alimentarias. Si es tu caso, no es culpa tuya.

Cuando se confirme, es normal que al principio te decepciones y tengas miedo. Luego, hay que ponerse manos a la obra. Tu bebé depende de ti para que lo protejas y le demuestres resiliencia y una actitud positiva frente a un desafío o problema. No puedes cambiar lo que ya ha ocurrido, pero sí puedes decidir cómo manejar lo que la vida te ponga en el camino.

Lo más importante que puedes hacer para proteger a tu hijo o hija si tiene una alergia alimentaria es aprender a reconocer los signos tempranos de una reacción alérgica y a responder adecuadamente. Repasa los signos y síntomas de las reacciones alérgicas, pídele a tu médico un plan de acción por escrito en caso de alergia para saber cómo manejar los síntomas que puedan aparecer tras la exposición accidental a un alérgeno y procura la disponibilidad de la medicación de emergencia donde pueda necesitarse (en el botiquín de casa, en la bolsa de los pañales cuando estéis fuera de casa, en la guardería o al alcance de los cuidadores e incluso en la casa de los abuelos de tu bebé). Por último, practica cómo usar los dispositivos de adrenalina muchas veces al año para saber bien qué hacer si es necesario.

¿Quieres una buena noticia? Muchas alergias alimentarias incluidas la alergia al huevo, a la leche, a la soja y al trigo suelen resolverse solas durante la infancia. Además, un gran porcentaje de los bebés con alergias al huevo y a la leche pueden tolerar formas de estos alérgenos bien cocinadas en productos horneados, tortitas o fideos, por ejemplo. Habla con tu equipo médico sobre la mejor manera de vigilar la alergia de tu hijo o hija a lo largo del tiempo. Quizá sea necesario hacer varias pruebas cutáneas, análisis de sangre o pruebas de introducción de alimentos bajo supervisión médica. Incluso para aquellas alergias que tienden a durar de por vida (al cacahuete, a los frutos secos, al sésamo y al marisco), hay un pequeño subgrupo de pacientes en los que esas alergias también se resuelven solas con el crecimiento. Así que ¡nunca digas nunca!

Una esperanza a futuro

Como padres, cuidadores y aliados de personas con alergias alimentarias, nos da esperanza saber que el tratamiento de las alergias es un terreno en constante evolución. Aunque para la mayoría de las personas la estrategia fundamental es evitar los alérgenos conocidos, hoy tenemos tratamientos para mejorar tanto la seguridad como la calidad de vida de los pacientes con alergias alimentarias persistentes.

Desensibilización a alimentos

La desensibilización a ciertos alimentos, también llamada «inmunoterapia», es un tratamiento que consiste en inducir la exposición a alérgenos alimentarios en pequeñas cantidades que se van incrementando con el objetivo de reentrenar al sistema inmunitario para que reaccione cada vez menos a ese alérgeno. En la inmunoterapia sublingual (SLIT), se administran dosis bajas del alérgeno en gotas debajo de la lengua. En la inmunoterapia oral (OIT), se administran dosis más altas del alérgeno por boca para que se ingieran. Ambas terapias pueden hacer que los pacientes toleren la ingesta de alimentos cuya etiqueta indica riesgo de contaminación cruzada (trazas) o una ingesta accidental del alérgeno en cantidades pequeñas. La OIT, en algunos casos, permite que los pacientes empiecen a incorporar en su dieta diaria el alimento anteriormente alergénico. Hay nueva evidencia que indica que estas terapias aplicadas a bebés y niños en edad preescolar pueden generar una tolerancia al alérgeno a largo plazo. Dicho esto, ambos tratamientos implican que el paciente se exponga al alérgeno a diario, lo que se asocia a un riesgo pequeño (pero real) de que ocurra una reacción alérgica grave. Por eso, la desensibilización a alimentos solo debe hacerse bajo la supervisión de un alergólogo certificado con gran experiencia en el manejo de alergias alimentarias.

Bioterapias

Los biofármacos son un tipo de medicamento que se desarrolla a partir de un sistema vivo y que actúa sobre partes concretas del sistema inmunitario para tratar enfermedades. El omalizumab es un medicamento inyectable aprobado para el tratamiento de alergias alimentarias mediadas por IgE en personas a partir de los 12 meses de edad. Cuando se administra de forma regular, este medicamento puede aumentar significativamente la tolerancia del paciente al alérgeno alimentario y protegerlo contra reacciones desencadenadas por la exposición accidental. Tenemos la esperanza de que, con el tiempo, se desarrollen más biofármacos para el tratamiento de las alergias alimentarias que sean una opción más para los pacientes.

Nuevos tratamientos

Incluso para los pacientes que deciden evitar activamente los alérgenos alimentarios existen, o bien están en desarrollo, otras opciones para tratar las reacciones alérgicas. Un ejemplo son los aerosoles nasales y las películas sublinguales que pueden ser alternativas a las inyecciones de adrenalina intramuscular ante una reacción alérgica grave. Dado que el temor a la inyección de adrenalina es una de las principales inquietudes para las familias y los niños que padecen alergias alimentarias, estas nuevas opciones para tratar una reacción podrían mejorar los resultados y la calidad de vida de los niños alérgicos a algún alimento.

Resumen

✔ La introducción temprana de los alérgenos alimentarios puede prevenir las alergias a alimentos. Una vez que el bebé, tras exhibir el desarrollo psicomotor adecuado, ha iniciado la alimentación complementaria, se le pueden ofrecer alérgenos alimentarios comunes.

✔ Se puede ser alérgico a cualquier alimento, pero son unos pocos los que causan la mayoría de las alergias, entre ellos, el cacahuete, el huevo y la leche, que deben introducirse en la dieta de forma temprana y regular.

✔ Un bebé con eczema o una alergia alimentaria preexistente tiene un mayor riesgo de desarrollar una alergia alimentaria.

✔ Si el bebé NO tiene eczema grave ni una alergia alimentaria preexistente, los alérgenos comunes se pueden introducir en el hogar.

✔ Para los bebés con alto riesgo de desarrollar una alergia alimentaria, puede ser conveniente la introducción temprana de alérgenos, a los 4 meses de edad.

✔ Ofrece solo un alérgeno común cada vez. Empieza poco a poco. Aumenta la cantidad de alérgeno con el tiempo y sostenidamente.

✔ Cuando ya hayas introducido un alérgeno, inclúyelo en el menú al menos una vez a la semana, idealmente dos, durante la infancia de tu hijo o hija.

✔ Si el bebé desarrolla de todos modos una alergia alimentaria, ponte en contacto con especialistas médicos que puedan
formarte y ofrecerte apoyo.

CAPÍTULO 15

La nutrición de los nuevos comensales

Todos los días, a la madre de Maryam le preocupaba no estar ofreciéndole a su bebé alimentos lo bastante variados y que su pequeña no estuviera comiendo suficiente de lo que sí le ofrecían. A su madre le preocupaba que eso afectara a la nutrición, la salud y el desarrollo de su bebé y, aunque el médico decía que Maryam estaba creciendo bien, su madre nos contó que sentía la necesidad de que su pequeña comiera hasta el último bocado. No confiaba en sí misma ni en las señales que le daba su hija sobre su propia alimentación.

Los bebés nacen con un sistema interno que los ayuda a buscar comida cuando tienen hambre y a dejar de buscarla cuando están llenos. Su estómago comunica al cerebro que está vacío, lo que hace que el bebé sienta hambre y busque comida, o que está lleno, en cuyo caso el bebé, satisfecho, dejará de comer.[1] Este maravilloso sistema también recibe la influencia de diferentes factores externos e internos y, sin embargo, funciona de maravilla para casi todos los bebés.

En general, no hay ninguna necesidad de preocuparse por cuánto come un bebé cuando empieza a experimentar con los primeros alimentos sólidos. Si tenemos en cuenta lo visto en capítulos anteriores (ofrecer alimentos variados, dejar que el bebé experimente sin mucha presión por la ingesta y compartir las comidas para poder dar ejemplo), casi todos los bebés aprenden a comer cuando lo necesitan y dejan de comer cuando están llenos, lo que les permite crecer. Vamos a estudiarlo un poco más.

Las señales de hambre y saciedad empiezan con las tomas de pecho o biberón

Primero, el bebé aprende a escuchar por intuición sus sensaciones de hambre y saciedad para comunicar lo que siente con respecto a sus tomas de pecho o biberón. Con el tiempo, perfecciona la capacidad de reconocer esas señales y responder a ellas, y nosotros, como cuidadores, aprendemos a responder mejor. A pesar de los traspiés y los errores, todo se va acomodando, el bebé come lo que necesita para crecer sano y nosotros aprendemos a ayudarlo durante ese proceso. Si bien este sistema interno imperfecto puede quedar temporalmente relegado a causa de otros factores externos o internos (como la necesidad de evacuar o estar en una habitación con muchas distracciones, muy fría o ruidosa), la mayoría de los bebés aprenden a regularlo. Esto es algo sobre lo que profundizaremos más adelante.

Las señales de hambre y saciedad

Mientras el bebé depende de la lactancia materna exclusiva o la alimentación con fórmula para nutrirse, sus señales de hambre pueden ser algunas de estas:

- → Mueve la cabeza en dirección al pecho o el biberón.
- → Se chupa los puños.
- → Hace pucheros o se relame.
- → Cierra el puño o tensa el cuerpo.

Aunque muchas personas asocian el llanto de un bebé con el hambre, no todo llanto es una señal de hambre. Si el bebé llora por hambre, probablemente sea después de dar señales de que estaba preparado para comer y ahora está muy hambriento.[2,3]

Por otra parte, estas pueden ser algunas señales de saciedad:

- → Succiona más despacio.
- → Relaja el cuerpo o se duerme durante la toma.
- → Hace pausas largas entre periodos de succión intensa.
- → Aleja el pecho o el biberón.
- → Mira hacia los lados o niega con la cabeza.
- → Se distrae y se interesa más por lo que pasa alrededor.

Las investigaciones sugieren que las señales de hambre y de saciedad que da el bebé pueden ser mucho más sutiles de lo que pensamos, así que presta mucha atención a estas señales y deja que el bebé te guíe.[4,5]

El hambre y la saciedad con los alimentos sólidos

El bebé ha estado aprendiendo a regular sus sensaciones de hambre y saciedad durante los meses de lactancia materna y alimentación con biberón, y llegará el punto en el que aplique esas habilidades a la ingesta de alimentos sólidos. Pero le llevará un tiempo. Cuando empieza a comer alimentos sólidos, tiene mucho que aprender: hay habilidades nuevas que debe practicar y cometerá muchos errores que lo frustrarán y deberá corregir. Sentar a un bebé a la mesa cuando tiene demasiada hambre puede hacer que se frustre. Lo que sabe hacer todavía no se alinea con su hambre.

Así, seguirá dependiendo de la leche materna o de fórmula para saciarse mientras aprende a comer alimentos sólidos.

En el momento de comer, busca señales de que el bebé tiene interés y está preparado para experimentar, además de las que te indiquen que ya no quiere saber nada más del tema. Con el correr de las semanas, el bebé hará dos y luego tres comidas al día, y practicará la masticación hasta llegar a ingerir más comida. Empezará a entender que la comida además puede llenarle el estómago y saciarlo.

Este ciclo de retroalimentación positiva se va fortaleciendo poco a poco y refuerza la comprensión del bebé de que la comida proporciona placer, saciedad y satisfacción, lo que finalmente hará que coma más. Esto suele suceder alrededor de los 9 meses de edad, a veces antes y a veces después. No hay por qué apremiar al bebé para que alcance ninguna meta. Con algunos bebés que quizá necesiten una ayuda extra, se puede esperar un poco más después de la última toma de pecho o biberón para que lleguen a la mesa con algo más de hambre, mientras que con otros hará falta más práctica constante mientras no tengan hambre.

A partir del primer año del niño, los horarios de las comidas ya se alejan de la idea de «a demanda», porque el niño ha aprendido a comer más en una sola sentada y puede pasar periodos más largos sin comer.

Respetar la intuición del bebé

Los bebés nacen con todas las herramientas que su cuerpo necesita para aprender a escuchar las sensaciones de hambre y saciedad y responder a ellas. La hormona llamada «grelina» activa la sensación de hambre y las ganas de comer. Después de la ingesta, el cuerpo reconoce la variedad de los alimentos que se han comido, siente su presión en

el estómago y libera más señales hormonales al intestino y al cerebro que comunican satisfacción y saciedad. En ese momento, el bebé se sentirá lleno hasta que el cuerpo, poco a poco, empiece a sentir hambre de nuevo, y el ciclo vuelve a empezar una y otra vez.[6,7,8,9,10]

Dicho esto, las señales de hambre y saciedad pueden confundirse en el bebé cuando está enfermo o le está saliendo un diente, y en el niño pequeño cuando quiere seguir jugando. Como padres y cuidadores, nuestro trabajo es recordar, guiar y ayudar amorosamente al bebé para que escuche mejor a su cuerpo y sus señales internas y entienda mejor sus necesidades nutricionales. Muchos niños y adultos también necesitan estos recordatorios: es un camino de constante aprendizaje.

Las sensaciones de hambre y saciedad a veces también dependen de los alimentos que se hayan consumido. Hacer comidas equilibradas con proteínas, grasas y carbohidratos puede favorecer el buen estado de ánimo, porque activan al cerebro para que libere serotonina y dopamina en respuesta a los alimentos que comemos.[11] Dicho de otro modo, las comidas equilibradas hacen que nuestro cerebro y nuestro cuerpo estén felices. La leche de fórmula y la leche materna son equilibradas para los bebés, así que esto se aplica a los bebés, a los niños pequeños y a los más mayores.

A pesar de esto, la idea de dejar que el bebé «coma hasta llenarse» puede intimidar y dar un poco de miedo. Las investigaciones confirman que esta es una preocupación habitual.[12] Muchos padres creen que es mejor que sean ellos quienes decidan cuánto debe comer su bebé o niño y que, para corroborar que el bebé esté comiendo lo suficiente, hay que calcular nutrientes y contar bocados.

Pero esto no tiene por qué ser así.

Puedes confiar en la capacidad de tu bebé para identificar cuándo tiene hambre o está lleno. Si el bebé da señales de tener hambre, deja que coma, aunque te parezca que es «demasiado». Si el bebé está inquieto y mira para otro lado, es el momento de dar por terminada esa comida, aunque creas que ha comido muy poco. Puedes ofrecerle una toma de pecho o un biberón después de la comida si aún parece tener hambre, pero si no quiere, no pasa nada.

Qué es normal que coma un bebé o un niño pequeño es algo extremadamente amplio. Si te guías por porciones estrictas de cierto tamaño, probablemente lo sobrealimentes o lo subalimentes. Por eso conviene guiarse por las pautas de la alimentación perceptiva, en la que prestamos atención a lo que comunica el bebé (su interés, su curiosidad y sus señales de hambre y saciedad) y le ofrecemos oportunidades para que experimente con los alimentos.[13] Las investigaciones demuestran que abordar la alimentación de manera perceptiva o intuitiva contribuye a que toda la familia construya una buena relación con la comida y el cuerpo.[14,15,16,17]

La única persona que sabe cuándo tu bebé ha comido «suficiente» es tu bebé. Y siempre que su curva de crecimiento siga estable y que el bebé esté feliz y se desarrolle, probablemente se estén cubriendo sus necesidades nutricionales.

Algunos niños con ciertas dolencias, necesidades sensoriales u otros factores requieren más apoyo, y en ese caso conviene contar con la orientación de un nutricionista infantil. En ciertos casos, por ejemplo, si se trata de niños pequeños activos y muy inquietos, habrá que recordarles que se conecten con la incomodidad que generan el hambre o tener el estómago demasiado lleno. En sus diferentes etapas, la manera de ayudar a tu hijo o hija a regular su cuerpo será diferente.

Factores que no controlas y que influyen en el apetito

Existen muchos factores que influyen en el apetito de un bebé, así que es perfectamente normal que su interés por la comida y la cantidad que coma varíen. Las enfermedades, el mal sueño, las distracciones, la ansiedad, los cambios de ambiente, la fatiga y la presión con respecto a la comida son todos factores que pueden reducir el apetito de un bebé. Los saltos de crecimiento, una comida muy rica, estar saliendo de una enfermedad y una mayor actividad durante el día pueden aumentar el apetito. Otros factores que pueden interrumpir el proceso de comunicación del hambre y la saciedad son ciertas enfermedades, obligar al bebé a comer, la falta de seguridad alimentaria, el estrés y el trauma.[18,19,20,21]

Entender el porqué de un cambio en el apetito del bebé puede ayudarte a manejar preocupaciones que quizá tengas. Una enfermedad o la salida de un diente son procesos temporales y tenerlo presente puede ayudarte a reducir la ansiedad si el bebé no está comiendo mucho.

Casi todos los cambios repentinos en la alimentación del bebé se normalizan solos. Pero si la irregularidad persiste entre unos días y una semana, o si observas algunas de las siguientes pautas de atención o tienes alguna inquietud, habla con el pediatra para que te oriente y te dé seguridad.

Estas son pautas que puedes observar en el bebé:

→ rechazo de la leche materna o de fórmula durante varias tomas seguidas
→ rechazo permanente de los alimentos sólidos cuando antes los aceptaba
→ menos pañales mojados (menos de cuatro pañales completamente mojados en 24 horas, aunque esto es variable)
→ poca energía o letargo
→ irritabilidad inconsolable
→ descenso de peso o dificultad para subir de peso

Respetar las señales del bebé entre las preocupaciones por el peso y el crecimiento

El excesivo control de cuánto come un niño puede causar problemas en la alimentación y en su capacidad para guiarse por sus propias sensaciones de hambre y saciedad. Los estudios demuestran que, cuando los padres intentan presionar a sus hijos para que coman más o menos, la consecuencia puede ser que aparezcan más dificultades relacionadas con la comida y el apetito, más rechazos, aversión, «batallas» a la hora de comer, fijaciones con la comida e incluso consecuencias socioemocionales como la vergüenza o la culpa en torno a la comida.[22,23,24,25,26,27]

El deseo de controlar cuánto come un niño suele provenir de lo que nos han enseñado a muchos de nosotros sobre la imagen corporal, el peso y la salud. A veces, tu éxito como madre, padre o cuidador parece medirse en función del peso del bebé en la balanza.

Por ejemplo, la idea de que el cuerpo de un niño no es como «debería» puede generar más estrés y alterar las conductas relacionadas con la alimentación; por ejemplo, obligar a los bebés a comer más o limitarles la ingesta. Eso puede sentar un precedente complicado en términos de la imagen corporal a largo plazo. Este podría ser un ejemplo de ese diálogo interno negativo: «El bebé come poco, por eso no está subiendo bien de peso y por eso no es tan corpulento como otros bebés. Tengo que hacer que coma más». Esto puede dañar la dinámica de las comidas y reducir el interés por comer a largo plazo debido a que se invalida y se ignora lo que comunica el niño sobre las necesidades de su cuerpo.[28] Esto puede continuar durante años, y el niño ya más mayor puede estar menos motivado para sentarse a cenar y quizá sienta que es demasiado pequeño, demasiado grande o desagradable según los estándares de otras personas, o que no puede confiar en sus señales de hambre.[29]

Para ayudar al bebé, conviene reflexionar sobre nuestras propias ideas en torno a la comida y la imagen corporal. Si te preocupa el tamaño de tu bebé y por eso te atrae la idea de cambiar la forma de alimentarlo, haz una pausa y respira hondo. Recuerda que el bebé es más que capaz de comunicar lo que necesita y tú eres más que capaz de escuchar.

La nutrición según la edad

Cuando los bebés empiezan a mostrar señales de que están preparados para iniciar la alimentación complementaria, alrededor de los 6 meses de edad, se les puede empezar a ofrecer una comida al día. Trata de ofrecer a tu bebé alimentos de diferentes grupos y texturas, incluidos los alimentos ricos en hierro como las carnes rojas y blancas, los mariscos, las legumbres, los frutos secos y las semillas, todos preparados de manera adecuada a la edad y el desarrollo del bebé. En esta etapa, muchos bebés quizá no coman una cantidad significativa de alimentos sólidos. No pasa nada: la leche materna y la leche de fórmula cubren la mayor parte de sus necesidades nutricionales mientras experimenta con los alimentos sólidos.

Entre los 8 y los 9 meses aproximadamente, pueden pasar a dos comidas al día. Sigue ofreciéndole alimentos de diferentes grupos y texturas. Durante la transición de la lactancia materna o la alimentación con fórmula a la alimentación complementaria, no hay ninguna necesidad de reducir las tomas de pecho o biberón, que seguirán casi sin cambios mientras el bebé decida cuántos alimentos sólidos quiere incorporar.

Entre los 10 y los 11 meses aproximadamente, cuando el bebé ya tiene más habilidades para comer, se le pueden ofrecer dos o tres comidas al día.[30] En esta etapa, la cantidad de leche materna y de fórmula puede reducirse un poco, o quizá el bebé siga consumiendo la misma cantidad que antes. Ambas situaciones son perfectamente normales. De una manera u otra, la leche materna y la de fórmula seguirán siendo la mayor red de contención nutricional del bebé.

A los 12 meses, el bebé ya es un niño pequeño que sabe comer mejor de forma autónoma, y se espera que su ingesta de leche materna y de fórmula se reduzca entre los 12 y los 15 meses, a medida que incorpora cada vez más alimentos sólidos. Esto no es igual en todos los niños, y los tiempos concretos varían. Recuerda que no se supone que la leche de vaca vaya a reemplazar a la leche materna ni a la de fórmula. A esta edad, los niños pequeños probablemente participen en la comida familiar y sigan experimentando con diferentes alimentos nutritivos.

Entre los 12 y los 15 meses de edad, la mayoría de los niños cubren la mayor parte de sus necesidades nutricionales con alimentos sólidos. No hace falta acelerar para llegar a la meta. Confía en el proceso, sigue creando un ambiente positivo a la hora de comer, ofrece alimentos variados y no esperes que el camino sea lineal. Algunos bebés y niños pequeños necesitan más tiempo para aprender ciertas cosas; otros quizá menos. Con el tiempo, estarás frente a un niño pequeño que se alimenta de forma autónoma.

Un bebé de entre 12 y 15 meses que sigue alimentándose principalmente con leche de fórmula pero que ha aprendido a comer variado ya puede dejar la leche de fórmula. Puede empezar a incorporar leche de vaca u otro tipo de leche fortificada con calcio como bebida si es necesario o puede no beber leche en absoluto. Siempre que tenga una dieta variada con abundantes fuentes de proteínas, grasas y calcio, como el yogur, el queso y el tofu, la leche de vaca no es un requisito en muchos casos.

Muchos niños continúan la lactancia materna varios meses e incluso años después de cumplir su primer año. Recuerda que los alimentos sólidos son la principal fuente de nutrición de los niños pequeños, así que intenta espaciar las tomas de leche o biberón para que tu hijo o hija tenga hambre a la hora de comer. Cuando estéis listos para el destete, también puedes pasar a ofrecer leche de vaca u otra leche alternativa fortificada con calcio, o puedes no utilizar leche de vaca.

Preparar un plato equilibrado para el bebé

Un plato de comida nutritiva para un bebé es parecido al de un adulto, solo que de menor tamaño y con los alimentos cocinados adecuadamente según la edad y al desarrollo del bebé. Al igual que los adultos, los bebés necesitan comidas de diferentes grupos alimentarios que les aporten carbohidratos, proteínas, grasas y otros nutrientes importantes. Como los bebés crecen y se desarrollan muy rápido a esta edad, necesitan más grasa que los adultos.[31]

Ofrécele diferentes comidas variadas a lo largo de una semana, incluidas legumbres, proteínas, grasas y frutas y verduras, todo presentado de manera simple. Practica el arte de hacerlo «suficientemente bien» a la hora de preparar las comidas para el bebé.

Qué implica la nutrición

Todos hemos oído hablar de diferentes nutrientes, vitaminas y minerales, pero ¿qué es todo eso y qué efecto tiene en el cuerpo? A continuación te contamos cuáles son los nutrientes importantes para tu bebé y para ti.

Carbohidratos: los carbohidratos, como las legumbres, las patatas y la fruta, son una fuente de energía que alimenta el cerebro de tu bebé, contribuye a su desarrollo, al gateo y a su inagotable curiosidad. La fibra también es un tipo de carbohidrato que favorece la digestión, el crecimiento de bacterias intestinales buenas y los movimientos regulares del intestino.

Grasa: las grasas suponen más del 50 por ciento de las necesidades nutricionales de un bebé, que se cubren con la leche materna, la leche de fórmula, los alimentos sólidos o una combinación de todo esto.[32] Las grasas proporcionan una forma densa de energía y una sensación de saciedad y satisfacción duraderas entre las tomas de leche y las comidas. Están presentes en los aceites, la mantequilla, el queso, los frutos secos, las semillas, los mariscos y las carnes rojas y blancas (y también la leche materna y la de fórmula). Los ácidos grasos omega 3 (que suelen encontrarse en los mariscos, los frutos secos y las semillas) son una forma de grasa que favorece el desarrollo del cerebro, la visión y el funcionamiento del sistema inmunitario y otros sistemas corporales.

Proteínas: las proteínas también son importantes para dar saciedad y aportar energía duradera. Alimentan el desarrollo muscular y refuerzan el sistema inmunitario, entre otras funciones. Aunque a muchos padres les preocupa que su bebé no esté incorporando «suficientes» proteínas, estas sustancias están presentes en una gran variedad de alimentos, como la leche de fórmula, la leche materna, los lácteos, las carnes rojas, las carnes blancas, los huevos, los mariscos, las legumbres, los frutos secos, las semillas y ciertos cereales y verduras.

Hierro: alrededor de los 6 meses de edad, las reservas de hierro empiezan a decaer naturalmente y el bebé necesita incorporar hierro a través de los alimentos sólidos. Procura ofrecerle regularmente alimentos ricos en hierro y confía en que, con tiempo y práctica, el bebé obtendrá el hierro que necesita de los alimentos que coma. El hierro tiene una forma hemo, de origen animal, y una forma no hemo, de origen vegetal. El hierro hemo se absorbe mejor que el no hemo. Sin embargo, combinar alimentos ricos en hierro no hemo con alimentos ricos en vitamina C, como frutas y verduras, puede mejorar la absorción del hierro.

El hierro favorece la salud de los glóbulos rojos, el desarrollo neuronal, la concentración, el estado de ánimo y la calidad del sueño, entre otras cosas. La deficiencia de hierro es la carencia nutricional más común en todo el mundo e impacta significativamente a los niños menores de 5 años.[33] Hay muchos factores que influyen en los niveles de hierro de un niño, como el haber nacido prematuro o a término, el uso de medicamentos y ciertas enfermedades. Aunque consuman alimentos ricos en hierro, algunos bebés necesitan suplementos de hierro, y esa es precisamente su función. Una preocupación habitual sobre la alimentación autónoma es que el bebé quizá no obtenga el hierro suficiente; sin embargo, en un estudio del año 2017 se observó que, siempre que se les ofrecieran alimentos ricos en hierro en casi todas las comidas, la diferencia en las cantidades de hierro obtenidas por bebés que se alimentaban de forma autónoma respecto de los bebés alimentados con cuchara de forma tradicional era mínima.[34] En el capítulo 9 se da una lista de alimentos ricos en hierro.

Zinc: como pasa con el hierro, las reservas del zinc también se reducen alrededor de los 6 meses de edad, lo que significa que el bebé necesita incorporar zinc con los alimentos sólidos. El zinc favorece el funcionamiento del sistema inmunitario, la percepción del olor y el gusto, la cicatrización, el crecimiento y el desarrollo, entre otras cosas. La mayoría de los alimentos que son ricos en hierro también lo son en zinc, como las carnes rojas y las carnes blancas, los mariscos, los huevos, las legumbres, los frutos secos y las semillas.

Vitaminas A, B, C y D: La vitamina A en sus diferentes formas favorece la visión, la salud de la piel y la inmunidad. Se encuentra en la mayoría de las frutas, las verduras, los pescados grasos y los lácteos. Las 8 vitaminas B tienen importantes funciones en los procesos metabólicos, la energía y la salud de los glóbulos rojos, entre otros aspectos. Las vitaminas B se encuentran en una gran variedad de alimentos que incluyen las legumbres, los cereales, las proteínas, las frutas y las verduras. La vitamina C se encuentra en la mayoría de las frutas y las verduras. Además de favorecer la inmunidad y la salud de la piel, mejora la absorción del hierro no hemo de origen vegetal. Por último, la vitamina D favorece, por ejemplo, la salud ósea y la hormonal. Pero no muchos alimentos la contienen, por eso suele suplementarse en los bebés para que obtengan los niveles adecuados. Los alimentos que sí suelen contener vitamina D son los pescados grasos, las setas expuestas a la luz ultravioleta, los huevos y ciertos lácteos.

Esta es solo una descripción amplia de algunos de los nutrientes vitales que un bebé necesita para crecer y desarrollarse. A menos que deban seguir una dieta restrictiva, la mayoría de los bebés pueden obtener estos nutrientes y otros si se les ofrecen alimentos variados y se los acompaña de la mejor manera posible.

La leche de vaca, los lácteos y algunas consideraciones sobre el calcio

Alrededor de los 12 meses, la mayoría de los niños pequeños pueden incorporar la leche de vaca. Pero eso no implica sustituir la cantidad de leche materna o de fórmula que esté tomando el bebé por la misma cantidad de leche de vaca. La mayor fuente de nutrición de un niño pequeño deben ser los alimentos sólidos, y la leche es una bebida que puede acompañar una comida. Apunta a unos 480 ml o menos al día. No es necesario ofrecer leche de vaca; los nutrientes de la leche de vaca se encuentran en muchos alimentos como el queso, el yogur, el pescado y las leches alternativas fortificadas con calcio, además de en fuentes vegetales (como el sésamo, las almendras y ciertas verduras de hoja). Algunos niños pueden llenarse demasiado con la leche, lo que les quita el interés por los alimentos sólidos y aumenta el riesgo de que desarrollen una deficiencia de hierro, falta de apetito, estreñimiento y problemas de crecimiento.[35,36] Poner límites de forma amorosa es una forma de guiar a los niños para evitar que se llenen con demasiada cantidad de un solo tipo de alimento y ayudarlos a encontrar el equilibrio necesario para crecer bien.

 ## Señales de nutrición

La cantidad de comida que ingiere un bebé puede variar de un día a otro. Nuestra recomendación es prestar más atención a lo que el bebé come a lo largo de una semana en lugar de en un solo día. Suele suceder que, si un bebé se niega a comer durante una cena, tiene más interés en comer el desayuno a la mañana siguiente. La mayoría de los bebés cuentan con una fabulosa capacidad para decidir cuánta leche o alimentos sólidos necesitan, no solo para crecer bien, sino para alcanzar el tamaño esperable según su potencial genético y el que le sienta mejor a su cuerpo.

A muchos adultos les preocupa saber si el bebé estará comiendo «lo suficiente». Afortunadamente, hay algunas pautas sencillas para saber si el bebé está obteniendo los nutrientes que necesita para desarrollarse y crecer bien. Muchas de esas pautas se pueden observar fácilmente en casa; no hace falta ningún estudio ni equipo médico.

✔ El bebé toma cantidades relativamente estables de leche materna o de fórmula (con variaciones razonables por factores como que se haya resfriado o que le esté saliendo un diente, entre otros). Si el bebé come lo suficiente, lo esperable es que moje muchos pañales por día y evacúe sin dificultad.

✔ El bebé explora el mundo y sus ambientes con mucha energía, felicidad y curiosidad.

✔ El bebé aprende nuevas habilidades y se desarrolla según lo esperado.

✔ El bebé crece y aumenta de peso adecuadamente.

✔ El bebé duerme bien (dentro de lo razonable para su edad y su desarrollo).

¿Cuánta comida es suficiente? ¿Cuánta es demasiado?

Una de las preguntas más comunes que nos hacen los padres y cuidadores es «¿Cuánta comida debo ofrecer al bebé?» y «¿Y cómo sé si ha comido lo suficiente?». Por sorprendente que parezca, la mayoría de los bebés buscarán la respuesta en su propio cuerpo, así que podemos observarlos, confiar en ellos y aprender cuáles son sus señales de hambre y saciedad para saber cuánto es «suficiente». Aprender a responder a las señales de hambre y saciedad requiere tiempo y práctica, y los errores son parte del proceso.

Como hemos estado hablando, el bebé necesita tiempo para aprender la compleja e importante habilidad que implica comer de forma autónoma y responder adecuadamente a sus señales de hambre y saciedad. Y por encima de todo: cada bebé es único y el camino que siga puede ser distinto del de otros. Algunos bebés disfrutan mucho de comer desde el comienzo y a otros les lleva más tiempo habituarse a los alimentos sólidos. Ambos comportamientos son completamente normales.

Algo que puede ser útil para muchos padres y cuidadores es visualizar qué cantidad le servirán al bebé al comenzar la comida; algo razonable es ofrecerle aproximadamente un cuarto de la porción habitual de un adulto. Deja un poco más a su alcance para que pueda alcanzarla o quizá refunfuñar un poco como para mostrar que la desea. Si pide más, ofrécele más. Si ya no muestra interés, está bien que des por terminada la comida en ese momento y vuelvas a intentarlo en la siguiente.

Si el bebé está cansado, enfermo o le está saliendo un diente, tal vez no quiera nada sólido, y no pasa nada. Si no quiere continuar, que no lo haga.

Si el bebé está atravesando un salto de crecimiento o ha hecho mucha actividad física ese día, tal vez quiera comer mucho. Si pide más, ofrécele más. Así de sencillo. Muchos padres temen que darle «demasiada» comida pueda causarle problemas digestivos o de crecimiento, pero la mayoría de los bebés saben exactamente cuánto necesitan para cubrir sus necesidades.

De hecho, es raro que coman «de más». Y aunque así fuera, cada vez que comieran «de más» sería para ellos una oportunidad de aprendizaje y experimentación para entender los límites cambiantes del cuerpo. Aunque ese comer «de más» pueda causar un poco de malestar en el momento, es, no solo temporal, sino también una forma de adquirir un conocimiento. Deja que el bebé experimente y descubra el concepto de causa y efecto cuando entienda qué sensaciones puede causarle la comida en el cuerpo.

Los bebés con alguna enfermedad de base, dificultades para alimentarse u otras particularidades a veces necesitan un poco más de ayuda y orientación para nutrirse y crecer bien. Mediante el trabajo con especialistas en nutrición y alimentación infantiles, se puede lograr que estos niños se nutran bien siguiendo un plan que les resulte óptimo.

La madre de Maryam estaba haciendo un trabajo fantástico, solo que no lo sabía, y por eso se sorprendió al oírlo. No sabía que podía bajar las expectativas sobre sí misma y sobre su hija respecto de su alimentación complementaria, que no tenía por qué ser un proceso rígido. Desde entonces, se relajó mucho más en las comidas, porque entendió que lo mejor que podía hacer era tan sencillo como ofrecerle variedad a su pequeña, con la flexibilidad necesaria para moverse entre las obligaciones de la vida, y respetar el desarrollo de su bebé y su interés por la comida, lo que era más que suficiente.

La alegría nutre

Nuestros sentimientos con respecto a la comida, la conexión con nuestras tradiciones culturales y familiares, y el placer de estar en compañía son tan importantes como lo que comemos y la nutrición del cuerpo. Recuerda que la alegría también es parte de una dieta nutritiva.

Metales pesados en los alimentos

Parece que día sí y día no sale una noticia sobre la presencia de metales pesados en lo que comemos. A las familias inevitablemente les preocupa que la comida que les están dando a sus bebés sea segura… y de dónde vienen esos metales pesados.

Los metales pesados como el arsénico, el cadmio, el plomo y el mercurio pasan a la tierra y al agua por el uso de ciertos plaguicidas, la actividad minera, la contaminación y otras actividades humanas. Así, los alimentos que se cultivan en la tierra y los mariscos y las plantas acuáticas absorben estos metales pesados. La cantidad que absorben está condicionada por la ubicación geográfica, la disponibilidad de alimentos y el grado de contaminación por metales pesados en esa área. Esto se aplica a los alimentos producidos tanto de forma orgánica como convencional.

La realidad (y sabemos que es inquietante) es que la mayoría de los alimentos que comemos tienen cierto grado de contaminación por metales pesados. Y si bien un consumo regular excesivo de alimentos con alto contenido de metales pesados puede afectar a la salud, el crecimiento y el desarrollo de un niño, es importante adoptar un abordaje equilibrado. A la mayoría de las familias las tranquiliza saber que la exposición a metales pesados queda limitada cuando permitimos al bebé comer alimentos variados de forma autónoma en las diferentes comidas. Para reducir aún más la exposición a estos metales, procura disminuir o evitar la ingesta de pescado con alto contenido en mercurio, servir fruta en trozos en lugar de como zumo, ofrecer una variedad de cereales además o en sustitución del cereal de arroz infantil, y asegúrate de que el agua que se use para cocinar y beber se analice regularmente para confirmar su seguridad. También conviene servir al bebé una variedad de alimentos ricos en diferentes nutrientes, en especial calcio, hierro, proteínas, vitamina C y zinc, que ayudan a reducir la absorción de metales pesados y, por tanto, morigerar su impacto negativo.[37,38,39,40,41]

¿Puede un bebé comer sal y azúcar?

Uno de los temas más confusos y dicotómicos de la alimentación del bebé es la presencia de sal y azúcar añadidos en la comida.

Para resumir de manera sencilla lo que dicen las investigaciones: el bebé puede incorporar alimentos con sal y azúcar en la totalidad de los alimentos de una dieta variada. No hay ninguna evidencia sólida que respalde la idea de que darle ocasionalmente una pequeña cantidad de comida con sal o azúcar a un bebé sea peligroso.[42,43] El objetivo es lograr un equilibrio realista: reduce la sal y el azúcar añadidos cuando sea razonable y, en las instancias en que no sea posible, disfrutad de la comida y seguid con vuestro día sin perder de vista la estrategia a largo plazo. Si esto te preocupa, recuerda que la mayoría de los bebés de por sí limitan cuánto ingieren en cada comida, porque todavía están aprendiendo, lo que restringe naturalmente la cantidad de sal o azúcar que incorporan al principio.

Si te interesa saber qué dice la evidencia:

- Una revisión reciente de la literatura médica sugiere que no hay suficiente evidencia para asociar la ingesta de sodio por parte de un bebé con problemas de presión arterial, coronarios o renales más adelante en la vida.[44,45,46]
- De hecho, se halló que el deseo de ingerir alimentos salados y azucarados en la niñez aumentaba en niños a quienes se les había restringido la ingesta de esos alimentos en comparación con aquellos que ya los incorporaban como parte de su dieta.[47,48,49,50,51]
- Si existe un riesgo, puede relacionarse con la salud a largo plazo: algunos estudios sugieren que la ingesta regular y excesiva de alimentos altos en sodio y azúcar (como zumos, refrescos, aperitivos o tentempiés salados y azucarados) en los primeros años de vida puede afectar a la salud futura, por ejemplo, aumentar el riesgo de tener caries o reducir el consumo de alimentos variados a lo largo del tiempo.[52,53]

Si quieres servir al bebé una comida sin sal o azúcar o con menos cantidad, no es necesario que la prepares aparte. Puedes hacer esto: prepara la comida como lo harías normalmente para los adultos y no le añadas sal ni azúcar (o pon menos cantidad), separa una porción para el bebé y luego condimenta el resto de la comida a tu gusto. Afortunadamente, una pizca ocasional de sal o azúcar no va a implicar un daño en la salud del bebé. A muchas familias, actuar con flexibilidad les da la oportunidad de compartir comidas más variadas con su bebé, además de la tranquilidad y la confianza de hacerlo. Recuerda que el perfeccionismo en torno a la alimentación no es nuestra meta. No hay ninguna comida ni ningún alimento que sean «perfectos».[54]

Vitaminas y suplementos

Aunque es una creencia extendida, no todos los bebés necesitan suplementos nutricionales; por eso es fundamental adecuar cualquier abordaje a las necesidades individuales. En Estados Unidos, se suele indicar la administración de vitamina D a los bebés alimentados con lactancia materna exclusiva, se recomienda la aplicación de una inyección de vitamina K a los recién nacidos y a veces se indica una suplementación con hierro. Por lo general, los niños que siguen un desarrollo típico y tienen una dieta variada no necesitan suplementos, pero los que tienen dietas restrictivas, alergias u otras afecciones quizá sí los requieran. En definitiva, cualquier recomendación individualizada sobre los suplementos puede surgir de la consulta con un pediatra o un dietista pediátrico.

¿Cuánto debe pesar un bebé?

Esta es una de las preguntas más comunes de los padres, y, para sorpresa de muchos, no tiene una respuesta correcta. Comparar a nuestro bebé con otros resulta casi inevitable. ¿Está creciendo demasiado? ¿Está creciendo poco? ¿Es normal que mi bebé de 4 meses use ropa para bebés de 9 meses? ¿Es normal que a mi bebé de 6 meses todavía le entre la ropa de los 3 meses?

Cuando estudiamos la evolución diaria del peso, lo que observamos es que, durante los primeros 3 o 4 meses de vida, la mayoría de los bebés aumentan, de media, entre 20 y 30 gramos al día. Ese aumento se reduce a unos 15 a 20 gramos al día de media durante el resto del primer año de vida. Algunos bebés aumentan más, otros menos, y ambas cosas son normales. El aumento de peso está lejos de ser lineal y, tal como sucede con el crecimiento del bebé, se da a lo largo de un periodo. Las fluctuaciones diarias son esperables y normales.

Quizá te preguntes: «¿Cómo nos damos cuenta de que el bebé está subiendo bien de peso si se supone que no tenemos que pesarlo todos los días?». Para eso son útiles las curvas o gráficas de crecimiento.

¿Qué son las curvas de crecimiento?

Una curva de crecimiento es un instrumento que permite llevar un registro de las medidas de la circunferencia de la cabeza, la talla (longitud) y el peso de un niño a lo largo de un periodo para controlar los patrones de crecimiento en un sentido más amplio. Las curvas de crecimiento se dividen según el sexo biológico, debido a que ya desde los primeros meses de vida existen diferencias en el crecimiento lineal. También hay curvas de crecimiento para bebés con necesidades médicas especiales, como los niños nacidos prematuros o con síndrome de Down.

La palabra clave en este caso es «patrón». Una curva de crecimiento no está hecha para analizar las fluctuaciones normales que se dan de un día para otro; lo que interesa es el patrón de crecimiento de cada niño a lo largo del tiempo. Los pequeños cambios que pueda haber de un día, una semana o incluso de un mes a otro no suelen ser motivo de preocupación. El percentil no es una calificación: tu hijo o hija no necesita subir de percentil ni tampoco hay un percentil perfecto. Si el niño está en el percentil 1 y crece en relación con esa curva, está bien. Si está en el percentil 99 y crece en relación con esa curva, también está bien. Existe la idea errónea de que lo ideal es que esté en un percentil alto o mediano. Los niños tienen diferentes formas y tamaños, todos saludables, felices y hermosos.

Las curvas de crecimiento ayudan a visualizar el patrón de crecimiento de un niño a lo largo de un tiempo y nos dan una idea de lo que es normal para ese niño. Pero sacar conclusiones sobre la salud general de un niño nunca debe hacerse de forma aislada por lo que arroje una curva de crecimiento.

¿Son precisas las curvas de crecimiento?

Tomar medidas precisas durante la consulta con niños pequeños es difícil y a menudo se hace de manera incorrecta. En el caso de los bebés, hay ciertas variables (como si el pañal está mojado o seco, si se usan diferentes básculas, si el bebé está con ropa o sin ropa, si se mueve en la báscula o si acaba de hacer una toma de leche o está con el estómago vacío) que pueden hacer que el peso sea mayor o menor según el momento y la situación. Lo mismo se aplica a la talla, ya que si el bebé se mueve es posible que las medidas sean imprecisas, lo que a su vez puede afectar notablemente el registro del peso para la talla. Es importante comprender los factores que intervienen en la medición del peso y la talla para saber qué es una medida precisa (y evites un estrés innecesario cuando las cifras parezcan dar mal).

Dicho esto, las fluctuaciones de la talla y el peso, sea por un salto de crecimiento, una enfermedad o la dentición, entre otras causas, también son normales y esperables. Por eso es importante interpretar las curvas de crecimiento en contexto.

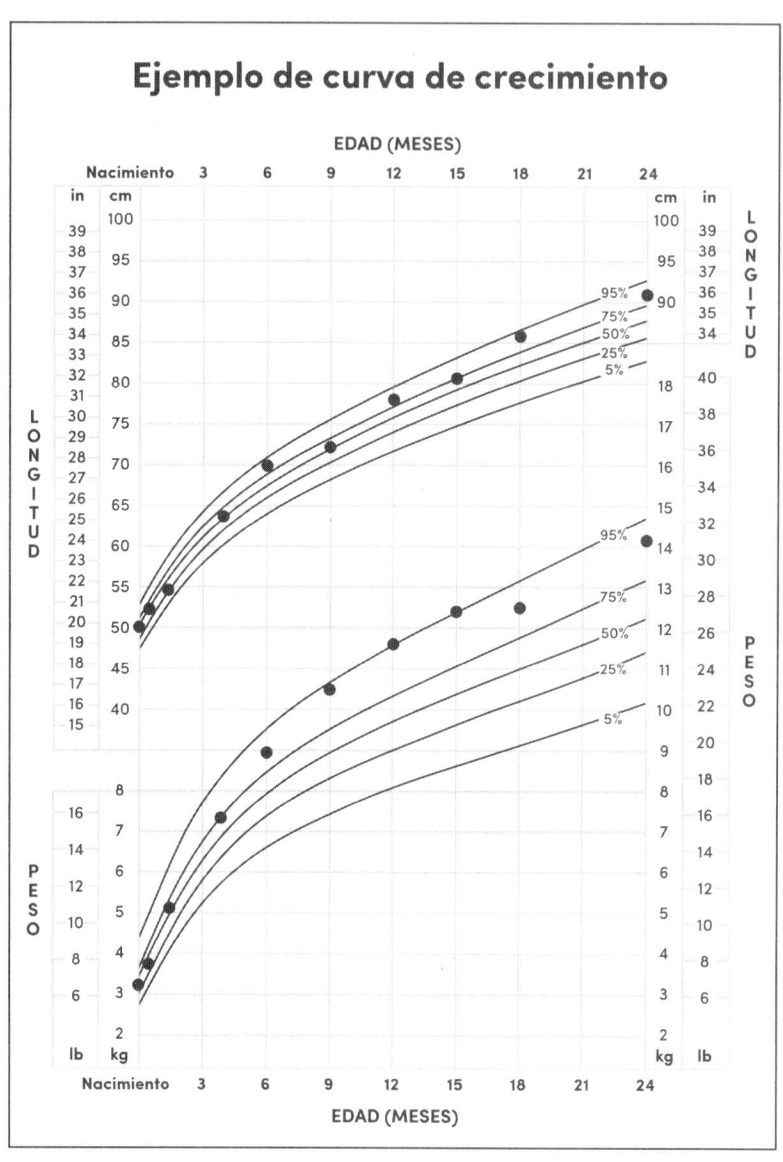

Ejemplo de curva de crecimiento

Curva de crecimiento de un paciente adaptada de la curva «Birth to 24 months: Boys length-for-age percentiles and weight-for-age percentiles» (Del nacimiento a los 24 meses: percentiles de talla para la edad y peso para la edad) de la Organización Mundial de la Salud. Se observa que el niño cruza diferentes percentiles durante sus primeros 24 meses de vida.

Interpretar una curva de crecimiento

Veamos la curva de crecimiento de la página 278 para un niño de entre 0 y 24 meses. El paciente es un varón nacido a término sin enfermedades conocidas. Los puntos marcados pueden resultar confusos al principio, así que vamos a orientarnos. A lo largo del eje horizontal, está la progresión de la edad del bebé en intervalos de 3 meses. A lo largo del eje vertical, vemos el peso (en libras y en kilogramos) en la mitad inferior y la talla (en pulgadas y en centímetros) en la mitad superior. Las curvas que atraviesan la gráfica representan los percentiles entre el 5 y el 95.

Hagamos una comprobación: ¿cuáles fueron los percentiles de talla y peso de este niño a los 15 meses?

percentil 95 para el peso (alrededor de 12,5 kg)
percentil 75 para la talla (alrededor de 81 cm)

Si observas el peso de este niño a lo largo del tiempo, quizá notes que ha estado en diferentes percentiles entre el 40 y el 95. También está en el percentil 90 (o por encima) con respecto a la talla. ¿Es eso bueno? ¿Es malo?

No es ninguna de las dos cosas: es lo que es. El bebé está siguiendo fabulosamente su propia curva de crecimiento desde la perspectiva del peso y la talla. Duplicó su peso de nacimiento antes de los 4 meses de edad y lo triplicó antes de los 9 meses. ¿Es una señal de alarma? Si se le pregunta a la madre, dirá que empezó a comer de forma autónoma alrededor de los 6 meses y lo ha estado llevando con mucho entusiasmo. Entre los 15 y los 18 meses de edad, el bebé parece no subir nada de peso. ¿Es normal? Puede ser, pero necesitamos más información. Su madre dirá que empezó a caminar alrededor de los 13 meses, pero que en realidad no empezó a deambular hasta los 15 meses y desde entonces no ha parado. Entonces, que haya aumentado poco (o nada) de peso es completamente normal dada la mayor cantidad de actividad física. Si la madre dijera que las deposiciones del bebé en las últimas dos semanas han sido muy líquidas y que el pequeño se ha sentido mal, con poca energía o «raro» con respecto a su estado de salud habitual, eso sería motivo para indagar más. No hay percentil ni cifra concreta que el bebé deba alcanzar. Un niño puede tener casi cualquier tamaño y estar sano. El objetivo principal de una curva de crecimiento es observar que las medidas del peso y la talla siguen un patrón relativamente estable a lo largo del tiempo. Y recuerda que para interpretar las curvas es importante siempre considerar la salud general del niño.

Señales de alarma

Si tu hijo o hija tiene alguno de los siguientes síntomas, o si hay algo que te preocupa, comunícate con tu pediatra de inmediato. También puede ser necesaria la consulta con otros especialistas, como dietistas pediátricos, terapeutas especializados en alimentación, endocrinólogos y gastroenterólogos.

- Descenso de los percentiles de talla y peso sostenido en el tiempo. En una curva de crecimiento, esto puede verse como una línea plana o con tendencia a la baja, lo que indica un aumento mínimo o nulo del peso o la talla.

- La ropa le queda grande.

- Disminución crónica e inexplicable del apetito.

- Disminución crónica e inexplicable de la energía.

- Menor interés y participación en el juego.

- Rechazo de la comida o las bebidas durante varias comidas seguidas.

- Muchas más horas de sueño que las habituales.

- Menor cantidad de pañales mojados (en especial si son menos de 4 pañales llenos en 24 horas).

Los patrones importan más que los percentiles

Las curvas de crecimiento, aunque son útiles a largo plazo, pueden ser imprecisas y malinterpretadas por médicos y familias por igual. Son simplemente un instrumento pensado para reunir datos, no para ser interpretadas de manera aislada y sin tener en cuenta el contexto.[55,56,57,58] No tienes que obsesionarte con los percentiles del peso o la talla de tu pequeño. En cambio, con amor y atención, puedes interpretar lo que te comunique sobre su hambre, respetar las señales de que ya no quiere comer más y procurarle un ambiente propicio en general.

Resumen

✔ La mayoría de los bebés nacen con las herramientas que, intuitivamente, les permiten comer lo suficiente para crecer bien; no hay necesidad de presionar al bebé para que tome «un poco más» ni restringirle la comida.

✔ En el momento de organizar la comida del bebé, ofrécele alimentos variados y mantén expectativas realistas; no habrá comidas perfectas, así que prioriza que sean experiencias positivas.

✔ Procura ofrecer alimentos ricos en hierro en la mayoría de las comidas para favorecer la energía, el desarrollo y las reservas de hierro del bebé.

✔ En cuanto a la sal y el azúcar, reduce las cantidades cuando puedas, no te estreses cuando no puedas y ten en cuenta que, si ofreces alimentos variados y promueves la alegría a la hora de comer, estará bien.

✔ Los bebés y los niños tienen diferentes formas y tamaños, todos saludables.

✔ Es importante tener en cuenta el contexto al interpretar las curvas de crecimiento. Una enfermedad reciente, un salto de crecimiento o la transición del bebé antes de dar sus primeros pasos son factores que pueden influir en las medidas del crecimiento.

✔ Si los patrones de crecimiento sugieren que el bebé necesita otro tipo de apoyo, confía en que tu equipo médico te lo dirá. Si te preocupa, expresa esas inquietudes.

✔ Las fluctuaciones del peso son normales. Pueden suceder por varias razones, como una enfermedad o la dentición. La mayoría de los bebés retoma su ritmo cuando se siente mejor.

PARTE 5
El alimento y el crecimiento

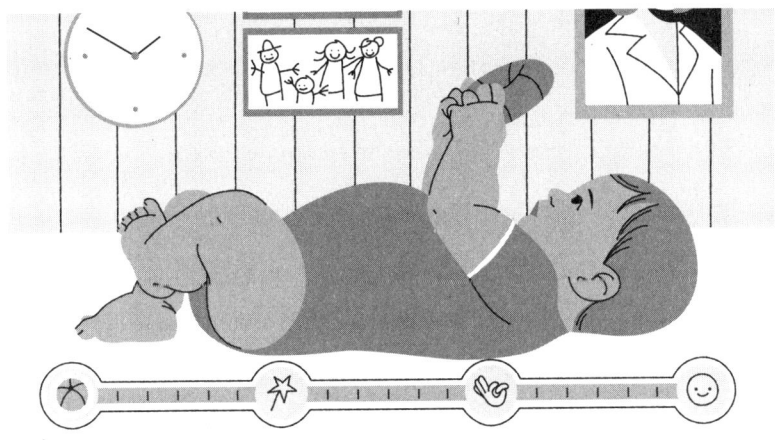

CAPÍTULO 16

El periodo de preparación
(de los 4 a los 5 meses)

Vamos a hablar de lo que puedes hacer para apoyar el desarrollo de tu bebé (¡y, de paso, ayudarlo a aprender a comer!). Si en algún momento te preocupa el desarrollo de tu bebé, habla con su médico. La mayoría de las familias puede acceder a programas de intervención temprana orientados a acompañar el desarrollo de bebés y niños.

Usa la siguiente lista de control para llevar un registro de lo que puedes hacer con tu bebé para promover su desarrollo durante este valioso periodo de preparación.

Lista de control

☐ Haz que el bebé esté mucho tiempo en el suelo para que fortalezca el cuello y la zona media del cuerpo.

☐ Haz que participe en las comidas todo lo posible.

☐ Prepara tu casa y consigue los elementos que vas a necesitar (trona, etcétera).

☐ Identifica si el bebé tiene un alto riesgo de desarrollar una alergia alimentaria.

☐ Haz una clase de RCP y primeros auxilios por atragantamiento en niños.

☐ Repasa las señales de que tu bebé está preparado para iniciar la alimentación complementaria.

☐ Acuerda pautas con los cuidadores. Habla con ellos sobre los objetivos y el ritmo al que quieres que el bebé incorpore sus primeros alimentos sólidos.

El tiempo entre los 4 y los 5 meses es el que llamamos «periodo de preparación», porque se trata exactamente de eso. Es el momento en que el bebé necesita desarrollar ciertas habilidades básicas para practicar cómo comer alimentos sólidos una vez que esté preparado. No tienes que hacer mucho más que proporcionarle el ambiente correcto para que juegue y se mueva, y observarlo para detectar las pequeñas pero importantes habilidades que van surgiendo de forma natural cuando a los bebés se les permite jugar y experimentar.

Hitos del desarrollo

Este es un momento entrañable para muchas familias, porque sus bebés empiezan a salir al mundo, a expresarse más, a estar más tiempo despiertos y a interactuar con el entorno. También es un periodo caracterizado por el sueño interrumpido y el cansancio de los padres a medida que los ciclos de sueño del bebé empiezan a cambiar y a madurar. A continuación te contamos algunos hitos del desarrollo que verás en el bebé durante este tiempo.[1,2,3]

Motricidad gruesa

→ Empieza a sostener la cabeza.

→ Mira hacia un lado y hacia el otro.

→ Se impulsa hacia arriba; mueve los brazos en contra de la gravedad.

→ Comienza a sentarse.

A esta edad es cuando la mayoría de los bebés empiezan de verdad a mover el cuerpo y a sostener mejor la cabeza. Cuando están tumbados bocarriba, miran hacia un lado y hacia el otro y empiezan a dar patraditas y a mover los brazos en contra de la gravedad. Cuando están bocabajo, muchos pueden levantar la cabeza y mirar alrededor. Quizá también empiecen a empujarse un poco hacia arriba haciendo fuerza con los codos mientras también miran alrededor, y ya acercándose a los 6 meses empiezan a empujarse más hasta extender totalmente los brazos. Alrededor de los 4 meses, cuando tengas al bebé sentado en el regazo, su columna vertebral estará un poco curva aún, pero empezará a extenderse, y el bebé a permanecer sentado más erguido a medida que los músculos de la zona media del cuerpo se fortalecen. Probablemente también veas que empieza a rodar sobre sí mismo.

Motricidad fina

→ Mantiene las manos abiertas durante más tiempo y estira los dedos, incluido el pulgar.

→ Coge objetos grandes.

→ Sacude o agita juguetes.

→ Se lleva objetos a la boca.

En este periodo, los bebés empiezan a aprender que pueden hacer muchísimas cosas divertidas con las manos. Aunque muchos siguen con la mano cerrada en puño, alrededor de los 4 meses probablemente veas que el bebé deja la mano abierta durante más tiempo y estira los dedos, incluido el pulgar. A los 5 meses, el bebé debe tener más flexibilidad para abrir los dedos y tratar de coger objetos más grandes. Mientras está tumbado bocarriba o de lado, puede juntar las manos cerca del pecho y jugar con los dedos. Puede sostener un juguete que se le ponga en la mano y algunos quizá lo agiten o lo sacudan un poco. El bebé también empieza a llevarse a la boca las manos y cualquier juguete que se le coloque en ellas. Tumbado bocarriba o de lado, empieza a buscar activamente objetos que tiene delante o un poco más lejos.

Habilidades socioemocionales, lingüísticas y cognitivas

→ Sonríe.
→ Hace sonidos, a veces riéndose o balbuceando.
→ Sigue objetos (o te sigue a ti) con la mirada hacia un lado y hacia otro.
→ Gira la cabeza hacia donde oye un sonido.

Durante este tiempo, el bebé empieza a interactuar más con el mundo. Notarás que establece más contacto visual contigo y hasta puede seguir con la mirada el movimiento de un juguete o de tu cara que se mueve de un lado a otro. A los bebés también les gusta inspeccionar visualmente las cosas que se les ponen en las manos o están dentro de su campo visual. Pueden oír un sonido y girar la cabeza en esa dirección y responden de manera positiva cuando oyen la voz de un cuidador que conocen. Muchos padres perciben que es más fácil tranquilizar a su bebé a esta edad, y algunos bebés aprenden a usar las manos o un chupete para calmarse cuando están molestos.

Actividades para los bebés de 4 a 5 meses

Para los bebés pequeñitos, casi todo es interesante, así que no es necesario darles juguetes u otros objetos especiales para que desarrollen habilidades durante este periodo de preparación. Te mostraremos algunas actividades de motricidad que permitirán al bebé fortalecer músculos importantes para la alimentación complementaria en los próximos meses, además de otras actividades que refuerzan en concreto su capacidad de imitar, prestar atención y resolver problemas, lo cual le servirá para comer y también en otras situaciones. Nos centraremos en ciertas prácticas esenciales previas a la alimentación complementaria con la idea de preparar al bebé para cuando deba dar ese próximo paso.

Actividades de motricidad

Para promover lo que llamamos «juego libre en el suelo», pondremos al bebé bocarriba en una manta blanda o en una superficie plana, de forma que pueda moverse, tratar de coger cosas, estirarse, impulsarse, rodar sobre sí mismo, mirar a su alrededor y explorar el entorno. El juego en el suelo fortalece el cuello, los brazos, el abdomen y la espalda, y ayuda al bebé a tener más conciencia corporal (saber dónde se ubica su cuerpo en el espacio), la base para que la motricidad sea coordinada.

Las sillas de coche, las mecedoras y otros dispositivos donde el bebé quede relativamente quieto limitan sus posibilidades de explorar y moverse. Cuanto más tiempo pase el bebé en el suelo en lugar de en estos dispositivos donde debe estar sentado, más oportunidades tendrá para que sus músculos ejerciten diferentes movimientos y así desarrollar nuevas habilidades.

El juego en el suelo no tiene que ser nada complicado. Busca un lugar seguro de tu casa, pon una manta blanda en el suelo y permite que el bebé esté allí en tres posiciones; bocarriba, de lado y bocabajo. Una vez que el bebé pueda rodar sobre sí mismo, no hay necesidad de colocarlo en ninguna posición, sino que hay que dejarlo que elija cómo quiere jugar.

→ Con el bebé bocarriba, colócale una pequeña toalla o manta enrollada debajo de las caderas para elevarlo un poquito. Eso puede ayudarlo a intentar cogerse los pies y usar los músculos del abdomen.

→ Deja mordedores y sonajeros a los pies del bebé para animarlo a que intente estirarlos.

→ Si el bebé está intentando coger un objeto, ponlo un poquito fuera de su alcance para animarlo a girar hacia un lado y cogerlo.

→ A algunos bebés les encanta estar bocabajo; si es el caso, puedes poner a tu bebé directamente boca abajo en el suelo; si no, puedes ponerlo bocarriba y, con cariño, darle la vuelta al cabo de un rato.

→ Cuando el bebé esté bocabajo, ponle cosas delante para que las mire: juguetes, libros o tarjetas en blanco y negro, o incluso puedes ponerte a su lado y altura y sonreírle y hablarle.

→ Con el bebé de lado, ponle una toalla enrollada detrás de la espalda para ayudar a que se mantenga en esa posición y luego pon un juguete un poco fuera de su alcance para que tenga que estirar los brazos para cogerlo. Incluso puedes darle unos toquecitos muy suaves en el brazo con el juguete para animarlo a que intente cogerlo.

Actividades cognitivas

Estas son algunas maneras concretas de que tu bebé trabaje su atención, imitación y habilidades lingüísticas y de resolución de problemas. Cuanta más exposición tenga al lenguaje durante su primer año, mejor, y hay ciertas maneras de interesar al bebé para que mejore su capacidad de prestar atención, imitar gestos, esperar su turno y también su conexión contigo.[4,5,6]

→ **Actividad cara a cara en espejo:** siéntate con el bebé en el regazo y su espalda apoyada en tus piernas para que quede boca arriba. Espera a que te mire y luego haz gestos para imitar lo que hace. Después de unos minutos, intenta que el bebé te imite a ti. Puedes sonreír, abrir la boca, pestañear, sacar la lengua o hacer pedorretas.

→ **Hablar y cantar:** ponte cara a cara con el bebé y habla con él o cántale algunas canciones fáciles. Prueba a empezar y luego hacer una pausa de unos segundos para ver si espera que continúes.

→ **Esperar el turno:** cada vez que el bebé haga un sonido o un movimiento determinados, como dar golpecitos en una bandeja, imita el sonido o la acción. Turnaos si le genera interés.

→ **Juegos de resolución de problemas:** cubre parcialmente un juguete con una pequeña manta y pregunta: «¿Dónde está el juguete?». Unos segundos después, muéstrale el juguete y dile: «¡Aquí está!». Vuelve a cubrir el juguete y espera a que el bebé lo busque.

Actividades previas a la alimentación complementaria y actividades sensoriales

Hay ciertas actividades que puedes sumar a tu día a día para exponer al bebé a los alimentos, las comidas y el hecho de comer antes incluso de que pruebe bocado.

→ Lleva al bebé a la mesa o haz que esté cerca de los alimentos aunque no esté comiendo; que te vea comer, cocinar y probar la comida en la cocina. Si quieres, puedes narrar la situación: «¡Estoy probando esta sopa de tomate riquísima que hizo la abuela!». Los bebés se interesan por las cosas que nos gustan a los adultos (¡los teléfonos móviles, las llaves!), así que demuéstrale que las comidas son divertidas: sonríe, ríete y muestra tu propio interés por la comida y tu familia a la hora de comer. Haz que las comidas sean un espacio en el que el bebé quiera estar.

→ Permite que el bebé se lleve las manos y los juguetes a la boca: cuando las manos o un juguete entran en contacto con el interior de la boca de un bebé, el reflejo de extrusión pierde sensibilidad, lo que lo prepara al cerebro para que pronto haya algo nuevo allí (los alimentos sólidos). Quizá hayas oído hablar de los juguetes de estimulación oral para bebés. Estos instrumentos terapéuticos, aunque no son necesarios, pueden ser divertidos si quieres dárselos.

→ Evita poner guantes al bebé, ya que necesita explorar el entorno con las manos.

Los horarios durante el periodo de preparación

En torno a esta edad, los horarios del bebé quizá empiecen a tener un ritmo más predecible, pero también puede seguir habiendo bastantes fluctuaciones. En este punto, la mayoría de los bebés ya han descubierto la diferencia entre el día y la noche y siguen despertándose por la noche para comer. Muchos están despiertos alrededor de una hora o una hora y media seguida, y hacen tres o cuatro siestas al día.

A algunas personas les gusta tener horarios más concretos, mientras que otras se adecúan al ritmo de cada día. Intenta estructurar los días para que el bebé tenga oportunidades para descansar, jugar y alimentarse. No hace falta implementar horarios rígidos, y a algunos bebés les sienta mejor una rutina diaria menos estructurada; sin embargo, las rutinas flexibles pero coherentes ayudan tanto al bebé como a los padres.

Higiene oral

No tienes que esperar a la erupción del primer diente del bebé para empezar a cuidar su higiene oral. Puede ser útil empezar a cepillarle muy cuidadosamente las encías con un cepillo de cerdas suaves para que se acostumbre a la sensación. Esa limpieza puede hacerse también con un pañito suave, aplicando un poco de fricción en la zona de las encías. El objetivo ahora debe ser que la experiencia sea positiva y suceda al menos una vez al día.

La alimentación y la nutrición durante el periodo de preparación

A menos que tu médico te haya dicho que empieces a ofrecerle alimentos sólidos a tu bebé para exponerlo a alérgenos alimentarios (por ejemplo, si tiene un alto riesgo de desarrollar una alergia al huevo o al cacahuete) o haya alguna afección debilitante, el único alimento que necesita un bebé a esta edad es la leche materna o de fórmula.

Muchos bebés de entre 4 y 5 meses hacen de 8 a 12 tomas diarias de leche materna o de fórmula (algunos quizá un poco menos) y la mayoría todavía hace tomas nocturnas. Un bebé alimentado con biberón suele tomar entre 720 y 960 ml (a veces más, a veces menos) de leche materna o de fórmula, o ambas, repartidas en 6 u 8 tomas o más, y probablemente siga tomando algún biberón por la noche. Además, muchos bebés toman gotas de vitamina D por recomendación médica. En el capítulo 15 hay más información sobre la vitamina D y los suplementos.

Si estás dando el pecho o sacándote leche, es importante que lo hagas cada vez que el bebé tome un biberón y cuando estéis separados durante un tiempo para mantener la producción de leche. A esta edad, algunos bebés se distraen mucho durante las tomas y retiran la boca del pecho o el biberón para mirar cualquier otra cosa cercana que les parezca interesante. En el caso de la lactancia materna, eso puede perjudicar la producción de leche cuando sucede regularmente. Si notas que el bebé se distrae mucho, puedes probar a darle el pecho en una habitación muy silenciosa y más oscura, y algunas personas se ponen un collar para que el bebé lo coja y juegue, y así se concentre más. Quizá también tengas que ofrecerle algunas tomas extras para compensar esas distracciones.

Resumen

✔ Entre los 4 y los 5 meses, los bebés son más conscientes de su entorno, y por eso es un momento óptimo de preparación para la alimentación complementaria.

✔ Prioriza los juegos que desarrollen la fuerza de la zona media del bebé y su coordinación mano-ojo, que lo ayudarán cuando empiece a comer alimentos sólidos en los meses siguientes.

✔ Aunque en general es demasiado pronto para iniciar la alimentación sólida, llevar al bebé de 4 o 5 meses a la mesa o a la cocina mientras comes es una excelente manera de presentarle las imágenes y los aromas de la comida familiar, ya que esto aumentará su conocimiento y su tolerancia.

CAPÍTULO 17

La ventana mágica
(de los 6 a los 8 meses)

¡Hemos llegado a la ventana mágica! Ahora comienza la diversión. Durante esta etapa, el bebé puede empezar a compartir tus comidas. Empieza a aprender a llevarse la comida a la boca y a practicar cómo se mastica y se mueve en ella antes de tragarla, y tú aprendes con él. A esta edad, los bebés empiezan a desarrollarse como personas y verás nuevas habilidades, muchísimos nuevos movimientos y caras graciosas.[1]

Durante la transición a la alimentación complementaria, es habitual que los bebés aprendan cierta acción o movimiento y luego dejen de hacerlo durante un tiempo, para luego retomarlo en la comida siguiente. Eso es normal. Pero recuerda que los bebés se desarrollan a su propio ritmo y la idea de normalidad con respecto a cuándo pueden aparecer estas habilidades abarca un rango amplio. Si hay algo que te inquiete sobre el desarrollo de tu hijo o hija en cualquier momento, coméntalo con tu médico.

Usa la siguiente lista de control para llevar un registro de lo que puedes hacer con tu bebé para promover su desarrollo durante esta ventana.[2,3,4]

Lista de control

- ☐ Prepara la trona o el sistema alternativo donde se sentará el bebé con todos los ajustes que sean necesarios (ver más información en el capítulo 8).
- ☐ Repasa las maniobras de primeros auxilios y RCP necesarias ante el atragantamiento de un niño.
- ☐ Piensa en tu agenda diaria, en qué momento del día se le ofrecerán alimentos sólidos al bebé y cuáles te gustaría que fueran.
- ☐ Ofrécele alérgenos comunes como el cacahuete y el huevo.
- ☐ Ofrécele también distintos sabores, texturas y colores, incluidos alimentos con alto contenido de hierro.
- ☐ Ofrécele alimentos en trozos y deja que intente comerlos por su cuenta cuando tenga 8 meses.
- ☐ ¡Convierte las comidas en un espacio de alegría y disfrute!

Hitos del desarrollo

Durante la ventana mágica, los bebés empiezan a moverse con propiedad. Es una época de la crianza que suele complicarse porque el bebé comienza a deambular más libremente en su entorno y necesita mucha más supervisión directa. La ventana mágica es el momento de comprobar que la casa sea segura para el bebé (o hacer las modificaciones necesarias) y también es una etapa de nuevos desafíos e hitos emocionantes, incluido el inicio de la alimentación complementaria.

Estos son algunos de los hitos del desarrollo que se observan en la mayoría de los bebés en esta etapa.

Motricidad gruesa

→ Se arrastra (un poco).

→ Rueda sobre sí mismo.

→ Se sienta.

→ Se desliza sobre las nalgas.

A los 6 meses, la mayoría de los bebés han aprendido a rodar sobre sí mismos. Muchos han descubierto que rodar repetidamente les permite ir de un lado a otro de la habitación. Hay bebés que se deslizan sobre las nalgas y rotan el cuerpo cuando están boca abajo o boca arriba, y pueden empujarse bastante con las manos y los brazos para levantar el pecho y los hombros del suelo cuando están bocabajo. A los 7 u 8 meses, muchos van descubriendo cómo arrastrarse. Aunque a los 6 meses casi todos pueden permanecer sentados con la cabeza, el cuello y el tronco firmes y poco apoyo, hay muchos bebés que no aprenden a sentarse ni a salir de la posición de sentado hasta los 7, 8 e incluso los 9 meses.

Motricidad fina

→ Descubrirse las manos.

→ Buscar y coger objetos.

→ Pasarse objetos de una mano a la otra.

Durante este periodo, la mayoría de los bebés se descubren las manos y se dan cuenta de todo lo que pueden hacer. Muchos ya han descubierto que pueden coger objetos con una mano o con las dos. Otros tantos pueden sostener el biberón, volver a ponerse el chupete y pasarse objetos de una mano a la otra. Aunque muchos bebés de 6 meses ya saben cómo coger algo y sostenerlo, hasta cerca de los 7 u 8 meses no desarrollan la habilidad para volver a dejarlo suavemente. A los 8 meses, la mayoría usa toda la mano para coger objetos grandes.

Habilidades cognitivas, lingüísticas y socioemocionales

→ Intenta coger juguetes.

→ Desarrolla habilidades básicas de resolución de problemas.

→ Balbucea cuando le hablas.

Durante este tiempo, los bebés están descubriendo que son parte del mundo y que pueden moverse, explorar y modificar su entorno. Quieren coger juguetes, intentan mover el cuerpo para alcanzar algo y levantan cosas y se las llevan a la boca para explorar y aprender. Están empezando a usar sus habilidades de resolución de problemas para entender cómo funcionan las cosas y conseguir lo que quieren. También durante esta etapa, muchos empiezan a balbucear y mantener una especie de conversación con quien les habla.

Actividades para los bebés de 6 a 8 meses

Los bebés siguen interesados en casi todo durante la ventana mágica y las actividades que mencionamos en el capítulo anterior siguen siendo una muy buena práctica durante este periodo. A continuación damos otras ideas para que el bebé desarrolle su habilidad para comer de forma autónoma.

Juegos

→ Pon juguetes a poca altura en la casa: eso motivará al bebé para querer cogerlos o practicar la transición de tumbado a sentado.

→ Deja que el bebé coja objetos de tamaño mediano y los suelte dentro de un cubo o una caja.

→ Ofrécele cubos, bloques, rompecabezas grandes, juguetes con botones y aros o vasos apilables.

→ Jugad al cucú-tras y a otros juegos de imitación.

→ Haced caras graciosas frente al espejo.

→ Salid de casa para que el bebé toque las hojas o el césped húmedos, escuche el canto de los pájaros y vea los colores de la naturaleza.

→ También al aire libre, ofrécele agua para que juegue y deja que explore el entorno con las manos (que coja tierra, recoja flores, toque piedras), todo bajo absoluta supervisión, por supuesto.

Horarios durante la ventana mágica

Ejemplo de horarios de alimentación – 6 meses de edad	
Leche materna extraída o leche de fórmula: entre 720 y 960 ml al día	
Alimentos sólidos: una vez al día cuando el bebé exhiba el desarrollo psicomotor adecuado	
6:30 am	Biberón/pecho
7:00 am	Comida
8:30 am	Siesta
10:00 am	Biberón/pecho
12:30 am	Biberón/pecho
1:00 pm	Siesta
2:30 pm	Biberón/pecho
4:30 pm	Siesta breve
5:15 pm	Biberón/pecho
5:45 pm	Posible momento para tomar alimentos sólidos
6:30 pm	Biberón/pecho
7:00 pm	Sueño nocturno (con tomas de pecho o biberón si se desea)

Este esquema de horarios es una muestra. Ten presente que no pasa nada si tu bebé tiene una rutina diferente. Usa esto como punto de partida y adáptalo para que os funcione bien al bebé y a todos. Confía en que tu plan funciona bien siempre que el bebé haga pis y evacúe regularmente, y crezca según su propio desarrollo.

Entre los 6 y los 8 meses, el día del bebé probablemente siga una rutina predecible. Algunos bebés y sus familias mantienen horarios fijos, mientras que otros se van adecuando al ritmo del día. En esta etapa, algunos bebés duermen durante la noche y otros siguen despertándose para que los arropen y alimentarse. Ambos comportamientos son completamente normales.

El bebé suele estar despierto entre 2 y 2,5 horas y probablemente haga tres siestas al día, aunque algunos bebés mayores empiezan a reducir esa frecuencia a dos. Es común que estén menos tiempo despiertos antes de la primera siesta y luego más tiempo antes del sueño nocturno, pero cada bebé es distinto.

Para empezar, lo que recomendamos es ofrecer alimentos sólidos una vez al día. Si quieres saltarte algún que otro día, no pasa nada. Durante esta ventana mágica, el objetivo es empezar con una comida al día y luego incorporar una segunda a la rutina del bebé. Al principio, dale el pecho o un biberón cuando tenga hambre y ofrécele alimentos sólidos en un momento del día que os resulte cómodo a todos. Procura esperar entre 30 y 45 minutos entre su última toma y la hora de comer. Así, probablemente esté contento, con ganas de jugar, descansado y listo para experimentar con comida real.

Higiene oral

Mantén la práctica de la higiene oral, sobre todo si al bebé ya le ha salido su primer diente. Puedes usar un cepillo de cerdas suaves o un pañito suave para frotarle las encías con mucho cuidado. La idea es que esta experiencia le siga resultando positiva. Si tienes alguna inquietud o preocupación, coméntala con el dentista pediátrico en la primera consulta, que debe planificarse para después de que le salga el primer diente.

La comida y la nutrición durante la ventana mágica

Esta etapa marca el inicio de la alimentación complementaria, lo que no implica que el bebé vaya a comer mucho, si es que come algo. Entre los 6 y los 8 meses, los bebés siguen obteniendo la mayor parte de su nutrición e hidratación de la leche materna o de fórmula y, al comienzo, no se esperan cambios significativos en esas cantidades.

Muchos bebés de entre 6 y 8 meses siguen haciendo 8 tomas al día o más (algunos un poco menos) y hay bebés que siguen haciendo tomas nocturnas. Un bebé alimentado con biberón suele tomar entre 720 y 960 ml (a veces más, a veces menos) de leche materna o de fórmula, o ambas, repartidas en 6 y 8 tomas o más y quizá tome algún biberón por la noche. Algunos bebés hacen 5 tomas grandes y eso está perfecto siempre y cuando estén creciendo y desarrollándose bien. Además, muchos bebés pueden tomar gotas de vitamina D por recomendación médica. En el capítulo 15 hay más información sobre la vitamina D y los suplementos.

Esto es muy pero que muy importante, así que vamos a repetirlo: el periodo entre los 6 y los 8 meses es ideal para que el bebé experimente y aprenda sobre la comida real; no suele haber una ingesta significativa. Algunos bebés aprenden a comer alimentos sólidos bastante fácil y rápidamente, sobre todo alimentos de textura ligera y purés, pero a otros tantos les lleva un tiempo. Muchos no aprenden a hacer una ingesta propiamente dicha hasta los 9-15 meses de edad. Dicho esto, no te desanimes, ya que dejar que el bebé practique cómo comer a esta edad tiene numerosas ventajas. Por ejemplo, el bebé entra en contacto con alimentos ricos en hierro y alérgenos comunes, lo cual lo ayudará a desarrollar habilidades y a familiarizarse con estos alimentos tan importantes. Con tiempo y mucha práctica, la cantidad de comida que ingiera aumentará.

El agua

Puedes ofrecerle al bebé entre 60 y 120 ml de agua al día con un vaso abierto o con pajita para que practique.

Los avances durante las comidas

Durante la ventana mágica, algunos bebés simplemente aprenden a sentarse a la mesa y a explorar la comida con las manos. Otros pasan bastante rápido de la exploración a la ingesta real. Ambas situaciones son normales siempre y cuando el bebé siga dispuesto a sentarse a la mesa y experimentar de algún modo con la comida que se le ofrece. Esos avances son los esperados.

Resumen

✔ La mayoría de los bebés exhibirán las señales de que están preparados para iniciar la alimentación complementaria alrededor de los 6 meses de edad y casi todos deberían empezar a experimentar con los alimentos sólidos durante la ventana mágica.

✔ Prioriza el juego que fortalece los músculos de la zona media del cuerpo y los hombros del bebé; eso le permitirá desarrollar la motricidad fina.

✔ Los horarios de las tomas de pecho y biberón probablemente no cambien durante esta ventana, ya que la función de los alimentos sólidos será, fundamentalmente, permitir que el bebé experimente y desarrolle habilidades entre los 6 y los 8 meses.

✔ Esta etapa de entre los 6 y los 8 meses es ideal para introducir el concepto de cepillado de dientes si aún no lo has hecho. Incluso si al bebé aún no le ha salido ningún diente, frotarle ligeramente las encías con un pañito húmedo después de cada comida puede servir como punto de partida para la rutina del cepillado de dientes.

CAPÍTULO 18

El periodo de afianzamiento
(de los 9 a los 11 meses)

Cuando el bebé se acerca a su primer cumpleaños, le están sucediendo muchísimas cosas increíbles. Va a experimentar con alimentos de nuevos tamaños y formas, descubrir nuevas habilidades y experimentar algunos cambios a la hora de comer.[1] Llamamos a este el periodo de afianzamiento por dos motivos: primero, porque es cuando la mayoría de los bebés afianzan el uso de los dedos (ganan mucha más precisión) y logran comer alimentos en trozos más pequeños que antes no podían coger. Y en segundo lugar, porque así también se afianza su alimentación, ya que, efectivamente, suelen comer más.

En esta etapa, los bebés suelen pasar de explorar un poco y escupir los alimentos a masticarlos y comer más. Muchos ya se las apañan bastante llegados a este punto. Para los padres que han elegido un abordaje más conservador, es el momento de pasar de los purés y las cucharas a los alimentos en trozos. Incluso si el bebé aún no está del todo preparado para comer más alimentos sólidos, sí que está adquiriendo nuevas habilidades y mejorando su capacidad de cogerlos, explorarlos y gestionarlos, lo que indica que va por buen camino. Confía en que no pasará mucho tiempo hasta que el bebé coma más y más variado.

Usa la siguiente lista de control para llevar un registro de lo que puedes hacer con tu bebé para favorecer su desarrollo durante esta ventana.

Lista de control

- ❑ Sigue cepillándole las encías y los dientes al bebé.
- ❑ Ofrécele trozos de comida grandes y otros más pequeños.
- ❑ Empieza a hacer entre dos y tres comidas al día.
- ❑ Piensa en cómo adaptar la casa para que sea segura en función de la nueva movilidad del bebé.
- ❑ Haz que el bebé practique cómo escupir alimentos u objetos fuera de las comidas.
- ❑ Sigue ofreciéndole comidas variadas y alimentos ricos en hierro. El bebé quizá ya tenga alimentos preferidos o que le gusten mucho más que otros, pero intenta no ofrecerle siempre lo mismo.
- ❑ Sigue ofreciéndole alérgenos comunes como el huevo y el cacahuete con regularidad.

Hitos del desarrollo

Durante este periodo de afianzamiento, los bebés empiezan a refinar el uso de las manos y pasan de rodar sobre sí mismos y sentarse a deslizarse sobre las nalgas, arrastrarse, ponerse de pie y, potencialmente, caminar. A medida que el bebé aprende a alejarse de su cuidador de confianza, empiezan a aparecer también la angustia de separación y el recelo ante las personas desconocidas. Entre los 9 y los 11 meses, las habilidades de los bebés varían muchísimo, pero todos deberían empezar a mostrar más interés por el mundo que los rodea y por descubrir cómo explorarlo. Durante esta misma etapa, el nivel de motricidad gruesa sienta una base fundamental para el aprendizaje de importantes habilidades de motricidad fina que, a su vez, favorecen la adquisición de otras habilidades cognitivas y de comunicación, todo lo cual prepara al bebé para algunos saltos cruciales que habrá en su desarrollo.[2,3,4]

Motricidad gruesa

→ Se sienta de forma independiente.
→ Se arrastra.
→ Pasa de tumbado a sentado y viceversa.
→ Se empuja para ponerse de pie y deambula con apoyo.

Durante este tiempo, el bebé pasa de estar la mayor parte del tiempo bocabajo o de espaldas a estar erguido. Debe ser capaz de estar sentado con mayor equilibrio sin necesidad de apoyo extra, y la mayoría de los bebés aprenden a pasar de tumbados a sentados de forma segura y viceversa. A los 12 meses, muchos empiezan a empujarse para ponerse de pie y a deambular cogiéndose a algún mueble o de la mano de un adulto. Algunos dan sus primeros pasos de forma independiente y otros ya caminan completamente a los 12 meses. Sin embargo, se considera que la marcha independiente es un hito típico de entre los 12 y los 15 meses de edad, así que no hay por qué preocuparse si el bebé todavía no ha dado sus primeros pasos entre los 9 y los 11 meses.

Motricidad fina

→ Usa el pulgar y el índice para coger cosas.
→ Aprende a señalar con el dedo índice.
→ Hojea libros de páginas gruesas.

El periodo entre los 9 y los 11 meses es cuando los bebés aprenden a hacer movimientos más refinados con las manos y los dedos. La mayoría desarrolla el agarre de pinza (la capacidad de usar el dedo pulgar y el índice juntos, pero separados del resto de los dedos y de la palma de la mano, para coger objetos pequeños) en lugar de usar toda la mano para levantar un objeto por arrastre. La capacidad del bebé para hacer la pinza depende en gran medida de la nueva estabilidad que le dan los músculos de la zona media del cuerpo, estabilidad que se transfiere a los brazos y los hombros, y permite el uso de habilidades de motricidad fina más refinadas. Seguramente observes que el bebé aprende a señalar y a apretar botones grandes con el dedo índice como paso anterior al desarrollo de la pinza. Se pasará objetos de una mano a la otra, empezará a hojear libros de páginas gruesas y manipulará objetos con más facilidad.

Habilidades socioemocionales, lingüísticas y cognitivas

→ Señala para comunicarse.
→ Sigue instrucciones sencillas.
→ Dice su primera palabra.

La capacidad de experimentar el mundo desde una posición erguida y la de señalar cosas marcan un antes y un después en el aprendizaje y la comunicación. Cuando el bebé empieza a ver el mundo de la misma manera que tú, aprende que puede señalar lo que le interesa para mostrártelo. La capacidad de señalar objetos sienta las bases para que el bebé empiece a asociar un nombre con diferentes objetos. Al principio, su lenguaje receptivo es más fuerte que su lenguaje expresivo. Eso significa que comprende palabras que le dices, pero no podrá decirlas todavía. Por ejemplo, si le dices «¿Dónde está el perro?», el bebé quizá pueda buscar al cachorrito en la habitación y quedarse mirándolo, incluso si aún no puede decir «perro».

Dicho esto, es entre los 9 y los 11 meses cuando muchos bebés dicen su primera palabra. Los bebés balbucean bastante a esta edad (dadada, bababa). Puede que incluso notes pausas o cambios de tono en su balbuceo, casi como si estuviera conversando. Algunos bebés pueden usar ese balbuceo de forma repetida para comunicarte una palabra. A veces los padres no se dan cuenta de que el bebé está usando una palabra hasta mucho después, porque lo más sencillo es suponer que está balbuceando.

Durante este periodo, la mayoría de los bebés también se vuelven mucho más sociables: sonríen, se ríen y demuestran afecto con besos, y les encanta compartir sus intereses contigo y observar cómo respondes a algo. Los bebés de entre 9 y 11 meses empiezan a comprender la permanencia de los objetos; esto implica que entienden que, cuando algo se va de la habitación o se cae al suelo, no desaparece para siempre. Pueden anticipar que ese objeto o esa persona volverán. Aunque la angustia por separación sin duda alcanza su punto máximo en este periodo, el bebé está aprendiendo que sus cuidadores de confianza también regresan.

Esta también es una etapa en que los bebés juegan con la idea de causa y efecto. Son como pequeños científicos que se dan cuenta de que pueden modificar el mundo que los rodea, y su cerebro está constantemente pensando «¿Qué pasa si…?». Puede haber frustraciones, porque los bebés sienten el impulso de poner a prueba esa causa y efecto una y otra vez para ver si sucede lo mismo todas las veces o si en algún momento pasa algo diferente. En parte por este conocimiento que acaban de adquirir sobre la permanencia de los objetos (es decir, la comprensión de que los objetos siguen existiendo aunque estén fuera de su campo visual) y el interés por la causa y efecto, a los bebés suele encantarles jugar a cucú-tras o hacer juegos repetitivos de causa y efecto, como llenar recipientes y luego vaciarlos, o tirar y dejar caer la comida.

Actividades para los bebés de 9 a 11 meses

Los bebés ya se mueven mucho y la coordinación de su motricidad fina va mejorando. Estas son actividades para fortalecer el cuerpo del bebé y mejorar la coordinación de sus manos para coger trozos pequeños de comida.

Juegos

→ Pista de obstáculos: usa objetos simples que haya en casa, como almohadas, mesas y las patas de las sillas, para hacer una pista de obstáculos y animar al bebé a que se arrastre, se deslice sobre las nalgas o deambule entre los objetos.

→ Rompecabezas: ofrécele rompecabezas de piezas con agarre para que pueda voltearlas.

→ Juegos con tubos: pon objetos pequeños dentro de un rollo de papel higiénico o de cocina, o pásalos de un extremo al otro.

→ Juegos de reciprocidad: como los juegos de dar y tomar o «¿Dónde está el bebé?».

→ Burbujas: a los bebés les encanta mirar cómo vuelan las burbujas, intentar cogerlas, pincharlas e incluso hacerlas ellos mismos. Esta textura húmeda y pegajosa es excelente, en especial para los bebés a los que les cuesta un poco más tocar comidas como el yogur, el humus u otras texturas chafadas o en puré.

Los horarios durante el periodo de afianzamiento

Entre los 9 y los 11 meses, los horarios típicos son muy variables, ya que los bebés se están adaptando a estar despiertos durante la mayor parte del día. En esta etapa, suelen empezar a hacer dos siestas al día y avanzan poco a poco hasta las tres comidas diarias. Es probable que estén despiertos entre 2,5 y 4 horas, y la mayoría hacen una siesta en la mañana y luego otra temprano por la tarde. Es común que estén menos tiempo despiertos antes de la primera siesta y luego más tiempo antes del sueño nocturno, pero cada bebé es distinto.

Ejemplo de horarios de alimentación – 9 meses de edad	
Leche materna extraída o leche de fórmula: entre 720 y 960 ml al día	
Alimentos sólidos: dos veces al día	
6:30 am	Biberón/pecho
7:00 am	Comida
8:30 am	Biberón/pecho (si se desea)
9:00 am	Siesta
11:00 am	Biberón/pecho
12:00 pm	Posible momento para tomar alimentos sólidos
2:00 pm	Biberón/pecho
2:30 pm	Siesta
4:30 pm	Biberón/pecho
5:30 pm	Posible momento para tomar alimentos sólidos
6:30 pm	Biberón/pecho
7:00 pm	Sueño nocturno (con tomas de pecho o biberón si se desea)

Este esquema de horarios es una muestra. Ten presente que no pasa nada si tu bebé tiene una rutina diferente. Usa esto como punto de partida y adáptalo para que os funcione bien al bebé y a todos. Confía en que tu plan funciona bien siempre que el bebé haga pis y evacúe regularmente, y crezca según su propio desarrollo.

En cuanto a los horarios de las comidas, cuando el bebé tiene 9 meses, las familias suelen empezar a hacer dos comidas al día (si no las hacen ya) y van preparándose para hacer tres cuando el bebé tenga 1 año. El periodo entre los 9 y los 11 meses es ideal para tener rutinas más regulares, así el bebé puede anticipar el horario típico en que se sienta a la mesa. No pasa nada por saltarse alguna que otra comida sólida, sobre todo si al bebé le está saliendo un diente, está enfermo o muy molesto, porque las tomas de pecho o de biberón siguen aportando una parte significativa de su alimentación. Un muy buen objetivo para esta etapa es dejar pasar más tiempo entre las comidas con alimentos sólidos y las tomas de pecho o biberón, porque eso ayudará al bebé a llegar a la mesa con un poco más de hambre y ganas de experimentar con la comida.

Higiene oral

A la mayoría de los bebés les sale el primer diente entre los 9 y los 11 meses, y el consenso entre los odontólogos es empezar a cepillarles los dientes en cuanto salen. La dentición varía bastante y es normal que un bebé no tenga ningún diente al cumplir su primer año. Este también es un muy buen momento para establecer rutinas de cuidado bucal fundamentales y hacer una consulta con el dentista. Algunos dentistas prefieren esperar hasta que los niños son un poco más mayores, pero a muchos les encanta atenderlos en cuanto tienen su primer diente.

Ese primer diente no necesita ser lavado con dentífrico, y ni siquiera con cepillo. Se puede usar un pañito suave para limpiar ligeramente los dientes del bebé después de cada comida y antes de la siesta o del sueño nocturno, aunque un cepillo de dientes infantil humedecido también es una excelente opción para mostrar la práctica. Usar dentífrico también es una práctica totalmente segura, así que puedes poner una cantidad muy pequeñita (del tamaño de un grano de arroz aproximadamente) en un cepillo de cerdas suaves, aunque el bebé probablemente no logre escupirlo todavía y se lo trague. Si eso te preocupa, coméntalo con tu dentista pediátrico en la primera consulta, cuando al bebé le salga su primer diente.

La comida y la nutrición durante el periodo de afianzamiento

Muchos bebés de entre 9 y 11 meses hacen entre 6 y 8 tomas de pecho al día, pero esa cifra varía mucho. No es raro que el bebé siga haciendo tomas nocturnas. Si toman biberón, muchos bebés seguirán incorporando entre 720 y 960 ml de leche materna o de fórmula, o ambas, repartidas en 4 o 5 tomas o más, y quizá sigan tomando algún biberón durante la noche, pero muchos ya no hacen tomas nocturnas. Tal vez notes que el bebé toma menos pecho o biberón. Muchos bebés, además, toman gotas de vitamina D por recomendación médica y algunos quizá tomen un suplemento de hierro. En el capítulo 15 hablamos un poco más sobre los suplementos y la vitamina D.

Durante este periodo, algunos bebés comienzan naturalmente el proceso de reducir sus tomas de pecho y biberón a medida que incorporan más alimentos sólidos en las comidas. Verás que no terminan el biberón o que directamente no lo quieren, o que las tomas de pecho duran menos tiempo. Esto es esperable y no debe preocuparte siempre y cuando el bebé siga activo e interesado mientras esté despierto, esté contento en general y siga mojando varios pañales al día. Si tienes alguna inquietud, consulta con tu médico.

Intenta seguir las señales del bebé: si en cierto horario se niega sistemáticamente a tomar un biberón o el pecho, al día siguiente puedes ofrecerle un alimento sólido. Quizá veas que quiere tomar el pecho o un biberón en otro horario, y no pasa nada. Este es un momento para el ensayo y el error, la experimentación y para, poco a poco y sin forzarlo, guiar al bebé para que coma más alimentos sólidos y reduzca la ingesta de leche materna y de fórmula.

Al mismo tiempo, si el bebé no da ningún indicio de querer reducir sus tomas de pecho o biberón, está perfecto. Lo más importante ahora es que siga experimentando con los alimentos sólidos y desarrollando la masticación. Aunque algunos bebés sí necesitan tener un poco más de hambre como motivación para comer más, en muchos casos eso puede lograrse organizando los horarios de las tomas, y así no es necesario reducir la ingesta de leche materna ni de fórmula. Quizá puedes esperar entre 45 minutos y 1 hora entre la toma de pecho o biberón y la hora de comer, tiempo que se extendería a entre 90 minutos y 2 horas a medida que el bebé se acerca a su primer año. Sigue ofreciéndole alimentos variados, sobre todo alimentos ricos en hierro, como las carnes rojas y blancas, los mariscos, las legumbres, los frutos secos y las semillas, que ayudan a cubrir las necesidades de hierro del bebé, que aumentan en esta etapa de su desarrollo. Sigue ofreciéndole también alérgenos comunes para procurar la exposición y sostener la tolerancia.

El agua

Sigue ofreciendo al bebé entre 60 y 120 ml de agua al día en un vaso abierto o con pajita para que practique.

Los avances durante las comidas

Llegados a este punto, el bebé ya ha tenido la oportunidad de tocar, probar y explorar una amplia variedad de alimentos y lo ideal es que eso se mantenga. Sabemos que, cuanto mayor sea su exposición a alimentos variados, más probable será que acepte uno nuevo. Sigue ofreciéndole alérgenos comunes regularmente y, si no ha tenido ninguna reacción, mantén esa práctica durante el periodo de afianzamiento.

Este también es un gran momento para que el bebé participe completamente en las comidas familiares (si no lo hace aún). El bebé está adquiriendo hábitos y rutinas y conociendo el ambiente de la mesa compartida con su familia. Conviene ayudarlo a prestar atención y a acostumbrarse a la idea de que se hace una sola comida para todos, porque la transición a la niñez está a la vuelta de la esquina. Recuerda que si el bebé no come o no se interesa por la comida que le ofreces, no debes ofrecerle una alternativa (tu tarea no es hacer comidas rápidas a demanda). Puedes ofrecerle una toma de pecho o de biberón poco después de la comida (aunque no inmediatamente después, porque puede reforzar el rechazo), pero incorpora desde ya la costumbre de no ceder a las preferencias del bebé. En la página 348 de la sección Resolución de problemas hay más información sobre el rechazo de la comida.

 ## Los bebés necesitan práctica para aprender a masticar

Aunque algunos bebés de entre 9 y 10 meses pueden comer suficiente puré o comida chafada para llenarse el estómago, el objetivo es que aprendan a masticar texturas más complicadas.
Suele ser mucho más difícil para el bebé aprender a masticar que
aprender a comer un puré. Y el proceso de aprender a masticar
implica, en general, que escupa mucha comida. Durante ese
tiempo de práctica, ten presente que la leche materna o de fórmula ayuda a que el bebé se llene y es su red de contención nutricional. Que el destete o la retirada del biberón se den mientras
el bebé se llena con purés puede ser contraproducente, pues
queda en un punto complicado en el que solo come purés. En el
capítulo 13 se dan más consejos para abordar esta transición.

Por esta época, probablemente empieces a ver que el bebé come más
cantidad de alimentos sólidos. Cerca de los 9 meses, puede hacer la pinza
para coger trozos pequeños y llevárselos a la boca. Mientras aprende a
mover esos trozos más pequeños dentro de la boca, no te inquietes si ves
que escupe y vuelve a tener arcadas: es completamente normal. Sigue
ofreciéndole trozos grandes para que practique cómo morder y triturar los
alimentos, y activar los sentidos en el interior de la boca.

Recuerda que todos los bebés necesitan varios meses de práctica repetida sin presiones para experimentar así con la comida, mientras observan a uno de sus padres o un cuidador de confianza comer y disfrutar de
esa misma comida. Si entre los 9 y 11 meses ves que el bebé parece feliz
de explorar los alimentos sólidos con la boca en cada comida, pero sigue
tragando poco, no te preocupes. Ofrécele texturas variadas (incluidas sopas, salsas y otros alimentos con la textura natural de un puré que tienden
a ser más fáciles de tragar) para reforzar su comprensión de que la comida
que hay en la mesa puede llenarle el estómago.

En la sección Resolución de problemas, al final del libro, hay más información sobre problemas que pueden surgir habitualmente, como que el bebé escupa la comida, la tire, se la guarde o directamente se niegue a comer.

Resumen

✔ En torno a los 9 meses, la mayoría de los bebés empiezan a desarrollar la pinza, lo que les permite coger trozos pequeños de comida.

✔ Una vez que el bebé sepa hacer la pinza, ofrécele bocados pequeños o sigue sirviéndole trozos grandes.

✔ Procúrale actividades de motricidad fina para que refine la pinza y mejore su capacidad de comer de forma autónoma.

✔ Para los bebés que solo han comido purés, esta es una etapa importante para que incorporen alimentos en trozos y texturas más variadas.

✔ Si se le han ofrecido al bebé alimentos de texturas muy variadas desde los 6 meses, quizá veas que ingiere más alimentos sólidos durante el periodo de afianzamiento y que, poco a poco, reduce las tomas de pecho y biberón.

CAPÍTULO 19

La etapa del «yo, yo, yo» (de los 12 a los 18 meses)

El mundo de los niños pequeños es un torbellino. Cada uno es diferente y, aun así, después del primer año de vida, hay muchas cuestiones sobre su desarrollo y comportamiento que hacen que la alimentación y las comidas sean un poco más complejas. Ahora toca poner límites y delinear estrategias que promuevan el increíble desarrollo cerebral del niño y también su autonomía en un periodo en el que aparecerán las típicas dificultades a la hora de comer.[1]

El destete y la retirada del biberón pueden seguir caminos diferentes, así que lee las secciones que se adecúen a tu estilo de vida y tus decisiones, y prepárate para lo que vendrá.

En este periodo de transición, es habitual que los niños aprendan cierto movimiento o habilidad y luego dejen de hacerlo durante un tiempo, para luego retomarlo en la comida siguiente. Esto es normal. Recuerda que cada niño se desarrolla a su propio ritmo y el tiempo considerado normal para la aparición de estas habilidades abarca un rango. Si te preocupa algún aspecto del desarrollo de tu hijo o hija, coméntalo con tu médico.

Usa la siguiente lista de control para llevar un registro de lo que puedes hacer con tu niño para promover su desarrollo durante esta ventana.

Lista de control

- ☐ Si aún toma biberón, inicia la transición al uso del vaso.
- ☐ Si le ofreces leche materna, empieza a pensar en cómo destetar.
- ☐ Busca asientos que se adecúen a la edad del niño si es necesario.
- ☐ Ofrécele tres comidas al día (con dos tentempiés si lo desea).
- ☐ Sigue ofreciéndole diferentes sabores y texturas.
- ☐ Mantén la provisión regular de alérgenos comunes como el cacahuete.
- ☐ Cepíllale las encías y los dientes por la mañana y por la noche.
- ☐ Ten en cuenta que habrá rechazos de la comida y berrinches.

... y los alimentos sólidos pasan a primer plano

En esta etapa es cuando los alimentos sólidos dejan de tener un rol secundario para ser protagonistas, mientras que la leche materna y el biberón pasan a un segundo plano hasta que el niño se desteta o deja el biberón. Este cambio puede ser muy fácil para algunos y totalmente confuso y angustiante para otros. Este también es un periodo en que el crecimiento empieza a ralentizarse, lo que puede generar fluctuaciones del apetito y rechazos de la comida. Los niños pequeños entran en una etapa de separación e independencia en la que sienten el impulso de decir «no», hacer todo lo contrario de lo que les pedimos e insistir en explorar y hacer las cosas a su manera y sin ayuda. Además, tienen mucho más desarrollados la memoria y el sentido de lo que les gusta, lo que implica que son más capaces de recordar que un alimento les gusta o no, o que quieren más de algo que ya se les ha servido.

Por último, entre los 15 y los 18 meses, la mayoría de los niños empieza a exhibir lo que los investigadores llaman «neofobia alimentaria», es decir, el miedo a los alimentos nuevos. Mientras que la mayoría de los bebés se disponen a explorar felices cualquier alimento que se les ponga delante y suelen llevarse a la boca cosas que nosotros consideraríamos asquerosas (como arena, los juguetes del perro, zapatos sucios, etcétera), con los niños pequeños no pasa lo mismo. Frente a un alimento que no conocen, sienten menos curiosidad por explorarlo y son más escépticos que los bebés, de este modo es mucho más difícil ofrecerles alimentos nuevos o incluso comidas que la familia cocina o prepara de otra manera. Lograr que incorporen esas opciones por primera vez a esta edad puede ser una tarea titánica.

Lo que los adultos normalmente consideran un «mal comportamiento» en los niños pequeños es completamente normal de acuerdo con su desarrollo: se resolverá cuando el niño adquiera más lenguaje para expresarse y, finalmente, tenga la capacidad de procesar los sentimientos de decepción, rabia, frustración y cansancio. No es que se estén transformando en niños «malos» o quieran complicarte la vida (¡aunque sabemos que eso es lo que parece!), sino que están teniendo que gestionar el impresionante desarrollo de su cerebro y una enorme cantidad de cambios cognitivos con una capacidad que aún está en formación. Esto no implica que cualquiera de esos comportamientos sea más fácil de sobrellevar para los cuidadores, pero sí son completamente normales y esperables. Vamos a darte un panorama de qué esperar durante este periodo tan divertido como complejo y algunas pautas básicas sobre cómo responder en estas situaciones para que tu hijo o hija estén seguros y tú puedas seguir acompañando su aprendizaje.

Hitos del desarrollo

En la etapa del «yo, yo, yo», el bebé se está transformando rápidamente en un niño pequeño en todo su esplendor. Empieza a arrastrarse menos y a caminar más, algunos incluso corren y trepan.[2,3] Están atravesando el impactante desarrollo cognitivo típico de esta ventana y profundizando su comprensión de que son individuos únicos, diferentes de sus cuidadores de confianza.[4,5] Esta conciencia del yo que acaban de adquirir los impulsa a ser independientes y a actuar de forma totalmente contraria a la que sugiere el cuidador. Así, no solo se retrasa cualquier salida de casa (¿cuánto tarda tu hijo en ponerse los zapatos antes de ir a la guardería?), sino que también empieza a haber cambios durante las comidas.

Motricidad gruesa

→ Se ponen de pie sin agarrarse.
→ Caminan.
→ Aprenden a correr o incluso a trepar.
→ Hacen movimientos para poner a prueba su equilibrio.

El periodo entre los 12 y los 18 meses es puro movimiento. La mayoría de los niños aprende a ponerse de pie sin agarrarse y a caminar entre los 12 y los 15 meses, y al final de esta etapa muchos caminan sin dificultad, corren e incluso trepan. Tu hijo o hija se está asomando al mundo y tiene muchas ganas de explorar.

Esos primeros pasos no serán muy firmes, y lo habitual es que haya muchas caídas mientras el niño gana estabilidad y equilibrio. Le suele costar un tiempo (a menudo, meses de práctica repetida) hasta que consigue el equilibrio y la confianza para moverse por el mundo y todos sus diferentes ambientes. Una vez que puede estar de pie y estable, empieza a poner a prueba su equilibrio, por ejemplo, poniéndose en cuclillas para levantar objetos, luego volviendo a ponerse de pie sin agarrarse y finalmente levantando una sola pierna para patear una pelota. Como ocurre con cualquier otra habilidad que se debe adquirir, habrá retrocesos. Una caída fuerte quizá haga que el niño quiera que lo cojan más en brazos o quiera ir de tu mano al caminar, incluso si el día anterior podía hacer eso mismo con total independencia. Es normal. Acompaña la situación y ten en cuenta que, a medida que gane confianza, necesitará menos ayuda.

Motricidad fina

→ Cogen y manipulan objetos pequeños, por ejemplo, ponen piezas de rompecabezas con agarre en los espacios correctos.
→ Hacen garabatos con ceras de color.
→ Comen solos con cuchara.
→ Usan y controlan mejor el vaso.
→ Cogen trozos pequeños de comida y tiran cosas.

Toda la estabilidad y fuerza que el niño ha adquirido en la zona media de su cuerpo y en las piernas, que le permite caminar y correr, también favorece el desarrollo de la motricidad fina. Los niños pequeños empiezan a sentirse más estables por el fortalecimiento de la zona media, que los ayuda a usar los pequeños músculos de las manos y los dedos para hacer cosas como hojear un libro, hacer garabatos con una cera o lápiz de color, construir cosas con bloques y comer con cuchara de forma autónoma, posiblemente de manera mucho más coordinada y derramando mucho menos que entre los 6 y los 12 meses.

Y ya que hablamos de motricidad fina para comer: en esta etapa, el niño podrá coger trozos de comida pequeños con mucha más precisión y eficacia. Es la misma precisión que usará para tirar cosas que no le interesan (prepárate para eso). Y entre los 12 y los 18 meses es el momento ideal para que aprenda a usar utensilios como la cuchara, el tenedor y los palillos chinos, pero no esperes que lo haga muy bien todavía. Si no le has dado estos utensilios para usar, empieza ahora. Ensuciará mucho y quizá se niegue o vuelva a usar los dedos bastante a menudo;

es parte del proceso de aprendizaje y algo que se irá con el tiempo si te mantienes neutral, das ejemplo y sigues dejando que practique.

Habilidades socioemocionales, lingüísticas y cognitivas

→ Mejoran mucho la atención y la capacidad de resolver problemas.
→ Se muestran determinados e inflexibles continuamente.
→ Tienen emociones intensas y muy poca capacidad de autorregularse.
→ Tienen un enorme deseo de independencia.
→ Experimentan una explosión del lenguaje.

Durante la etapa del «yo, yo, yo», el desarrollo socioemocional y cerebral de tu hijo o hija está en su apogeo. Los niños de esta edad están desarrollando su individualidad y empiezan a compartir intereses, preferencias y opiniones. Comprender que pueden pensar y hacer cosas diferentes de las que hacen sus padres puede entusiasmarlos mucho y, al mismo tiempo, abrumarlos. A medida que se desarrolla su lenguaje receptivo, los niños pequeños pueden comprender bastante de lo que se les dice, incluso si están expuestos a más de un idioma en el hogar, pero su lenguaje expresivo todavía está en una etapa primaria, y eso significa que quizá no encuentren las palabras para describir esos sentimientos y necesidades, en particular cuando comprendan mejor qué les gusta y qué no. Por eso es esperable que haya grandes enojos y berrinches. El hecho de que tengan emociones intensas sin las herramientas del lenguaje para comunicarlas provoca muchísimo llanto y gritos.

A algunas familias les encanta esta etapa, mientras que para otras es exasperante y confusa. Sea como fuere, requiere mucha paciencia. Los niños quieren hacerlo todo solos. Quieren descubrirlo y entenderlo todo, y su cerebro está programado para que lo intenten. Cuanto más lo permitas y dejes que tu hijo o hija pruebe, se equivoque, vuelva a intentarlo, se frustre, se calme y siga adelante, más aprenderá y más rápido adquirirá nuevas habilidades.

Actividades para los niños pequeños de 12 a 18 meses

El juego en la etapa del «yo, yo, yo» debe adecuarse a lo que proponga cada niño o niña, pero te damos algunas ideas que favorecen el desarrollo de las habilidades para comer.

→ Juego al aire libre: el tiempo que los niños pasan corriendo, saltando y trepando afuera antes de una comida puede preparar su cuerpo para comer, porque les da hambre y gastan energía antes de tener que estar sentados. Intenta que el niño haga al menos 15 minutos de actividad física antes de cada comida.

→ Poner la mesa: a los niños pequeños les encanta ayudar y que les pidas que te ayuden a poner la mesa; desplazar sillas o llevar vasos, platos o cubiertos a la mesa puede ser un gran ejercicio de motricidad gruesa antes de comer. También está perfecto pedirles que lleven su plato al fregadero después de comer.

→ Ayudar en la cocina: los niños pequeños pueden ayudar a verter, romper, lavar, aplastar, batir, separar, mezclar/agitar, espolvorear y untar cosas. Lavar frutas y verduras, arrancar las hojas de la planta de lechuga, remover una salsa, chafar patatas cocidas y verter ingredientes en un bol son todas actividades apropiadas a esa edad.

→ Usa palabras descriptivas cuando habléis sobre la comida, por ejemplo, *ácido*, *dulce* y *amargo*, junto con otras como *caliente*, *frío*, *blando* o *duro*. Incluso describir cosas simples como el color de una comida es una excelente manera de despertar el interés de los niños por comer. Intenta evitar palabras como *asco* o *asqueroso* o *puaj*, incluso al hablar de cosas que no son alimentos.

→ Ir a hacer la compra con tu hijo o hija puede hacerle conocer nuevos alimentos y ejercitar su capacidad de usar los ojos para observar el entorno, sus habilidades lingüísticas y su memoria. Pídele que te ayude a encontrar productos en las estanterías o que intente aprender contigo los nombres de algunos alimentos como frutas o verduras.

Ejemplo de horarios de alimentación – 12 a 18 meses de edad	
Leche materna extraída o leche de fórmula: entre 420 y 600 ml al día	
Leche de fórmula: hasta 480 ml al día; a partir de los 15 meses, lo habitual es nada	
Alimentos sólidos: tres veces al día + tentempiés	
6:30 am	Despertar
7:00 am	Desayuno
9:00 am	Biberón/pecho (si se desea)
9:30 am	Siesta
11:00 am	Biberón/pecho (si se desea) o un pequeño tentempié
12:00 pm	Comida
2:00 pm	Biberón/pecho (si se desea)
2:30 pm	Siesta
4:00 pm	Tentempié
5:30 pm	Cena
7:00 pm	Biberón/pecho (si se desea)
7:30 pm	Sueño nocturno (con tomas de pecho o biberón si se desea)

Este esquema de horarios es una muestra. Ten presente que no pasa nada si tu bebé tiene una rutina diferente. Usa esto como punto de partida y adáptalo para que os funcione bien al bebé y a todos. Confía en que tu plan funciona bien siempre que el bebé haga pis y evacúe regularmente, y crezca según su propio desarrollo.

Durante este periodo, los horarios varían enormemente: algunos niños hacen más siestas que otros y algunos duermen más horas durante la noche que otros. La mayoría sigue haciendo una siesta por la mañana y una por la noche, pero es bastante habitual que algunos ya hagan una sola siesta en mitad del día. Los niños pequeños tienden a estar despiertos de 4 a 5 horas como máximo, con un tiempo de vigilia menor por la mañana que antes del sueño nocturno, aunque cada niño es diferente. En algunos casos, se van a dormir un poco más tarde. La cantidad de sueño nocturno varía mucho y hay niños que siguen despertándose por la noche. Algunos siguen haciendo tomas nocturnas, pero suele ser más por una necesidad de afecto que de alimento. Si tu niño o niña ya experimenta con alimentos sólidos en las comidas, practica cómo masticarlos y tragarlos, entonces no hay necesidad de cambiar el cronograma nocturno si funciona; pero si le está costando comer más alimentos sólidos, es probable que la razón sean las tomas nocturnas. Además, ten en cuenta que esas tomas (tanto de leche materna como de biberón a esta edad) también se asocian con un mayor riesgo de aparición de caries, pero muchas familias siguen ofreciendo esas tomas igualmente y luego le lavan los dientes al niño lo mejor que pueden con un pañito suave.

Durante los momentos de vigilia, los pequeños están muy activos y llenos de energía. Harás tres comidas, desayuno, comida y cena, además de dos tentempiés durante el día. Algunos niños que aún maman o toman biberón hacen una toma en lugar de un tentempié. Se les suele ofrecer comida cada dos o tres horas durante el día. No hay un volumen típico de leche de fórmula o materna a esta edad. Y algunos niños ya no harán ninguna y otros seguirán haciendo algunas. Recuerda que muchos niños pequeños pueden llenarse el estómago muy rápida y eficazmente con una toma de leche de pecho materno o un biberón. Si durante las comidas tu niño o niña no tiene interés en comer alimentos sólidos, valora la frecuencia con la que está haciendo tomas de pecho o de biberón.

Higiene oral

Es importante que cepilles muy bien los dientes a tu hijo o hija, por la mañana y por la noche, usando un cepillo suave y una cantidad de dentífrico equivalente a un grano de arroz. Aunque suele ser difícil de implementar, se recomienda lavar los dientes después de una toma nocturna, idealmente con un pañito, con cepillo o con un sorbo de agua. A pesar de que dejar que los niños tomen la iniciativa e intenten cepillarse los dientes solos es una gran manera de involucrarlos en el proceso, también es importante que luego se los cepille muy bien un adulto. Los odontólogos también recomiendan usar hilo dental si ya hay dientes que estén en contacto o usar un portahilo para limpiar entre los dientes. La Asociación Odontológica Estadounidense (ADA) recomienda que la primera consulta con el dentista sea durante el primer año de vida para que los niños se acostumbren a este hábito saludable.

Si el niño se resiste a cepillarse los dientes:

1. Deja que elija el cepillo que va a usar.

2. Cédele el control dejándole sostener el cepillo.

3. Escoge un dentífrico del sabor que más le guste.

4. Canta una canción durante el cepillado para prolongarlo un poco.

5. Incluye pequeños intervalos (3, 2, 1, ¡recreo!).

6. Haz que sea un juego: «¡Tengo que a atrapar el tigre que tienes en los dientes del fondo!».

La comida y la nutrición durante la etapa del «yo, yo, yo»

Cuando el bebé cumple 12 meses, en las familias suele aparecer la idea de retirar completamente la lactancia materna o el biberón. ¿Es lo que conviene? ¿Es lo que se debe hacer? Y si mi hijo o mi hija aún no están preparados, ¿está bien también? ¿Está bien retirar el pecho o el biberón exactamente a los 12 meses si todos estamos completamente preparados? Y en ese caso, ¿cómo se alimenta el bebé? Son muchas preguntas que permiten mucha flexibilidad.

El consenso médico es que, al año de vida, la mayoría de los niños pueden dejar el pecho o el biberón de forma segura. Sin embargo, hay muchas razones por las que algunos niños pequeños todavía no están preparados y algunas familias quizá quieran continuar las tomas de leche materna o de fórmula. Aunque es cierto que las principales autoridades médicas recomiendan dejar de ofrecer leche de fórmula entre los 15 y los 18 meses para favorecer el desarrollo de la salud bucal, debido a los beneficios que tiene para la salud de los niños y las madres, se recomienda la lactancia materna extendida, siempre que sea un deseo de la madre y su hijo o hija.[6]

Desarrollo de habilidades. Muchos niños todavía no han llegado a este punto. No es infrecuente ni anormal que sigan desarrollando la masticación durante el segundo año de vida. El niño debe seguir experimentando libre de presiones mientras continúa desarrollando estas destrezas entre sus 12 y 18 meses, e incluso después.

Valor emocional. Las tomas de leche materna y biberón tienen beneficios que van más allá de la nutrición para los bebés y los niños pequeños, y entran en juego valores sentimentales y emocionales significativos tanto para el niño como para los padres que quizá todavía no deseen abandonar.

Retirar el biberón o destetar al bebé parcial o totalmente son decisiones muy personales. Salvo que haya algún asunto médico que requiera tomar esa decisión en algún momento, por lo general los cuidadores no deben sentirse presionados para retirar el biberón o destetar a su hijo o hija antes de que ambas partes se sientan preparadas.

Sea cual fuere tu situación, en la dieta de los niños de 12 meses, los alimentos sólidos deberían ir cobrando protagonismo para ser la principal fuente de alimento, mientras que la leche materna o de fórmula debe quedar en un rol secundario. Incluso si el destete o la retirada del biberón parecen algo lejano todavía, es el momento de acompañar activamente al bebé para que pase de alimentarse principalmente con leche materna o de fórmula a comer alimentos sólidos. Las tomas de pecho y biberón siguen teniendo beneficios durante el segundo año de vida, y a los 12 meses muchos niños todavía no logran comer la cantidad y la variedad suficiente de alimentos sólidos como para crecer y desarrollarse solo a base de eso.

Una creencia común en las familias es que hay que reemplazar la leche materna o de fórmula por leche de vaca o una alternativa cuando los niños cumplen 12 meses. Aunque esta idea de que una puede reemplazar a la otra es comprensible, no es recomendable y puede causar otros problemas cuando el niño tenga que comer lo que se le ofrezca en la mesa familiar. El objetivo, cuando el niño esté preparado, es reemplazar la leche materna o de fórmula por una amplia variedad de alimentos nutritivos y, como hidratación, agua, leche de vaca o una leche alternativa fortificada con calcio. Reemplazar las tomas de biberón o de pecho con grandes cantidades de leche de vaca o una leche alternativa puede causar deficiencias de hierro, problemas de crecimiento y desarrollo, y estreñimiento; puede reducir la variedad de los alimentos que consume el niño y favorecer el rechazo de la comida y los problemas de alimentación; y puede perjudicar el desarrollo de la motricidad oral. En el capítulo 15 se da más información sobre la leche de vaca.

El agua

Después de su primer año, los niños deben beber idealmente al menos 240 ml de agua al día. Para algunas familias, parece imposible.

La mejor manera de animar al niño a beber agua es dar ejemplo. Para aumentar la cantidad que beba, ofrécele agua a lo largo del día fuera de las comidas. Otras estrategias pueden ser dejar que se sirva agua con tu ayuda; añadir hielo, hojas de menta o trozos de fruta a un vaso cerrado con pajita para sumar un poco de sabor o un cambio de temperatura; o dejar que elija un vaso colorido que le guste.

Otros niños aceptan fácilmente el agua y la disfrutan. Aunque no hay un máximo oficial de agua que pueda consumir un niño pequeño, la mayoría no bebe más de 900 ml al día. Esa cantidad puede variar de un día a otro según la sed del niño, lo que coma, su nivel de actividad, si está enfermo, el clima y muchos otros factores. Que un niño tenga sed excesiva también puede ser signo de algún problema subyacente, así que, si piensas que ese podría ser el caso de tu hijo o hija, es una buena idea hablarlo con tu pediatra.

Los avances durante las comidas

Durante la fase del «yo, yo, yo», el niño hará avances bastante impresionantes en su motricidad oral. Va a morder y arrancar comida con los dientes frontales y es probable que notes que mastica mejor y puede triturar y tragar sin problemas alimentos más crujientes y resistentes. A los 18 meses, con esa mejora de la masticación, deberías pensar que puede comer prácticamente cualquier cosa que coma el resto de la familia, a excepción de los alimentos que constituyen un alto riesgo de atragantamiento. Dado que los niños pequeños todavía se distraen mucho y son muy movedizos, te recomendamos que sigas modificando esos alimentos o incluso evitándolos durante un poco más de tiempo. En el capítulo 9 se da una lista de esos alimentos de riesgo.

En esta etapa, el niño también refina sus habilidades para comer, y es una excelente idea llevar cubiertos a la mesa, si todavía no lo has hecho, y dejar que practique algunos movimientos concretos durante las comidas o bien durante el juego. Probablemente aprenda a usar muy bien los cubiertos si no lo presionas y le das oportunidades repetidas para practicar.

También puedes notar que el niño usa los cubiertos en algunas comidas y en otras, no; quizá en la cena, después de un día largo, prefiera comer con la mano. El uso de los cubiertos es una habilidad de motricidad fina compleja y los niños pequeños a los que quizá les cueste un poco más la motricidad de la mano tienden a preferir comer con ella, acercarse al plato o tazón para lamer el alimento directamente del plato o tomarlo con los dedos y llevárselo a la boca, o bien romperlo con los dedos. El niño también puede tomar la comida con la mano y ponerla en una cuchara o tenedor.

El consejo más útil que podemos darte para tratar con un niño pequeño es que evites hacerle comidas distintas de las que va a comer el resto de la familia. Siempre que sea posible, ofrécele los mismos alimentos que coman los adultos. La evidencia científica demuestra que el hecho de comer con el niño pequeño y compartir los mismos alimentos aumenta la probabilidad de que esa práctica se haga habitual y, por tanto, de evitar que la selectividad normal de la edad se traduzca en grandes obstáculos y rechazos a la hora de comer. Los niños pequeños son sociables. Cuando les sirves comidas distintas o les das de comer por separado del resto de la familia, tienen menos motivación para estar sentados, menos exposición a alimentos variados y menos tendencia a comer frutas y verduras. A esta edad, es probable que compartir las comidas sea ya un hábito para ellos (¡lo han estado haciendo desde hace 6 meses!) y mantener ese hábito es crucial para atravesar esta etapa típica de selectividad y evitar rutinas problemáticas a la hora de comer (para el niño y para todos).

Cómo comen los niños a esta edad

En el insondable universo de un niño pequeño es donde empiezas a ver algunos de los comportamientos que muchos padres temen: la comida que se tira o se rechaza, los berrinches y la incesante demanda de tentempiés. Todo esto es normal y tiene que ver más con el desarrollo del cerebro que con las comidas que estás ofreciendo. Muchas de las estrategias que usaste cuando tu hijo era un bebé seguirán sirviendo; por ejemplo, procurar un ambiente sin presiones y variedad de alimentos a la hora de comer. Sin embargo, muchos niños de entre 12 y 18 meses quizá necesiten nuevos límites durante las comidas y otras estrategias para comer de manera segura y evitar batallas y conductas selectivas.

Elige un horario que priorice el hambre
en el momento de comer

Tener un esquema de horarios predecible (pero flexible) puede ser maravilloso para un niño pequeño. Los niños tienen mucha capacidad de reconocer patrones y responden bastante bien cuando pueden anticipar lo que viene a continuación. Comer a horarios predecibles puede hacer, incluso, que las hormonas que regulan el hambre se sincronicen con el momento de la comida, lo que prepara al cerebro y al cuerpo para comer. Aunque con los bebés la alimentación a demanda es la norma, los niños pequeños son mucho más capaces de estar más tiempo sin comer, ser pacientes y esperar al horario previsto para la comida. Una ventaja importante de tener horarios regulares pero flexibles es que a ciertas horas la cocina estará cerrada. A medida que tu niño se dé cuenta de que le gustan mucho más algunas comidas que otras, quizás empiece a jugar a negarse a comer lo que le ofrezcas para, poco después, pedir algo que le guste más. Tener un esquema de horarios hace que sea más fácil reforzar los límites, porque tú sabes a qué hora será la próxima comida. Eso ayuda a que el niño entienda que no habrá otra cosa para comer justo después de una comida. Cerrar la cocina entre las comidas principales y los tentempiés puede marcar la diferencia entre tener un niño que ha aprendido a comer lo que le sirven o uno que se niega y 30 minutos después llora pidiendo un tentempié porque tiene hambre. Dicho esto, habrá momentos en los que el niño tenga más hambre, esté dando un estirón, enfermo o atravesando alguna situación que altere su sistema de hambre y saciedad. No pasa nada por ser flexible en esos momentos para apoyar al niño en esa coyuntura.

La alimentación intuitiva, una forma de comer que invita a respetar las señales de hambre y saciedad que da el cuerpo, suele malinterpretarse como un permiso sin restricciones para que tu hijo lo decida absolutamente todo durante las comidas. Sin embargo, esta forma de alimentación también ayuda a tener horarios flexibles pero predecibles; a ofrecer al niño comidas variadas y equilibradas que incluyan proteínas, grasas y carbohidratos para cubrir sus necesidades nutricionales; a que sienta saciedad entre las comidas; y a que siga autorregulándose dado que decide cuánto comer. Nuestro trabajo como padres y cuidadores es guiar al niño y brindarle una estructura que le permita desarrollarse sin perder de vista nuestras emociones y sin hacer que la comida sea un motivo de preocupación.

Tampoco pasa nada por ofrecerle un tentempié cuando lo pida, porque quizá tenga hambre entre las comidas y sencillamente esté respondiendo a esa señal que le da el cuerpo. Si el niño ha ingerido su comida de mediodía y pide un tentempié 30 minutos después, probablemente se haya quedado con hambre y es recomendable satisfacer esa necesidad. Pero si esas demandas responden al hambre que siente el niño porque ha rechazado lo que se le ha ofrecido durante la comida, es un ciclo que puede aumentar la conducta selectiva, porque sabe que puede negarse a comer y recibir un tentempié después.

Si tu niño de entre 12 y 18 meses sigue haciendo muchas tomas de pecho o biberón y ves que tira la comida, no parece tener interés en los alimentos sólidos, se niega a comer o no se queda sentado en la trona, esas señales sugieren que quizá necesite que lo ayudes un poco reduciendo gradualmente las tomas de leche en favor de la ingesta de más alimentos sólidos.

Poner límites con amor cuando el niño aún toma el pecho o biberón (reduciendo la frecuencia o la cantidad de las tomas) puede contribuir a que llegue con hambre a la mesa y se interese más por comer alimentos sólidos. Esto no constituye necesariamente el destete o la retirada del biberón; de hecho, en estas situaciones, es mejor empezar con pequeños límites en lugar de reducir drásticamente las tomas de leche con la idea de que el niño empiece a comer mejor. Debes corroborar que tiene las destrezas necesarias para comer variado antes de empezar a bajar significativamente las tomas de pecho o de biberón.

Pon una regla: la comida se queda en la mesa

Todos sabemos que los niños tienen un mayor riesgo de atragantarse cuando están moviéndose (caminando, arrastrándose o corriendo) con comida en la boca. Poner desde muy temprano la regla de que la comida se queda en la mesa o de que el cuerpo debe estar sentado si estás comiendo puede salvar vidas. No tengas miedo de coger físicamente a tu hijo y sentarlo en tu regazo si tiene comida en la boca; de hecho, es por su seguridad.

Pero también sabemos que para la mayoría de los niños pequeños la oportunidad de mover el cuerpo (y con frecuencia) no solo es beneficiosa, sino necesaria. Para muchos, estar sentados a la mesa durante más de unos pocos minutos es pedirles demasiado, y pueden comer mucho mejor cuando se les dan descansos para moverse.

Por eso, lo que sugerimos es lo siguiente: la comida queda en la mesa, pero tú puedes levantarte. Durante la comida, además de estar sentados, los niños pequeños deben afrontar el desafío de masticar y probar alimentos conocidos y otros nuevos, el aspecto social de las comidas, el hambre y la comunicación que surge en cada comida. Además de todo esto, un niño que de por sí es inquieto de pronto se encuentra con la necesidad de dar saltos de tijera y correr una maratón. Entonces, ¿qué puede hacer un cuidador para que su pequeño esté seguro durante las comidas y a la vez satisfaga esa necesidad de movimiento?

La comida se queda en la mesa, pero tú puedes levantarte.

Esta regla les da a los niños la libertad de moverse cuando lo necesitan y a la vez mantiene el límite de que la masticación y la deglución tienen que hacerse cuando están sentados a la mesa por una cuestión de seguridad. Aquí hay algunos consejos para poder cumplir esta regla:

1. **Deja que el niño se siente y coma hasta que empiece a inquietarse.** Para algunos niños, ese tiempo pueden ser hasta 10 minutos, pero para otros puede ser de 3 a 5 minutos. Cuando lo veas agitado, dile: «Creo que necesitas moverte un poco. Hagamos un

descanso». Sácalo de la trona y deja que se mueva en un ambiente seguro y adecuado entre 1 y 2 minutos. Luego explícale: «Fin del descanso; volvamos a la silla». Llévalo de vuelta a la mesa y ayúdalo a sentarse correctamente. Incluso le puedes permitir que vuelva solo, sin que lo guíes.

2. **Que el hambre lo motive.** Quizá te preocupe que el niño no vuelva a la mesa si se va. Aquí cuenta la motivación que le dé el hambre. Cuando sigues un esquema de horarios regular, el niño tendrá hambre a la hora de comer y es más probable que se quede sentado o vuelva a comer si le das el espacio para deambular, pero sostienes el límite de que la comida se queda en la mesa y no puede llevársela. Además, los niños suelen estar motivados a volver a la mesa porque tú sigues ahí; son seres sociables y quieren tenerte cerca. Por eso, si estás terminando de comer, probablemente vuelvan a la mesa.

3. **Haz menos atractivo el ambiente que no sea la mesa.** Por último, puedes aumentar la probabilidad de que el niño se quede a la mesa si haces que el ambiente alternativo le resulte poco atractivo. Guarda los juguetes; permítele acceder solamente a un pequeño espacio apto con algunos libros o juguetes que no le interesen mucho. Apaga las pantallas y guarda sus juguetes preferidos hasta que terminéis de comer. La idea es que cualquier espacio fuera de la comida sea lo suficientemente aburrido para que el niño identifique que tiene hambre y prefiera volver para verte y comer más. Si aun así no regresa, es el momento de dar por terminada la comida. Aunque esto pueda ser incómodo, recuerda que, aunque creas que no ha comido lo suficiente, al estar siguiendo un esquema regular de horarios, todos volveréis a la mesa en unas pocas horas para alimentarse otra vez, y en ese momento el niño probablemente coma porque tendrá más hambre.

Prioriza las preferencias de toda la familia, no solo las del niño

Los niños pequeños pueden ser muy demandantes y bastante claros sobre lo que les gusta y lo que no. Por desgracia, esas preferencias suelen estar poco fundamentadas en la experiencia o la verdadera comprensión y mucho en suposiciones, por eso no es recomendable adecuarse a preferencias que suelen ser volátiles ni correr detrás de la lista de comidas «que sí come» tu niño. A menudo, esa lista no hace más que reducirse y evita que el niño practique la importante tarea de seguir ampliando su paladar, sus intereses culinarios y su motricidad oral, todo lo cual forma parte esencial de esos primeros años. Ofrecerle las comidas de la familia e incluir alimentos muy variados en el menú diario y semanal, además de comidas que sabes que le gustan, es muy importante para que practique las habilidades que necesita para comer y reducir la probabilidad de que las comidas se conviertan en un campo de batalla más adelante.

Si tu hijo o hija tiene alguna particularidad médica, sensorial o del desarrollo, cabe manejarse con más flexibilidad, y puede ser útil trabajar con un equipo médico que dé recomendaciones personalizadas.

Más opciones en cada comida

Ya hemos dicho que los niños pequeños tienen opiniones fuertes sobre casi todo. Un truco que puede ser muy útil para evitar una batalla campal y animar al niño a participar es dar opciones en cada comida. No hay que pasarse, pero tener entre dos y cuatro opciones (un plato principal y algunas guarniciones, por ejemplo) en una comida proporciona hasta al niño más testarudo cierto espacio para escoger y decidir cuál(es) de esas opciones quiere en esa comida sin que tú tengas que volver a la cocina para buscar algo nuevo o soportar un berrinche de proporciones épicas.

Evita las sustituciones y las comidas rápidas a demanda

En este mismo sentido, llevar a la mesa un alimento que sustituya lo que tu niño se niega a comer o empezar a prepararle comidas rápidas que sean más de su gusto probablemente genere más rechazo a la comida y más y más caos a la hora de comer. Por eso, fija el menú basándote en la estrategia que acabamos de comentar (con opciones) y sostenlo. Si empiezas a cocinarles a demanda, los niños se dan cuenta rápidamente de que el menú no está fijado y que, si se niegan a comer o tienen un berrinche, les dan otra cosa. Dicho esto, todos somos seres humanos flexibles y a veces no tenemos ni el tiempo ni la capacidad de manejar un berrinche por una comida rechazada. Planifica las comidas de la mejor manera y, si tu niño está teniendo un día particularmente difícil, ofrécele alimentos que sepas que es más probable que coma. Pero, de nuevo, no sigas sus deseos si aun así los rechaza.

Prioriza la experimentación y el interés

Incluso usando cada una de estas estrategias, habrá rechazos y «¡puaj!». Puede ser muy tentador presionar al niño para que «lo pruebe», decirle «solo un poquito» o incluso prometerle algo que le guste a cambio de probar una comida de las que no le gustan tanto. Estas estrategias pueden tener un efecto búmeran y las investigaciones muestran que tienden a empeorar los rechazos. El objetivo es enseñar al niño a probar nuevos alimentos: tener valor, curiosidad y arriesgarse. Como ya hemos dicho repetidamente, los niños desarrollan una habilidad cuando se dedican con ganas a una tarea que les interesa y que tiene la dificultad justa para poderla completar. Por ejemplo, forzar o «sobornar» al niño puede hacer que pruebe un bocado a corto plazo, pero no hará que desarrolle ninguna habilidad.

Esto no significa que no puedas hacer nada ante un rechazo. En lugar de querer que tu hijo o hija pruebe o coma la comida, prioriza que la explore o se interese de alguna manera. ¿La tocará? ¿La mirará? ¿Responderá a alguna pregunta sobre lo que ve? ¿Te la ofrecerá a ti? ¿La mojará en algún alimento o le pondrá algún condimento o especia? ¿Jugará con la comida? ¿La contará? Hay muchísimas maneras de que un niño se interese por un alimento y experimente, y aunque muchas parecen solo un juego, son estrategias eficaces para animarlo a que coma sin tener que decirle jamás «pruébalo» o «come».

¿Por qué funciona esto? En parte, porque el juego, la experimentación y el descubrimiento bajan la resistencia del niño a ese alimento y le permiten adoptar una mirada curiosa y positiva que lo hace más receptivo. Si sucede que también tiene hambre, el niño, por lo general, decide que es razonable probar la comida cuando está mejor dispuesto. Además, este tipo de actividades hacen que conozca mejor el alimento y le resulte más cercano y familiar. ¿Recuerdas la neofobia alimentaria sobre la que hemos hablado? Cuando los alimentos se convierten en algo familiar, esa neofobia que le dice a tu hijo o hija «no lo comas» empieza a apaciguarse.

No temas poner límites

Criar a un niño pequeño requiere un delicado equilibrio entre permitirle ser independiente y explorar, y a la vez poner límites para que haga lo que toca de manera segura. Ahora, poner límites no es algo que tenga que hacer tu niño o niña, sino que debes hacerlo tú. Si no responde a tu demanda, tú sostienes el límite. Estos son algunos ejemplos:

«Parece que te está costando irte del parque. Voy a cogerte en brazos para ayudarte».

«Parece que te está costando no darle golpes a tu hermano. Te voy a traer a este lado de la habitación».

Poner límites relacionados con la comida puede ser un poco incómodo. Para una madre o un padre, poner un límite sobre si tal o cual comportamiento es apropiado durante una comida y saber que la consecuencia natural de que el niño traspase ese límite es que tenga hambre después puede ser difícil de sobrellevar. Los estudios con niños muestran que los pequeños aprenden mejor cuando las consecuencias se relacionan directamente con la decisión que tomaron o el comportamiento que tuvieron. En el caso de una comida, ese comportamiento puede ser tirarla, y la consecuencia natural es que eso ya no se puede comer o que no hay más comida. ¿Eso hará que el niño tenga hambre? Es probable. Y en tu rol de madre o padre, puedes ayudarlo a manejar la incomodidad. Pero esa hambre refuerza el hecho de que comida que se tira es comida que no vuelve y entonces el niño puede reconocer que no le gusta la consecuencia natural de eso.

Los límites que se ponen para proteger a un niño pueden parecer fáciles («no, no te voy a dejar jugar con tijeras» o «no, no voy a dejar que corras por la calle»), pero sostener límites que en última instancia hagan que tenga hambre puede ser muy difícil. Piensa en qué límites te resultan apropiados, porque esto es algo que verás muchas veces mientras tu niño sea pequeño. Algunos niños necesitan más ayuda que otros para registrar la sensación de hambre o saciedad y concentrarse en las comidas, y tal vez necesiten un poco más de tiempo de ensayo y error con tu apoyo para descifrarlo.

Confía en tu hijo o hija y también en ti

El momento de la comida abre la puerta a opiniones fuertes, emociones muy intensas y límites que se ponen a prueba. Quizá necesites toda una serie de nuevas estrategias ahora que has entrado en el mundo de los niños pequeños, y nosotros vamos a apoyarte en esta etapa de cambio. Los buenos cimientos que crees en estos primeros años de vida son importantes. Eso, sumado al esfuerzo que dedicarás a esta etapa, hará que tu niño sea capaz de comer una amplia variedad de alimentos de forma segura. Los principios de la estrategia a largo plazo lo acompañarán durante la vida escolar y también en los años posteriores, a medida que se convierta en una persona capaz de entender las decisiones que toma sobre qué comer y qué necesita su cuerpo para desarrollarse.

Resumen

✔ Entre los 12 y los 18 meses aproximadamente, los alimentos sólidos cobran más protagonismo en la nutrición de los niños y las tomas de pecho o biberón empiezan a tener un rol secundario o quizá se terminen.

✔ Para los pequeños, este es un periodo de mucho movimiento, desarrollo cognitivo y emociones intensas sin el lenguaje para poder expresarlas. También adquieren el sentido de que son individuos únicos y quieren hacer las cosas a su manera, lo que empieza a hacerse evidente en las comidas. Es una etapa que requiere mucha paciencia.

✔ Entre los 12 y los 18 meses, los niños pueden coger trozos pequeños de alimentos con más precisión y aprenden a usar utensilios como cucharas, tenedores y palillos chinos. Y sí, ¡ensucian mucho! Es parte del aprendizaje. Deja que practiquen.

✔ En cuanto a la motricidad fina, deja que tu hijo o hija te ayude en la cocina. A los niños a esta edad les encanta verter, arrancar, lavar, mezclar y batir cosas, entre muchas otras actividades.

CONCLUSIÓN

Cuando cierres este libro y emprendas este viaje de guiar a tu bebé para que comparta la mesa familiar, recuerda que el inicio de la alimentación complementaria no solo es una cuestión de alimentación, sino también de vínculo, de alegría compartida, de experimentar y aprender. Es un proceso lento, pero estás allanando el camino para la creación de hábitos que van más allá de la mesa y arraigan para toda la vida. Las habilidades que se aprenden y se practican en cada comida (la paciencia, la capacidad de resolver problemas, el consenso y la curiosidad) se aplican a cada aspecto de la vida. Estás promoviendo que tu hijo o hija tenga una relación positiva y llena de descubrimientos con la comida, pero también estás alimentando su relación contigo.

Ten presente que habrá muchos altibajos. Tendréis días malos y el bebé tendrá sus propios momentos difíciles. Los tropiezos son parte del aprendizaje. Sin embargo, cada comida es una oportunidad para volverlo a intentar, para hacer las cosas de otra manera. Los días cortoplacistas, en los que apenas logres funcionar, no te juzgues. Recuerda que siempre puedes volver a tus estrategias a largo plazo al día siguiente. De hecho, cometer errores puede reforzar la adaptabilidad. Por eso, siempre que sea posible, celebra esos momentos como oportunidades para aprender. Los momentos más turbulentos suelen ser los catalizadores más potentes del crecimiento.

Si te llevas algo de este libro, esperamos que sea la convicción de que tu bebé y tú sois capaces. Tu bebé es capaz de aprender esas habilidades innatas, y aun así complejas, que le permitirán comer los alimentos que le ofrezcas. Y tú eres capaz de enseñarle a disfrutar de las comidas, a confiar en sí mismo y a nutrirse. Alimentar al bebé debe ser como una conversación en la que ambos sois interlocutores. Por eso, acompaña lo que te indique el bebé, pero ten presente que también vas a guiarlo durante este recorrido. Desde la primera pizca que pruebe hasta los desafíos que aparecen después del primer año, cada comida puede ser una oportunidad única para ayudarlo a descubrir quién es y qué le encanta. Y nuestro equipo te acompañará en cada paso del camino para orientarte. Busca respuestas en este libro y en la aplicación de Solid Starts y, luego, aventúrate con alegría.

RESOLUCIÓN DE PROBLEMAS

Aquí te damos nuestros mejores consejos para gestionar y superar las cuestiones más comunes, que no por ello dejan de ser difíciles, de las primeras etapas de la alimentación complementaria. Aunque en muchas circunstancias el trabajo de los cuidadores es simplemente no interferir y dejar que el bebé pruebe las cosas por su cuenta, otras veces hay trucos sencillos para darle un mínimo apoyo al bebé mientras aprende a comer.

Se pone demasiada comida en la boca

Aunque nos inquieta verlo, que un niño se llene demasiado la boca con comida forma parte del proceso de aprendizaje que sucede porque su cerebro empieza a entender cuánta comida debe ir allí. Meterse un montón de comida en la boca le envía un mensaje muy claro al cerebro sobre dónde hay espacio y dónde no. Como el bebé no puede mirarse el interior de la boca, usa el tacto y la información que recibe de sus músculos. Esto lo ayuda a crear lo que se conoce como «mapa mental». Así, al ponerse demasiada comida en la boca, puede hacerse una imagen clara de lo que está pasando allí dentro. En ese momento, puedes hacer lo siguiente:

1. Mantén la calma. Aunque pueda parecer una emergencia, no lo es.

2. Dile con tranquilidad: «Te has puesto mucho; escupe un poco».

3. Quita la comida de la bandeja para que el bebé no siga metiéndose más en la boca.

4. Inclina ligeramente al bebé hacia adelante para que la gravedad lo ayude a escupir la comida. Si se empuja hacia atrás, arrodíllate frente a la silla para hacer que mire hacia abajo.

Quizá pienses que lo mejor sería poner solo un bocado a la vez en la bandeja del bebé para evitar que se llene demasiado la boca. Sin embargo, es probable que igualmente llegue la etapa en que se meta demasiada comida en la boca cuando tú dejes de limitar la cantidad que le pones en la bandeja. Y ponerse demasiada comida en la boca por sí mismo le ayudará a resolver el problema cuando sea más consciente del espacio que tiene en ella.

Se le adhiere la comida al paladar

Ofrécele una cuchara vacía y seca para que chupe. El movimiento de succión puede servir para que la comida se despegue del paladar y el bebé pueda intentar masticarla o escupirla. También puedes ofrecerle un sorbito de agua en un vaso con pajita.

Acumula comida en la boca

Esto pasará a medida que el bebé aprenda a mover la comida dentro de la boca. Pero si sucede muy a menudo, puede ser señal de que le está costando mover la lengua de un lado al otro o que necesita más estímulo sensorial para reconocer en qué parte de la boca tiene la comida.

Esto es lo que se debe hacer en el momento si el bebé está acumulando comida en la boca:

1. Recuérdale que debe tragar. Puedes darle ejemplo tragando un poco de tu propia comida (o bebida) mientras acompañas el movimiento con la mano: empiezas en los labios, bajas por el cuello y terminas en el abdomen.

2. Enséñale. Dile: «Puedes escupir eso» y mostrarle de manera exagerada cómo escupir un trozo pequeño de comida mientras le pones una mano delante de la boca, como para que la comida caiga allí.

3. Ofrécele algo de beber. Si el ejemplo no te ha funcionado, ofrécele un pequeño sorbo de agua, de leche materna o de fórmula para que beba, idealmente de un vaso abierto.

4. Ofrécele una cuchara vacía para que chupe. A veces así recuerdan que deben vaciarse la boca.

5. Como último recurso, ayuda al bebé a inclinarse hacia adelante (para que tenga la gravedad a favor) y arrodíllate frente a la silla para que mire hacia abajo.

Cómo evitar que el bebé se ponga demasiada comida en la boca o la acumule

1. Crea conciencia sensorial: los mordedores naturales son una ayuda excelente en este caso. Que el bebé mordisquee o chupe estos alimentos proporciona fuerza y coordinación a la mandíbula y los músculos de la lengua, y también envía muchos estímulos sensoriales a la mandíbula, las encías, la lengua y el paladar. Eso ayuda a construir el «mapa mental» de la boca.

2. ¡Agrega sabor! Ofrece al bebé muchos alimentos con sabores ligeramente agrios o amargos, por ejemplo, naranjas o limones, moras chafadas, salsa marinara o yogur ácido. Estos alimentos «despiertan» los músculos de la boca.

3. Lavar las encías, los dientes y la lengua al bebé dos veces al día también «despierta» los músculos de la boca y ayuda a visualizar su interior.

4. Deja que el bebé investigue. Una vez que escupa la comida, ¡no se la quites! Puede parecerte asqueroso, pero permitirle que la mire, la toque e incluso vuelva a cogerla y probarla puede ser un aprendizaje muy valioso.

5. Dale trozos grandes. Esto puede parecerte contradictorio, pero el bebé tiende a ponerse demasiada comida en la boca o acumularla cuando los trozos son pequeños. Intenta darle trozos grandes que deba morder y triturar, y rodajas que no le quepan en la boca.

Se traga la comida entera

Esta es una práctica común y no es peligrosa en sí misma. El bebé probablemente sepa gestionar la comida, aunque no es raro que parezca entrar un poco en pánico mientras ese trozo más grande pasa por el esófago. Recuerda que hay dos conductos: uno para el alimento, en la parte posterior de la garganta, y otro para la respiración, en la parte anterior. El conducto del alimento es muy elástico y está hecho de músculos que empujan la comida hacia abajo. El conducto de la respiración es mucho más rígido. Por eso, si el bebé se traga un trozo grande que pasa por el conducto del alimento, eso no debería evitar que pudiera seguir respirando por el conducto apropiado.

Para ayudar al bebé a que siga practicando la masticación y mejore su habilidad para triturar los alimentos, puedes ofrecerle mordedores naturales irrompibles, como costillas de cerdo, muslos de pollo, maíz en la mazorca, huesos de mango o bastones de pepino. Estos alimentos activan los reflejos de masticación y ayudan al bebé a visualizar el interior de su boca. Si su tendencia a tragar los alimentos sin masticar no mejora en un mes aproximadamente, es una buena idea consultar con un terapeuta especializado en alimentación.

Tiene arcadas, tose y hasta vomita

Ya hemos visto en detalle que tener arcadas, toser e incluso vomitar son respuestas protectoras normales del cuerpo a medida que el bebé aprende a comer y comete errores en el proceso. A veces, una arcada muy fuerte puede hacer que el bebé vomite, y en muchos casos esto es completamente normal. Intenta dejar pasar más tiempo (al menos 1 hora) entre las tomas de leche y las comidas con alimentos sólidos para que tenga el estómago menos lleno cuando se siente a la mesa, y evita darle alimentos pegajosos como los plátanos y el aguacate; frutas y verduras con cáscara; y alimentos que se deshacen dentro de la boca, como el arroz, que se sabe que causan arcadas fuertes. Los mordedores naturales irrompibles también son una excelente herramienta para los bebés que tienen un fuerte reflejo de extrusión, ya que la sensación intensa de tacto y presión en la boca los ayuda a reducir esa arcada.

Es difícil saber qué es normal con respecto a las arcadas. Algunos bebés hacen muchas arcadas y otros, muy pocas. Todo esto puede ser normal, pero también puede ser un signo de alguna afección subyacente como el reflujo o algunas sensibilidades sensoriales. Si el bebé sigue teniendo arcadas en la mayoría de las comidas después de un periodo inicial de aprendizaje (uno o dos meses de alimentos en trozos); suele molestarse mucho después de tener arcadas (llanto, vómitos); tiene arcadas al ver la comida o con la mayoría de las texturas; o vomita en casi todas las comidas, incluso con el estómago vacío, conviene consultarlo con el médico.

Deja caer/tira la comida

Esto no es más que la exploración de la relación causa-efecto. Puede ser un signo de que el bebé ha terminado de comer, de que no tiene hambre o de que la comida resbala o es difícil de coger. Los bebés también están aprendiendo sobre la causa y el efecto, y para ellos dejar caer o tirar la comida es una manera muy divertida de ver lo que pasa. Si el bebé no tiene hambre, da por terminada la comida. Si los alimentos son demasiado resbaladizos, dáselos en la mano. Si parece estar jugando con la idea de causa y efecto, primero ignóralo. Dile: «¡No hay más!» y da por terminada la comida en ese momento. Le puedes ofrecer una toma de pecho o biberón un poco más tarde cuando tenga hambre.

Si quieres manejarlo de manera más directa

1. Deja la comida en el suelo un momento. Haz que el bebé se dé cuenta de que, cuando tira la comida, la comida no vuelve (causa y efecto).

2. Recoge la comida del suelo y sírvele una porción nueva mientras le dices: «La comida se queda en la mesa».

3. Sustituye la comida que se ha caído por una porción nueva solo una o dos veces.

4. Da por terminada la comida. Recuerda que puedes regular el hambre de tu bebé con leche materna o de fórmula. Terminar la comida ayuda a que el bebé aprenda que tirar la comida = la comida se va.

Algunos bebés necesitan que les muestren y también les digan qué hacer. Ponte junto al bebé y «caza» suavemente su brazo cuando lo lleve hacia un lado para tirar la comida; luego enséñale a poner de nuevo la comida en el plato mientras dices: «La comida se queda en la mesa». Si el bebé está tirando la comida para comunicar que ya no quiere comer más, usa la misma estrategia de «cazarle» el brazo y pregúntale: «¿Ya estás?» mientras haces el gesto correspondiente. Vuelve a dejar la comida en el plato y llévatelo todo rápido. Haz esto cada vez que pase.

Algunas familias prefieren usar un plato o tazón adicional, que puede ser de un tamaño o un color diferente para que sea llamativo. En ese recipiente, el bebé puede dejar la comida que no quiere explorar en lugar de tirarla, pero es probable que no internalice este concepto hasta que crezca un poco.

Detesta que lo limpien

Dado que en las comidas se ensucia mucho y la limpieza puede molestar mucho a los bebés, te recomendamos esperar a que termine de comer para limpiarle y hacerlo lejos de la mesa. Lleva al bebé directamente al lavabo y deja que juegue con el agua mientras le limpias el cuerpo, las manos y la cara. También puedes ofrecerle su propia servilleta y ayudarlo para que se limpie las manos y la cara por su cuenta. También puede ser divertido tener agua en un tazón o una jarra para que sumerja las manos y se limpie de forma más o menos independiente.

Detesta tener las manos sucias y no quiere tocar comidas que lo ensucien

Algunos bebés son particularmente sensibles al tacto de texturas húmedas o sucias y quieren que les limpien la comida enseguida si se manchan las manos o la cara. Si observas esto, prueba a dejar un pañito suave y húmedo en la mesa cerca del bebé en cada comida. Muéstrale que puede ayudarte a limpiarle las manos cuando le moleste la suciedad. Si lo ayudas a limpiarse, usa un paño suave y húmedo y dile: «A la de tres, te voy a limpiar la cara». Luego cuenta para prepararlo y límpialo suavemente y lo más rápido posible. Poner una canción agradable durante esta actividad también puede hacer que el bebé se moleste menos cuando le limpias la cara.

Si el bebé se niega por completo a tocar texturas que le ensucien las manos, puedes intentar llenarle previamente la cuchara. También pueden hacer juegos fuera de las comidas que lo ayuden a tolerar las texturas más húmedas y que ensucian más. Una de las cosas que más nos gusta es el juego al aire libre. Jugar en un patio, jardín o parque y dejar que coja hojas, que ponga las manos en el césped e incluso en la tierra o el barro (siempre bien supervisado, por supuesto) o jugar con agua y juguetes que se puedan mojar pueden ser excelentes maneras de hacer que el bebé se familiarice con este tipo de estímulo sensorial.

Si observas que al bebé le cuesta mucho estar en contacto con diferentes texturas tanto a la mesa como en otras actividades (por ejemplo, al lavarse el pelo, tocar el césped al aire libre, usar pinturas aptas para bebé, etcétera) coméntaselo a tu médico, porque podría ser un signo de hipersensibilidad.

Rechaza la comida

Si después de haber hecho que participe en las comidas sin presiones y dando ejemplo, el bebé sigue sin experimentar con los alimentos sólidos o se niega a llevarse la comida a la boca, empieza a averiguar el porqué. Recuerda que el comportamiento de un niño es comunicación.

Razones habituales del rechazo de la comida

1. **El bebé no está preparado para la alimentación complementaria.** Los bebés más pequeños quizá no hayan alcanzado el desarrollo psicomotor necesario para empezar a comer alimentos sólidos. Si el bebé tiene entre 4 y 5 meses, valora la posibilidad de esperar un mes más aproximadamente; si el bebé ya tiene 6 meses, espera una semana o dos, para que tenga tiempo de preparar esas habilidades.

2. **El bebé no sabe qué hacer.** Quizá debas hacer que preste atención a la comida dándole golpecitos a la bandeja o llamándolo por su nombre. También puedes coger la comida y dársela en la mano o colocarla verticalmente en algo pegajoso como el yogur. Llevar al bebé a la mesa a menudo y comer para que te observe son claves para que aprenda qué se espera que haga cuando se le ofrezca un

alimento. Puedes exagerar el movimiento de coger la comida y llevártela a la boca, masticar con la boca abierta, mostrar los movimientos de la masticación con la mano y señalarte la garganta y luego la barriga cuando tragas. No esperes que el bebé te imite inmediatamente (¡aunque quizá sí lo haga), pero dar ejemplo constantemente es fundamental.

3. **El bebé tiene sueño.** Piensa si conviene modificar la hora del día a la que llevas al bebé a la mesa. Quizá tengas que hacer las comidas en un momento en que esté más despierto y alerta.

4. **El bebé se siente presionado para comer.** Los bebés son muy sensibles a la presión, tanto positiva como negativa. Si al bebé se lo ha alentado, empujado o forzado a comer, quizá se resista a meterse comida en la boca. Puede sonar duro, pero esa es la manera que tiene de comunicar que necesita tiempo y espacio para aprender por su cuenta. Haz borrón y cuenta nueva. Aléjate de la mesa. Ponte al bebé en la falda o apóyalo en tus caderas mientras tomas un tentempié en la cocina y deja que coja la comida, solo si está listo y cuando lo esté. Olvídate de la idea de que vaya a comer algo: solo deja que tome la iniciativa. Espera a que quiera participar sin que tú lo animes.

5. **El bebé tiene demasiada hambre.** Si el bebé tiene demasiada hambre, puede frustrarse rápidamente cuando está experimentando durante una comida. Puedes darle una toma de pecho o de biberón 30 minutos antes de las comidas y luego ofrecerle otra toma al final de la comida si es necesario.

6. **La comida le resulta muy difícil de gestionar.** Los bebés a veces rechazan la comida cuando les resulta muy difícil cogerla y llevársela a la boca. Si los trozos son demasiado pequeños o resbaladizos, quizá te convenga modificarlos para facilitar la tarea al bebé.

7. **El bebé no se encuentra bien o le está saliendo un diente.** Es muy común que los bebés pierdan completamente el interés por los alimentos sólidos cuando no se encuentran bien o les está saliendo un diente. Es normal y no tienes por qué preocuparte. A veces, cuando un virus tarda un poco más en irse, es habitual que al bebé le lleve tiempo retomar la rutina. Además, las enfermedades pueden afectar al gusto y el olfato. Cuando al bebé le esté saliendo un diente, intenta calmarle la molestia con baños, cogiéndolo en brazos y meciéndolo o dándole el chupete fuera de las comidas. Puedes ofrecerle mordedores naturales fríos (como un hueso de mango sacado de la nevera o un bastón de apio congelado) al comienzo de las comidas para calmarle la molestia en las encías. Si es necesario, ofrécele papillas o purés en lugar de alimentos en trozos para reducir el dolor o la molestia al comer. Seguid sentándoos a la mesa, pero no lo fuerces ni lo presiones. Si hace falta, siéntalo en tu regazo en lugar de en la trona (eso en sí mismo puede calmarlo) y ten a mano comida si quiere, pero no lo animes a comer. Solo come tu propia comida y deja que el bebé te mire y participe cuando esté preparado y si quiere.

8. **El bebé está incómodo en la trona.** Si el bebé se reclina o está inclinado hacia un costado, o si la bandeja de la silla está demasiado alta, será mucho más difícil que pueda comer por su cuenta, lo que puede agotarlo y frustrarlo.

9. **El bebé tiene alguna enfermedad o retraso del desarrollo.** Hay ciertas enfermedades que pueden afectar al interés del bebé en los alimentos sólidos, como el reflujo, el estreñimiento y las alergias. A veces sucede que los bebés que rechazan los alimentos sólidos o tienen dificultades para comer de forma autónoma o para aprender a masticar tienen algún retraso en el desarrollo o diferencias en el procesamiento sensorial; en ese caso, le será más difícil desarrollar esas nuevas habilidades de por sí complejas.

Consulta a tu médico o a un equipo de intervención temprana para que te orienten.

Si parece que el bebé sigue sin entender que la comida va en la boca, te damos algunos consejos que puedes probar. Una de estas estrategias es compartir el mismo trozo de comida con el bebé. Sería negligente por nuestra parte no mencionar que estas prácticas pueden hacer que se compartan bacterias de la boca entre los adultos y el bebé. Es importante que los padres y los cuidadores sean conscientes de esto si eligen usar estas estrategias.

1. Muerde un bocado de la comida y dale ese trozo al bebé.

2. Sostén el trozo de comida entre los dientes frontales e inclínate para que el bebé pueda sacártelo de la boca.

Si ya has probado todas las estrategias y ninguna funciona, valora la posibilidad de suspender las comidas con alimentos sólidos durante dos o tres días. Cuando vuelvas a intentarlo, hazlo sin la trona durante otros dos o tres días. Podéis sentaros en una manta en el salón o al aire libre. Haz que el bebé se siente en tu regazo o con otro cuidador de su confianza. Cambiar el entorno a veces puede marcar la diferencia.

Si después de probar todas estas estrategias, no observas ningún interés por parte del bebé, valora la idea de hablar con su médico y pedir una derivación a un terapeuta especializado en alimentación para que haga una evaluación más personalizada.

Cómo retomar la rutina después de una enfermedad o de la dentición

No es raro que los bebés rechacen los alimentos sólidos cuando están enfermos y hasta un tiempo después de haberse recuperado. Sigue priorizando las tomas de pecho y biberón, y mantén la rutina típica de comidas. Lleva al bebé a la mesa para que participe en las comidas, pero no esperes que coma mucho de nada. Con esa exposición sin presiones, volverá a su rutina.

Estreñimiento, gases, deposiciones explosivas, etcétera

Al inicio de la alimentación complementaria, tendemos a centrarnos en lo que ocurre en la boca (el desarrollo de habilidades, la experimentación y la ingesta), pero también empiezan a suceder muchas cosas en el aparato digestivo. En primer lugar, el microbioma intestinal está madurando y diversificándose, y es la primera vez que recibe alimentos sólidos. Para los bebés que hasta ahora han recibido lactancia materna exclusiva, el primer cambio que quizá notes es el olor y la consistencia de las heces. El color y la textura empezarán a variar más según qué haya ingerido el bebé y cómo. Si tienes alguna inquietud, toma una foto de las heces y coméntalo con el pediatra de tu bebé.

El bebé evacúa durante la comida

¿El bebé evacúa mientras está sentado a la mesa? En el cuerpo hay un reflejo llamado «reflejo gastrocólico» que se activa después de las comidas. Cuando la comida entra en el estómago, se activa una señal que va al cerebro y le dice: «¡Aquí hay comida!», y desde allí el cerebro le envía una señal al colon que dice: «¡Haz sitio!». En respuesta, el colon se contrae, lo que al final produce las ganas de evacuar. Algunos bebés tienen un reflejo muy sensible y entonces evacúan durante las comidas o inmediatamente después. No pasa nada, siempre y cuando el bebé esté creciendo bien. No hay mucho que podamos o debamos hacer para evitar esa evacuación. Si el bebé no quiere volver a la mesa después del cambio de pañal, a veces podemos tratar de comer en el suelo, como en un pícnic, para volver a interesarlo.

El bebé llora, pero las heces son blandas

La evacuación requiere que pasen dos cosas: que se relaje el suelo pélvico al mismo tiempo que se aumenta la presión intraabdominal (empujando hacia abajo). Los bebés pequeños (por lo general, menores de 9 meses) pueden tener dificultades para coordinar estas dos cosas y padecen un trastorno común llamado «disquecia del lactante», un problema no preocupante por el cual el bebé tiene dificultades para expulsar las heces. El escenario típico es que el bebé llora durante al menos diez minutos y parece que está intentando evacuar (se tensa, hace fuerza con el abdomen, llora). Incluso la cara se le puede poner roja antes de poder eliminar heces blandas. El llanto es el intento del bebé por generar presión intraabdominal; no es que le duela. El cuerpo suele resolver esto solo con tiempo y práctica. El uso de supositorios y la estimulación rectal no son recomendables.

¿Cambios en las heces por la erupción dental?

Contrariamente a lo que se cree, la dentición no tiene una conexión directa con la diarrea o la mucosidad en las heces. Los cinco síntomas más comunes asociados a la erupción dental son irritación de las encías, irritabilidad, babeo, succión de manos y juguetes, y falta de apetito. Hay ciertos medicamentos líquidos analgésicos con ingredientes que pueden aligerar las heces, una razón por la cual puede haber cambios en las deposiciones durante la erupción dental. Si el bebé está haciendo muchas deposiciones blandas diarias, no lo atribuyas enseguida a la dentición y habla con tu médico.

Gases

Los gases son bastante comunes después de que el bebé inicie la alimentación complementaria. Los señalados habitualmente son los alimentos ricos en fibra, como el brócoli, los espárragos, las legumbres y las frutas con cáscara. Si el bebé tiene gases o molestias estomacales, empieza dándole menos cantidades de estos alimentos y ve aumentándolas gradualmente para que el sistema digestivo del bebé se adapte y se ajuste. La fibra es excelente para el desarrollo del microbioma intestinal y para facilitar las evacuaciones. Si el bebé se despierta por la noche por los gases, intenta reducir temporalmente algunos de estos alimentos ricos en fibra hasta que los síntomas se resuelvan y luego vuelve a incorporarlos poco a poco. Para ayudar al bebé con los gases, puedes ponerlo boca abajo en el suelo (que haga actividad física en general ayuda), darle baños de agua tibia, hacer el ejercicio de «la bicicleta»/llevarle las rodillas al pecho y darle masajes en la zona abdominal. Y si tienes dudas, consulta con su pediatra.

Deposiciones explosivas

Las deposiciones explosivas son comunes durante los primeros meses de vida y en los periodos de enfermedad. También pueden darse después del inicio de la alimentación complementaria. Los alimentos que causan principalmente estos episodios son similares a los que causan los gases. Las deposiciones explosivas ocurren tras la ingesta de grandes cantidades de fruta, vegetales y legumbres. Verifica que el pañal del bebé sea del tamaño correcto para evitar las filtraciones. Estos episodios deberían reducirse con el tiempo, a medida que el sistema digestivo del bebé se acostumbre a los alimentos sólidos. Si siguen ocurriendo de forma regular, y no hay enfermedad, consulta con el pediatra de tu bebé.

Diarrea o deposiciones líquidas

La mayoría de las veces, las deposiciones muy blandas o líquidas aparecen cuando hay una enfermedad viral (gastroenteritis) y se resuelven con el tiempo. Aunque antiguamente se recomendaba la dieta conocida como BRAT (siglas en inglés de «plátanos, arroz, puré de manzana y pan tostado») para tratar la diarrea, hoy en día eso ya no se aconseja. No hay restricciones concretas que aplicar a la dieta del bebé, aunque los alimentos con alto contenido de azúcar y grasa pueden empeorar la diarrea, por lo que suele recomendarse la reducción temporal de estos alimentos en periodos de enfermedad. Si el bebé está haciendo deposiciones muy líquidas, mantenlo hidratado y revisa que moje completamente alrededor de cuatro pañales al día. A veces hace falta una solución de rehidratación oral, pero normalmente basta con la leche materna o de fórmula. No se recomienda darles agua a los bebés cuando están enfermos. Las bebidas deportivas como el Gatorade o el Powerade no son apropiadas para los bebés, porque tienen un alto contenido de azúcar que puede empeorar la diarrea. Nunca se recomienda darle al bebé ninguna medicación para frenar la diarrea. Si la diarrea viene acompañada de sangre o vómitos, o si el bebé presenta signos de deshidratación (incapacidad para derramar lágrimas, labios secos y agrietados, falta parcial o total de energía, pocos pañales mojados) o te preocupa alguna otra cosa, por favor consulta al pediatra de inmediato.

Mucosidad en las heces

El principal rol del aparato digestivo es digerir la comida y absorber los nutrientes, mientras protege al cuerpo de organismos y agentes externos. Los intestinos están recubiertos con una capa mucosa que no solo ayuda al paso de la comida y las heces, sino que también actúa como línea de defensa contra agentes externos. Que haya pequeñas cantidades de mucosidad en las heces es normal. Cuando esas cantidades son excesivas, puede ser preocupante, sobre todo si hay otros síntomas, como dificultad para aumentar de peso, eczema o infecciones. La alergia a las proteínas de la leche de vaca, por ejemplo, puede causar heces con mucosidad sin que haya sangre ni dolor de estómago. Si tienes alguna preocupación, no dudes en consultar con el pediatra.

Comida sin digerir en las heces

Es común (y completamente normal) ver pedacitos parcialmente digeridos de comida en las heces del bebé. Los alimentos sólidos pueden pasar muy rápido por su aparato digestivo. Cuanto más rápido viaja la comida, menos tiempo tiene de ser digerida por completo. Al cuerpo le resulta más difícil descomponer algunos alimentos, en especial los ricos en fibra. Cosas que podrías ver en el pañal del bebé son cáscaras de granos de maíz o alubias, cáscaras de frutas y verduras, y semillas enteras. Los jugos y los antibióticos también pueden hacer que la comida pase rápido por los intestinos, y así las heces pueden ser muy blandas y tener pedacitos de comida. Recuerda que, en esta etapa, el bebé está aprendiendo a masticar. Por eso también quizá veas pedacitos de zanahoria, brócoli y arándanos, entre otras cosas, en las heces. En general, siempre que el bebé se sienta cómodo y esté creciendo bien, no es para nada preocupante. Si constantemente ves comida sin digerir en las heces y al bebé le cuesta subir de peso, te recomendamos que consultes con el pediatra.

¿Está estreñido mi bebé?

El estreñimiento es bastante común. Al menos un 3 por ciento de todas las consultas pediátricas generales y al menos un 25 por ciento de todas las consultas gastroenterológicas pediátricas están relacionadas con este tema. Entre el 17 y el 40 por ciento de los niños que sufren de estreñimiento tuvieron sus primeros episodios siendo bebés.[1] En términos generales, el estreñimiento se define como la presencia de deposiciones poco frecuentes, duras y a veces de diámetro grande.[2] Por ejemplo, si un bebé evacúa cada tres días, pero las deposiciones son muy blandas, es muy improbable que esté estreñido. Después del inicio de la alimentación complementaria, podemos empezar a ver deposiciones más firmes, menos frecuentes o incluso más líquidas.

¿Cómo se puede tratar el estreñimiento?

Antes de tomar cualquier medicamento, es habitual que se pueda tratar el estreñimiento modificando los alimentos que se ofrecen al bebé. Si el bebé está consumiendo mucho cereal de arroz o alimentos con poca fibra, agrega más alimentos ricos en fibra y probióticos como el aguacate, la pera, las semillas de lino molidas, los frutos rojos, el yogur, los cereales integrales y los frijoles. Para los niños mayores de 6 meses, algo que también puede servir es que beban un poco más de agua (no más de 250 ml al día). La actividad física estimula el movimiento intestinal, así que también puede ayudar que el bebé pase un buen rato en el suelo, al igual que baños tibios y los masajes abdominales. Si a pesar de probar diferentes cosas, el bebé sigue padeciendo estreñimiento y le cuesta evacuar o si sientes que estás quitando alimentos de su dieta para mejorar el estreñimiento, consulta con su pediatra para que lo evalúe y te oriente.

El bebé evacúa mientras duerme

El control de la vejiga y de la función intestinal suelen adquirirse poco a poco y con el tiempo; por lo tanto, que el bebé evacúe mientras duerme es normal, sobre todo si se alimenta por la noche. Mientras dormimos, el cuerpo y el sistema digestivo están relajados, lo que facilita el movimiento digestivo. Si revisas los horarios del bebé (y si es viable), puedes dejar que pase más tiempo entre que coma y se vaya a dormir (¡una cosa es decirlo y otra es hacerlo!). Además, quizá puedas darle un baño tibio después de la cena para ayudarlo a que se relaje y así tal vez evacúe antes de dormir.

El reflujo en los bebés

El reflujo o la regurgitación es muy común en los bebés. Tiende a ser más fuerte a los 4 meses de edad y desaparecer a los 12 meses, cuando su anatomía digestiva está más madura.[3,4] A la mayoría de los bebés no les causa ninguna incomodidad regurgitar y están impávidos durante sus episodios de reflujo: siguen comiendo y creciendo bien sin medicación ni intervención médica.

Históricamente, los pediatras recomendaban agregar cereal al biberón para el reflujo; sin embargo, la Academia Estadounidense de Pediatría y los CDC ahora desaconsejan esta práctica. Agregar cereal al biberón antes de que el bebé esté en el momento adecuado de su desarrollo desplaza los nutrientes y los líquidos que normalmente incorporaría con la leche materna o de fórmula.

Se cree que el reflujo en algunos bebés puede estar asociado a la alergia a las proteínas de la leche de vaca (APLV). Sin embargo, en la mayoría de los bebés, esta afección suele resolverse sola con el crecimiento. Si te preocupa que tu bebé pueda tener APLV, consulta a tu pediatra para que te oriente. El bebé quizá necesite tomar una fórmula hipoalergénica o hecha a base de aminoácidos. En el caso de los bebés alimentados con lactancia materna, la madre tal vez necesite eliminar los lácteos de su dieta.

Consejos para tratar el reflujo

→ Evita la sobrealimentación: intenta que las comidas sean menos abundantes pero más frecuentes o deja pasar más tiempo entre una y otra. Comer demasiado de una sentada puede empeorar el reflujo.

→ Optimiza la posición del bebé después de comer: sostenerlo erguido durante 15 a 30 minutos después de una comida puede servir para reducir la incidencia del reflujo.

→ Haz que el bebé eructe durante las comidas: esta práctica puede ayudar a reducir el reflujo, porque evita los eructos cuando el estómago está lleno.

→ Revisa que el pañal no esté demasiado apretado: demasiada presión sobre el abdomen puede causar reflujo.

→ Si el bebé se alimenta con leche de fórmula, habla con el pediatra y un dietista pediátrico sobre fórmulas alternativas que sean mejores opciones para los casos de reflujo.

→ No descartes la alergia a las proteínas de leche de vaca si el reflujo es persistente y causa molestias al bebé.

→ Evita la exposición al humo del tabaco.

→ Los bebés con reflujo pueden ser más propensos a vomitar cuando hacen arcadas. En ese caso, a veces ayuda dejar pasar 1 hora entre las tomas de leche y las comidas con alimentos sólidos, incluso al inicio de la alimentación complementaria.

→ Controla el estreñimiento: cuando el estreñimiento es recurrente y no se controla, puede contribuir al reflujo. Piénsalo como un problema con las tuberías: si las cosas no fluyen habrá atascos.

Un pequeño porcentaje de los bebés tienen la enfermedad por reflujo gastroesofágico (GERD), que se presenta cuando el reflujo causa complicaciones como la irritación del esófago (el conducto del alimento) que causa dolor, asma o neumonía. Si piensas que tu bebé puede padecer GERD, por favor coméntalo con tu pediatra de inmediato.

Signos de que el bebé puede tener GERD u otra cosa

→ Arquea la espalda o mueve el cuello hacia un lado como si le doliera después de una ingesta.

→ Se niega a comer.

→ Llora durante las comidas.

→ Vomita con mucha fuerza.

→ Escupe sangre.

→ Tose mientras come.

→ Se ahoga cuando le sube el reflujo.

→ No aumenta bien de peso.

→ Empieza a tener reflujo después de los 6 meses de edad.

Cuándo buscar ayuda si te preocupa la alimentación de tu bebé

Hay tantas cuestiones que caen dentro del «es normal» cuando un bebé aprende a comer que es difícil saber cuándo pedir ayuda. Siempre que tengas una pregunta o una inquietud, el primer paso es consultarlo con tu pediatra u otro especialista pediátrico. A veces solo necesitas que te den un poco de tranquilidad. A continuación hay algunos problemas significativos que ameritan una evaluación médica del bebé y tal vez una derivación para que recibas la ayuda necesaria.

1. El bebé no muestra ningún interés en la comida ni en comer a pesar de que se le han dado oportunidades para experimentar sin presiones y ejemplos de cómo realizar las actividades.

2. Llora al ver la trona o se niega a sentarse a la mesa.

3. Tiene arcadas continua y repetidamente en casi todas o en todas las comidas, en especial combinadas con vómitos.

4. Se niega a tocar cualquier comida.

5. Ha tenido cambios significativos en su peso, no aumenta bien de peso o tiene dificultades de crecimiento.

6. Se ha reducido sustancialmente la cantidad de pañales que moja por día.

7. Se muestra aletargado en general o con poca energía.

8. Está irritable en general y es difícil consolarlo.

9. Sus heces son duras y le cuesta eliminarlas.

10. Hay sangre en las heces.

11. El bebé tose o escupe a menudo en la mayoría de las comidas, sobre todo si eso va acompañado de infecciones frecuentes del aparato respiratorio superior o fiebres sin explicación.

12. Ha tenido episodios ocasionales de atragantamiento mientras estaba sentado tranquilo en un asiento adecuado. Es raro que se produzcan atragantamientos y haya que intervenir. Si debes realizar las maniobras de rescate por atragantamiento más de una vez durante esta etapa, quizá sea necesaria una mayor evaluación.

Si tienes alguna inquietud, pregunta. Habla con tu pediatra sobre una posible derivación a terapeutas especializados en alimentación pediátrica, a especialistas en deglución, a dietistas pediátricos o a otros especialistas médicos pediátricos.

Más recursos

SolidStarts.com
    Aplicación de Solid Starts
    Solid Starts PRO

RECURSOS PARA LAS FAMILIAS QUE CONVIVEN CON ALERGIAS

Sabemos de primera mano lo estresante y difícil que puede ser la vida cuando un niño tiene una alergia alimentaria. Afortunadamente, hay recursos maravillosos para padres y cuidadores en esos casos. Estos son solo algunos:

Investigación y educación sobre alergias alimentarias (FARE)

FARE es el recurso por excelencia sobre alergias alimentarias en Estados Unidos. El sitio web de esta organización es fantástico: muy completo, con grupos de apoyo, listas detalladas de alimentos que hay que evitar si el bebé tiene una alergia alimentaria y material descargable para colgar en casa.

Instituto Nacional de Alergias y Enfermedades Infecciosas de EE. UU. (NIAID)

Una organización de referencia que se propone entender, tratar y prevenir las enfermedades alérgicas, inmunológicas e infecciosas.

Academia Estadounidense de Alergia, Asma e Inmunología (AAAAI)

Una organización de profesionales dedicada al desarrollo del conocimiento y el ejercicio de la alergología, los tratamientos contra el asma y la inmunología con el objetivo de brindar una atención óptima a los pacientes.

Colegio Estadounidense de Alergia, Asma e Inmunología (ACAAI)

Una asociación médica de alergólogos, inmunólogos y profesionales de la salud afines.

Niños con alergias alimentarias (Kids with Food Allergies, KFA)

Parte de la Fundación de Asma y Alergia de EE.UU. (AAFA), este sitio web contiene una increíble base de datos con recetas libres de alérgenos.

Centros para el Control y la Prevención de Enfermedades de EE. UU. (CDC)

El sitio web de los CDC incluye un recurso útil para el manejo de las alergias en la escuela.

 **Si el bebé ha recibido un diagnóstico de alergia alimentaria**

☐ Monta un equipo multidisciplinar especializado en alergias (pediatra o médico de familia, alergólogo, enfermero, dietista y profesional de salud mental).

☐ Repasa el plan de acción de emergencia que ha diseñado el médico de tu hijo o hija y verifica que sabes qué hacer ante cualquier síntoma que pueda surgir en caso de una reacción alérgica.

- [ ] Consigue una receta para adquirir adrenalina y practica cómo usarla (la mayoría de los dispositivos autoinyectables vienen con un dispositivo de entrenamiento).
- [ ] Comunica la alergia a todos los cuidadores, personal de la guardería y de la escuela.
- [ ] Organiza un plan de acción en la escuela/guardería de tu hijo o hija.
- [ ] Pega carteles en tu nevera donde se muestre cómo reconocer y tratar una reacción alérgica.
- [ ] Forma a todos los cuidadores para actuar en caso de una reacción alérgica.
- [ ] Revisa lo que tienes en la cocina y la despensa, y lee las etiquetas en detalle. Rotula «No dar al bebé» tanto en los recipientes como en las tapas de los alimentos que contienen alérgenos. Valora la posibilidad de tener despensas separadas para facilitar la organización y la gestión de la cocina.
- [ ] Planifica consultas regulares al médico para monitorizar la resolución de la alergia.
- [ ] En caso de alergia alimentaria crónica, evalúa las distintas opciones de tratamiento (como la inmunoterapia sublingual, la inmunoterapia oral o los medicamentos biológicos) con tu alergólogo.

Adrenalina: preguntas frecuentes

Las familias suelen tener muchas preguntas sobre el uso de la adrenalina para tratar las reacciones alérgicas. Las siguientes son algunas de las que recibimos más a menudo.

¿Se puede administrar una inyección de adrenalina a través de la ropa?

Sí, la adrenalina autoinyectable se puede aplicar a través de la ropa.

¿Se puede usar un inyector de adrenalina que ha caducado?

Sí. Los estudios han demostrado que, cuando se mantiene en un ambiente de temperatura controlada, la adrenalina autoinyectable puede mantener una eficacia significativa hasta tres años después de la fecha de caducidad.[1,2,3] Dicho esto, usa un dispositivo de adrenalina caducado solo si no tienes acceso a uno que esté en fecha. Es importante que las escuelas y las guarderías tengan autoinyectores de adrenalina que estén en fecha, no caducados.

¿Se puede usar la adrenalina para el FPIES?

La adrenalina no trata los síntomas del FPIES. Para una reacción por FPIES leve, que consiste en uno o dos episodios de vómito, puede servir un medicamento antiemético (contra las náuseas) por vía oral. Para una reacción por FPIES grave, que culmina en *shock*, el mejor tratamiento es el soporte fluido intravenoso y posiblemente esteroides, según el paciente.

¿Se puede usar un inyector de adrenalina para adultos en un niño si es necesario?

Se debe proceder con cuidado. La longitud de la aguja del dispositivo autoinyectable para adultos es mayor que la del que se usa en los niños. En un bebé o un niño muy pequeño, existe el riesgo de que esa aguja más larga pueda penetrar el músculo y tocar el hueso. Dicho esto, si es una emergencia con riesgo para la vida, es mejor usar el inyector para adultos que nada. Administra la inyección en la parte superior y exterior del muslo, donde los músculos se notan más gruesos al tacto. Se puede reducir el riesgo de que la aguja choque contra el fémur si se levanta el músculo pellizcándolo con el índice y el pulgar.

¿Cuántos inyectores de adrenalina necesito tener para un niño con alergia?

Ten al menos dos en todo momento. Controla que haya adrenalina en la escuela, la guardería, donde estén los cuidadores, las niñeras y en cualquier lugar donde el bebé pase tiempo. Guarda los inyectores caducados, al menos durante un tiempo breve.

¿Qué debo hacer ante una reacción grave si no tengo adrenalina?
Llama a emergencias, informa al operador de que el niño está teniendo una reacción alérgica grave y pide una ambulancia con adrenalina. Mientras esperas a que llegue la ayuda, el operador se quedará en línea orientándote sobre los pasos que debes seguir para monitorizar y estabilizar a tu hijo o hija.

¿Cómo sé si es necesaria una segunda dosis de adrenalina?
Se debe administrar una segunda dosis de adrenalina si los síntomas de la reacción alérgica no mejoran pasados entre 3 y 5 minutos de la primera dosis (o si los síntomas existentes empeoran o se desarrollan nuevos síntomas en cualquier momento después de la administración/inyección inicial).

RECURSOS DE EMERGENCIA (EN INGLÉS)

Cruz Roja Americana

En su sitio web se incluyen clases de RCP infantil y se puede descargar una guía paso a paso para imprimir.
www.redcross.org

American Heart Association (Sociedad Estadounidense de Cardiología)

En su sitio web se puede adquirir un kit de formación en RCP infantil.
https://cpr.heart.org

Solid Starts

En nuestro sitio web está disponible de forma gratuita una guía de maniobras de primeros auxilios pediátricos en español.
SolidStarts.com

AGRADECIMIENTOS

Este libro fue un trabajo increíble hecho con mucho amor, y la colaboración y el compromiso de muchas personas.

Primero y principal, queremos dar las gracias a nuestras familias, sobre todo a los niños que tenemos en nuestras vidas, que nos han enseñado e inspirado desde su llegada al mundo. Eso incluye a los niños de muchas madres, padres y cuidadores de la comunidad de Solid Starts que han compartido sus historias y experiencias para que otras personas pudieran aprender. Cada uno de vosotros habéis ayudado a que Solid Starts sea lo que es hoy y esperamos que algún día leáis este mensaje y os sintáis orgullosos. Habéis ayudado a muchísimas familias a aprender, a crecer y a disfrutar de la mesa juntos. Aaïla, Aarav, Adie, Alex, Amália, Amaris, Amelia, Anjani, Aqeel, Asher, Ava, Beau, Benjamin, Bennett, Beth, Blythe, Bobbi, Broly, Caden, Callie, Calum, Charles, Charlie, Cleo, Cooper, Eduardo, Elena, Elisa, Elliott, Emerson, Emilia, Emilio, Eunoia, Eva, Evie, Gin, Gus, Hannah, Hannah Sierra, Hawii, Isar, Isla, Julian, Juliana, Juliet Rose, Kai, Kaia, Kalani, Laila, Leila, Lena, Leo, Lina, Logan, Louie, Lucy, Maëlys, Maeve, Mahalia, Malcolm, Malden, Marcella, Marshal, Max, Maya, Mika, Mila, Miles, Nico, Nkosi, Oliver, Olivia, Oscar, Owen, Patrick, Rafael, Raleigh, Riley H., Riley L., Río, Quaide, Quentin, Savannah, Sebastián, Sevigne, Sevy, Shehzad, Silas, Sofia, Theo, Tifa, Wei Sey, William, Yara, Zeke y Zuri.

Tenemos una deuda de gratitud con todo el equipo de Solid Starts por sus aportaciones a este libro. En especial, queremos darle un gran abrazo y las gracias a Kate Lindquist, nuestra fantástica jefa editorial: ha trabajado incansablemente entre bambalinas para que este libro, que empezó como unas ideas en bruto, fuera una realidad.

Queremos transmitir un agradecimiento muy especial a nuestro equipo de terapeutas especialistas en alimentación de Solid Starts, entre ellas, Marisa Suarez, Alexia Derma Salazar y Jenna Longbottom. Marisa y Alexia asumieron muchísimos aspectos de nuestro trabajo diario en Solid Starts para que nosotras tuviéramos tiempo y espacio para escribir este libro, y el ojo clínico de Jenna garantizaba que cada línea de este manuscrito tuviera los datos correctos y el respaldo en la literatura médica. Chelsea Synyahl-Gleisner, Katja Jylkka, Kelly Stange y Nikki Silvestri nos acompañaron en todo momento con sus palabras sabias, sus sugerencias y su apoyo cuando los necesitábamos.

Cait Hoyt, nuestra agente en Creative Artists, creyó en este libro desde el momento en el que le presentamos la idea y estamos en deuda con ella porque nos ayudó a encontrar a las mejores editoras para que se hiciera realidad. Nos sentimos muy afortunadas de haber trabajado con un equipo editorial increíble, en particular Libby Burton y Sandra Bark, que tomaron lo que escribimos y lo mejoraron. Desde el primer día, estas increíbles mujeres albergaron nuestra visión y nos acompañaron en cada paso del recorrido para ayudarnos a concretarla. Valoramos especialmente su capacidad de convertir algo complejo y caótico en un texto atractivo, coherente y con simplicidad en el mensaje.

Agradecemos a las mentes creativas de Carmen Deñó, Lucy Andersen y T. M. Detwiler, que diseñaron las ilustraciones y las infografías del libro. Estos artistas tuvieron una de las tareas más complicadas: usar un formato a dos colores para crear obras con la estética de Solid Starts, donde hasta ahora hemos contado nuestras historias digitales con un fuerte soporte de fotografías y vídeos. Estamos maravilladas por lo que han logrado y esperamos que a los lectores les guste tanto su trabajo como a nosotras.

Aunque suele citarse a Solid Starts como una fuente de consulta principal sobre temas de alimentación infantil, sin duda no somos las primeras (¡y no seremos las últimas!) en defender la idea de que los bebés pueden aprender a comer comida real en cuanto están preparados para iniciar la alimentación complementaria. Queremos dar las gracias a los muchos especialistas en alimentación que nos precedieron, en especial a la Dra. Gill Rapley y a otras voces autorizadas en desarrollo infantil, en concreto a la Dra. Tina Payne Bryson. Ese grupo de profesionales pediátricos ha inspirado nuestro trabajo por muchísimas razones y ha contribuido a este libro con su investigación, sus teorías, su pericia y su sabiduría.

NOTAS

Introducción

1. Rapley, G. y Murkett, T. (2010). *Baby-led weaning: The essential guide to introducing solid foods—and helping your baby to grow up a happy and confident eater.* Nueva York: The Experiment Publishing.

Capítulo 1

1. Brown, A. y Lee, M. (2010). «Maternal control of child feeding during the weaning period: Differences between mothers following a baby-led or standard weaning approach». *Maternal Child Health, 15*(8), 1265-1271. doi:10.1007/s10995-010-0678-4

2. Scaglioni, S., De Cosmi, V., Ciappolino, V., *et al.* (2018). «Factors influencing children's eating behaviours». *Nutrients, 10*(6), 706.

3. Surette, V. A., Smith-Simpson, S., Fries, L. R. y Ross, C. F. (2022). «Food texture experiences across age groups in 4- to 36-month-old children in the United States». *Journal of Texture Studies, 53*(1), 18-30.

4. Nicklaus, S. (2011). «Children's acceptance of new foods at weaning. Role of practices of weaning and of food sensory properties». *Appetite, 57*(3), 812-815.

Capítulo 2

1. Bentley, A. (2014). *Inventing baby food: Taste, health, and the industrialization of the American diet.* University of California Press.

2. da Costa, S. P., Remijn, L., Weenen, H., *et al.* (2017). «Exposure to texture of foods for 8-month-old infants: Does the size of the pieces matter?» *Journal of Texture Studies, 48*(6), 534-540. doi:10.1111/jtxs.12271

3. Le Révérend, B. J., Edelson, L. R. y Loret, C. (2014). «Anatomical, functional, physiological and behavioural aspects of the development of mastication in early childhood». *British Journal of Nutrition, 111*(3), 403-414. doi:10.1017/S0007114513002699

4. Investigación y educación sobre alergias alimentarias (FARE). (n. d.). «Learning early about peanut allergy (LEAP)». Recuperado el 17 de abril de 2024 de «https://www.foodallergy.org/resources/learning-early-about-peanut-allergy-leap».

5. Perkin, M. R., Logan, K., Marrs, T., *et al.* y equipo del estudio EAT (2016). «Enquiring About Tolerance (EAT) study: Feasibility of an early allergenic food introduction regimen». *Journal of Allergy and Clinical Immunology, 137*(5), 1477-1486. doi.org/10.1016/j.jaci.2015.12.1322

6. Natsume, O., Kabashima, S., Nakazato, J., *et al.* (2017). «Two-step egg introduction for prevention of egg allergy in high- risk infants with eczema (PETIT): A randomised, double-blind, placebo-controlled trial». *Lancet, 389*(10066), 276-286. doi:10.1016/S0140-6736(16)31418-0

7. Morris, Z. S., Wooding, S. y Grant, J. (2011). «The answer is 17 years, what is the question: Understanding time lags in translational research». *Journal of the Royal Society of Medicine, 104*(12), 510-520. doi:10.1258/jrsm.2011.110180

8. Organización Mundial de la Salud. (2011). «Exclusive breast feeding for six months best for babies everywhere». «https://www.who.int/mediacentre/news/statements/2011/breastfeeding_20110115/en/».

9. Fangupo, L. J., Heath, A. M., Williams, S. M., *et al.* (octubre de 2016). «A baby-led approach to eating solids and risk of choking». *Pediatrics, 138*(4), Artículo e20160772. doi:10.1542/peds.2016-0772

10. *Williams Erickson, L., Taylor, R. W., Haszard, J. J., et al.* (2018). «Impact of a modified version of baby-led weaning on infant food and nutrient intakes: The BLISS randomized controlled trial». *Nutrients, 10*(6), 740. doi:10.3390/nu10060740

11. Tournier, C., Bernad, C., Madrelle, J., *et al.* (2021). «Fostering infant food texture acceptance: A pilot intervention promoting food texture introduction between 8 and 15 months». *Appetite, 158*, 104989. doi:10.1016/j.appet.2020.104989

12. Coulthard, H., Harris, G. y Emmett, P. (2009). «Delayed introduction of lumpy foods to children during the complementary feeding period affects child's food acceptance and feeding at 7 years of age». *Maternal & Child Nutrition*, *5*(1), 75-85. doi:10.1111/j.1740-8709.2008.00153.x

13. Harris, G. y Mason, S. (2017). «Are there sensitive periods for food acceptance in infancy?». *Current Nutrition Reports*, *6*(2), 190-196. doi:10.1007/s13668-017-0203-0

14. Roberts, G., Bahnson, H. T., Du Toit, G., *et al.* (2023). «Defining the window of opportunity and target populations to prevent peanut allergy». *Journal of Allergy & Clinical Immunology*, *151*(5), 1329-1336. doi:10.1016/j.jaci.2022.09.042

15. Fleischer, D. M., Chan, E. S., Venter, C., *et al.* (2021). «A consensus approach to the primary prevention of food allergy through nutrition: Guidance from the American Academy of Allergy, Asthma, and Immunology; American College of Allergy, Asthma, and Immunology; and the Canadian Society for Allergy and Clinical Immunology». *Journal of Allergy & Clinical Immunology: In Practice*, *9*(1), 22-43. e4. doi:10.1016/j.jaip.2020.11.002

16. Harris, G. y Mason, S. (2017).

17. Bentley, A. (2014).

18. *Time*. (18 de marzo de 1940). «Foods: Tin can mother». https://content.time.com/time/subscriber/article/0,33009,763689,00.html

19. Rapley, G. (2016). «Are puréed foods justified for infants of 6 months? What does the evidence tell us?». *Journal of Health Visiting*, *4*(6), 289-295.

20. Organización Mundial de la Salud. (2023). «WHO Guideline for complementary feeding of infants and young children 6-23 months of age». https://www.ncbi.nlm.nih.gov/books/NBK596427/

Capítulo 3

1. Harris, G. y Mason, S. (2017). «Are there sensitive periods for food acceptance in infancy?». *Current Nutrition Reports*, *6*(2), 190-196. doi:10.1007/s13668-017-0203-0

2. Northstone, K., Emmett, P., Nethersole, F. y equipo del estudio ALSPAC (Avon Longitudinal Study of Pregnancy and Childhood). (2001). «The effect

of age of introduction to lumpy solids on foods eaten and reported feeding difficulties at 6 and 15 months». *Journal of Human Nutrition & Dietetics*, *14*(1), 43-54. doi:10.1046/j.1365-277x.2001.00264.x

3. Coulthard, H., Harris, G. y Emmett, P. (2009). «Delayed introduction of lumpy foods to children during the complementary feeding period affects child's food acceptance and feeding at 7 years of age». *Maternal & Child Nutrition*, *5*(1), 75-85. doi:10.1111/j.1740-8709.2008.00153.x

4. Du Toit, G., Roberts, G., Sayre, P. H., *et al.* y equipo del estudio LEAP (2015). «Randomized trial of peanut consumption in infants at risk for peanut allergy». *New England Journal of Medicine*, *372*(9), 803-813. doi:10.1056/NEJMoa1414850

5. Du Toit, G., Sayre, P. H., Roberts, G., *et al.*, y equipo del estudio Immune Tolerance Network LEAP-On. (2016). «Effect of avoidance on peanut allergy after early peanut consumption». *New England Journal of Medicine*, *374*(15), 1435-1443. doi.org/10.1056/NEJMoa1514209

6. Keet, C., Pistiner, M., Plesa, M., *et al.* (2021). «Age and eczema severity, but not family history, are major risk factors for peanut allergy in infancy». *Journal of Allergy & Clinical Immunology*, *147*(3), 984-991.e5. doi:10.1016/j.jaci.2020.11.033

7. Roberts, G., Bahnson, H. T., Du Toit, G., *et al.* (2023). «Defining the window of opportunity and target populations to prevent peanut allergy». *Journal of Allergy & Clinical Immunology*, *151*(5), 1329-1336. doi:10.1016/j.jaci.2022.09.042

8. da Costa, S. P., Remijn, L., Weenen, H., *et al.* (2017). «Exposure to texture of foods for 8-month-old infants: Does the size of the pieces matter?». *Journal of Texture Studies*, *48*(6), 534-540. doi:10.1111/jtxs.12271

9. Coulthard, H., Harris, G. y Emmett, P. (2010). «Long-term consequences of early fruit and vegetable feeding practices in the United Kingdom». *Public Health Nutrition*, *13*(12), 2044-2051. doi:10.1017/S1368980010000790

10. Northstone, K., Emmett, P., Nethersole, F. y equipo del estudio ALSPAC (Avon Longitudinal Study of Pregnancy and Childhood). (2001). «The effect of age of introduction to lumpy solids on foods eaten and reported feeding difficulties at 6 and 15 months». *Journal of Human Nutrition & Dietetics*, *14*(1), 43-54. doi:10.1046/j.1365-277x.2001.00264.x

11. Harris, G. y Mason, S. (2017).

12. Du Plessis, L., Kruger, H. y Sweet, L. (2013). «II. Complementary feeding: A critical window of opportunity from six months onwards». *South African Journal of Clinical Nutrition*, *26*(S), S129-S140.

13. Tournier, C., Bernad, C., Madrelle, J., *et al.* (2021). «Fostering infant food texture acceptance: A pilot intervention promoting food texture introduction between 8 and 15 months». *Appetite, 158*, 104989. doi:10.1016/j. appet.2020.104989

14. da Costa, S. P., Remijn, L., Weenen, H., *et al.* (2017).

15. Le Révérend, B. J., Edelson, L. R. y Loret, C. (2014). «Anatomical, functional, physiological and behavioural aspects of the development of mastication in early childhood». *British Journal of Nutrition, 111*(3), 403-414. doi:10.1017/ S0007114513002699

16. Arvedson, J. C., Brodsky, L. y Lefton-Greif, M. (2019). *Pediatric swallowing and feeding: Assessment and management* (3.ª ed.). Plural.

17. Redstone, F. y West, J. F. (2004). «The importance of postural control for feeding». *Pediatric Nursing*, *30*(2), 97-100.

18. Wilson, E. M., Green, J. R. y Weismer, G. (2012). «A kinematic description of the temporal characteristics of jaw motion for early chewing: Preliminary findings». *Journal of Speech, Language, & Hearing Research*, *55*(2), 626-638. doi:10.1044/1092-4388(2011/10-0236

19. Carruth, B. R. y Skinner, J. D. (2002). «Feeding behaviors and other motor development in healthy children (2-24 months)». *Journal of the American College of Nutrition*, *21*(2), 88-96. doi:10.1080/07315724.2002.10719199

20. Wilson, E. M. y Green, J. R. (2009). «The development of jaw motion for mastication». *Early Human Development*, *85*(5), 303-311. doi:10.1016/j. earlhumdev.2008.12.003

21. Arvedson, J. C., Brodsky, L. y Lefton-Greif, M. (2019). *Pediatric swallowing and feeding: Assessment and management* (3.ª ed). Nueva York: Plural Publishing.

22. Harris, G. y Mason, S. (2017).

23. Almaatani, D., Zurbau, A., Khoshnevisan, F., *et al.* (2023). «The association between parents' stress and parental feeding practices and feeding styles: Systematic review and meta-analysis of observational studies». *Maternal & Child Nutrition*, *19*(1), Artículo e13448. doi:10.1111/mcn.13448

24. Harvey, L., Bryant-Waugh, R., Watkins, B., *et al.* (2015). «Parental perceptions of childhood feeding problems». *Journal of Child Health Care: For Professionals Working with Children in the Hospital & Community, 19*(3), 392-401. doi:10.1177/1367493513509422

Capítulo 4

1. Karen, R. (1998). *Becoming attached: First relationships and how they shape our capacity to love.* Oxford University Press.

2. Adolph, K. E. (2008). «Learning to move». *Current Directions in Psychological Science,* 17(3), 213-218. doi:10.1111/j.1467-8721.2008.00577.x

3. Adolph, K. E. (2008).

4. Tylka, T. L., Lumeng, J. C. y Eneli, I. U. (2015). «Maternal intuitive eating as a moderator of the association between concern about child weight and restrictive child feeding». *Appetite, 95,* 158-165. doi:10.1016/j.appet.2015.06.023

5. Savage, J. S., Fisher, J. O. y Birch, L. L. (2007). «Parental influence on eating behavior: Conception to adolescence». *Journal of Law, Medicine & Ethics, 35*(1), 22-34. doi:10.1111/j.1748-720X.2007.00111.x

6. Fildes, A., van Jaarsveld, C. H., Llewellyn, C., *et al.* (2015). «Parental control over feeding in infancy. Influence of infant weight, appetite and feeding method». *Appetite, 91,* 101-106. doi:10.1016/j.appet.2015.04.004

7. Øverby, N. C., Hillesund, E. R., Røed, M., *et al.* (2020). «Association between parental feeding practices and shared family meals. The Food4toddlers study». *Food & Nutrition Research, 64.* doi:10.29219/fnr.v64.4456

8. León, M. P., González-Martí, I. y Contreras-Jordán, O. R. (2021). «What do children think of their perceived and ideal bodies? Understandings of body image at early ages: A mixed study». *International Journal of Environmental Research & Public Health, 18*(9), 4871. doi:10.3390/ijerph18094871

9. Eli, K., Howell, K., Fisher, P. A., *et al.* (2014). «"Those comments last forever": Parents and grandparents of preschoolers recount how they became aware of their own body weights as children». *PLoS One, 9*(11), Artículo e111974. doi:10.1371/journal.pone.0111974

10. Nehls, S., Losse, E., Enzensberger, C., *et al.* (2024). «Time-sensitive changes in the maternal brain and their influence on mother-child attachment». *Translational Psychiatry, 14*, 84. doi:10.1038/s41398-024-02805-2

11. Robson, S. M., McCullough, M. B., Rex, S., *et al.* (2020). «Family meal frequency, diet, and family functioning: A systematic review with meta-analyses». *Journal of Nutrition Education & Behavior, 52*(5), 553-564. doi:10.1016/j.jneb.2019.12.012

12. Harbec, M. y Pagani, L. S. (2018). «Associations between early family meal environment quality and later well-being in school-age children». *Journal of Developmental & Behavioral Pediatrics, 39*(2), 136-143. doi:10.1097/DBP.0000000000000520

13. Cook, R., Bird, G., Catmur, C., *et al.* (2014). «Mirror neurons: From origin to function». *Behavioral & Brain Sciences, 37*(2), 177-192. doi:10.1017/S0140525X13000903

14. Marshall, P. J. y Meltzoff, A. N. (2014). «Neural mirroring mechanisms and imitation in human infants». *Philosophical Transactions of the Royal Society B: Biological Sciences, 369*(1644), 20130620. doi:10.1098/rstb.2013.0620

15. Harbec, M. y Pagani, L. S. (2018).

Capítulo 5

1. Karen, R. (1998). *Becoming attached: First relationships and how they shape our capacity to love.* Oxford University Press.

2. Moriceau, S. y Sullivan, R. M. (2005). «Neurobiology of infant attachment». *Developmental Psychobiology: Journal of the International Society for Developmental Psychobiology, 47*(3), 230-242. doi:10.1002/dev.20093

3. Black, M. M. y Aboud, F. E. (2011). «Responsive feeding is embedded in a theoretical framework of responsive parenting». *Journal of Nutrition, 141*(3), 490-494. doi:10.3945/jn.110.129973

4. Stern, J. A., Barbarin, O. y Cassidy, J. (2022). «Working toward anti-racist perspectives in attachment theory, research, and practice». *Attachment & Human Development, 24*(3), 392-422. doi:10.1080/14616734.2021.1976933

5. Causadias, J. M., Morris, K. S., Cárcamo, R. A., *et al.* (2022). «Attachment research and anti-racism: learning from Black and Brown scholars».

Attachment & Human Development, *24*(3), 366-372. doi:10.1080/14616734.2021.1976936

6. Satter, E. (2012). *Child of mine: Feeding with love and good sense.* Bull.

7. Mermelshtine, R. (2017). «Parent-child learning interactions: A review of the literature on scaffolding». *British Journal of Educational Psychology*, *87*(2), 241-254. doi:10.1111/bjep.12147

8. Gillespie, L. G. y Greenberg, J. D. (2017). «Empowering infants' and toddlers' learning through scaffolding». *YC Young Children*, *72*(2), 90-93.

9. Burke, J. P. (1977). «A clinical perspective on motivation: Pawn versus origin». *American Journal of Occupational Therapy*, *31*, 254-258.

10. Mermelshtine, R. (2017).

Capítulo 6

1. Centros para el Control y la Prevención de Enfermedades de EE. UU. (CDC), Centro Nacional para las Estadísticas de la Salud de EE. UU. (NCHS). Sistema Nacional de Estadísticas Vitales (NVSS), Mortalidad 1999-2020 vinculada en la base de datos en línea del sistema WONDER de los CDC, lanzada en 2021. Los datos pertenecen a los registros de «Multiple Cause of Death» (Múltiples causas de muerte), 1999-2020, compilados de datos provistos por las 57 jurisdicciones de estadísticas vitales en el marco del programa Vital Statistics Cooperative Program. Recuperado el 3 de enero de 2024 de «http://wonder.cdc.gov/ucd-icd10.html».

2. Northstone, K., Emmett, P., Nethersole, F. y equipo del estudio ALSPAC (Avon Longitudinal Study of Pregnancy and Childhood). (2001). «The effect of age of introduction to lumpy solids on foods eaten and reported feeding difficulties at 6 and 15 months». *Journal of Human Nutrition & Dietetics*, *14*(1), 43-54. doi:10.1046/j.1365-277x.2001.00264.x

3. Coulthard, H., Harris, G. y Emmett, P. (2009). «Delayed introduction of lumpy foods to children during the complementary feeding period affects child's food acceptance and feeding at 7 years of age». *Maternal & Child Nutrition*, *5*(1), 75-85. doi:10.1111/j.1740-8709.2008.00153.x

4. Le Révérend, B. J., Edelson, L. R. y Loret, C. (2014). «Anatomical, functional, physiological and behavioural aspects of the development of mastication in

early childhood». *British Journal of Nutrition, 111*(3), 403-414. doi:10.1017/S0007114513002699

5. Tournier, C., Demonteil, L., Ksiazek, E., *et al.* (2021). «Factors associated with food texture acceptance in 4- to 36-month-old French children: Findings from a survey study». *Frontiers in Nutrition, 7,* 616484. doi:10.3389/fnut.2020.616484

6. Larrick, B. M., Dwyer, J. T., Erdman, J. W., *et al.* (2022). «An updated framework for industry funding of food and nutrition research: Managing financial conflicts and scientific integrity». *Journal of Nutrition, 152*(8), 1812-1818. doi:10.1093/jn/nxac106

7. Centros para el Control y la Prevención de Enfermedades de EE. UU. (CDC), Centro Nacional para las Estadísticas de la Salud de EE. UU. (NCHS).

8. Centros para el Control y la Prevención de Enfermedades de EE. UU. (CDC), Centro Nacional para las Estadísticas de la Salud de EE. UU. (NCHS).

9. Wake, M., Hesketh, K. y Lucas, J. (2000). «Teething and tooth eruption in infants: A cohort study». *Pediatrics, 106*(6), 1374-1379. doi:10.1542/peds.106.6.1374

10. Fangupo, L. J., Heath, A. M., Williams, S. M., *et al.* (2016). «A baby-led approach to eating solids and risk of choking». *Pediatrics, 138*(4), Artículo e20160772. doi:10.1542/peds.2016-0772

11. Sakamoto, M., Watanabe, Y., Edahiro, A., *et al.* (2018). «Self-feeding ability as a predictor of mortality Japanese nursing home residents: A two-year longitudinal study». *Journal of Nutrition, Health & Aging, 23*(2), 157-164. doi:10.1007/s12603-018-1125-2

12. Smith, C. H., Teo, Y. y Simpson, S. (2013). «An observational study of adults with Down syndrome eating independently». *Dysphagia, 29*(1), 52-60. doi:10.1007/s00455-013-9479-4

13. Shune, S. E., Moon, J. B. y Goodman, S. S. (2016). «The effects of age and preoral sensorimotor cues on anticipatory mouth movement during swallowing». *Journal of Speech, Language, & Hearing Research, 59*(2), 195-205. doi:10.1044/2015_JSLHR-S-15-0138

14. Corbin-Lewis, K., Liss, J. M. y Sciortino, K. (2005). *Clinical anatomy and physiology of the swallowing mechanism.* Clifton Park, NY: Thompson.

15. Sakamoto, M., Watanabe, Y., Edahiro, A., *et al.* (2018).

16. Smith, C. H., Teo, Y. y Simpson, S. (2013).

17. Shune, S. E., Moon, J. B. y Goodman, S. S. (2016).

18. Arvedson, J. C., Brodsky, L. y Lefton-Greif, M. (2019). *Pediatric swallowing and feeding: Assessment and management* (3.ª ed.). Plural.

19. Fangupo, L. J., Heath, A. M., Williams, S. M., *et al.* (2016).

20. Corbin-Lewis, K., Liss, J. M. y Sciortino, K. (2005).

21. Corbin-Lewis, K., Liss, J. M. y Sciortino, K. (2005).

22. Lorenzoni, G., Hochdorn, A., Beltrame Vriz, G., *et al.* (2022). «Regulatory and educational initiatives to prevent food choking injuries in children: An overview of the current approaches». *Frontiers in Public Health, 10,* 830876. doi:10.3389/fpubh.2022.830876

23. Le Révérend, B. J., Edelson, L. R. y Loret, C. (2014).

24. Ertekin, Ç., Keskin, A., Kıylıoğlu, N., *et al.* (2001). «The effect of head and neck positions on oropharyngeal swallowing: A clinical and electrophysiologic study». *Archives of Physical Medicine & Rehabilitation, 82*(9), 1255-1260. doi:10.1053/apmr.2001.25156

25. Centros para el Control y la Prevención de Enfermedades de EE. UU. (CDC), Centro Nacional para las Estadísticas de la Salud de EE. UU. (NCHS).

26. Comisión de Seguridad de Productos del Consumidor de EE. UU. (CPSC). (abril de 2024). Sistema Electrónico de Vigilancia de Lesiones de EE. UU. (NEISS) 2004-2023. Base de datos en línea de NEISS. Recuperado el 13 de agosto de 2024 de «https://www.cpsc.gov/cgibin/NEISSQuery/home. aspx».

27. Harris, C. S., Baker, S. P., Smith, G. A., *et al.* (1984). «Childhood asphyxiation by food: A national analysis and overview». *Journal of the American Medical Association, 251*(17), 2231-2235.

28. Committee on Injury, Violence, and Poison Prevention. (2010). «Prevention of choking among children». *Pediatrics, 125*(3), 601-607. doi:10.1542/peds.2009-2862

29. Correia, L., Sousa, A. R., Capitão, C. y Pedro, A. R. (2024). «Complementary feeding approaches and risk of choking: A systematic review». *Journal of Pediatric Gastroenterology and Nutrition, 79*(5), 934-942. doi.org/10.1002/jpn3.12298

Capítulo 7

1. Organización Mundial de la Salud. (2011). «Exclusive breast feeding for six months best for babies everywhere». «https://www.who.int/mediacentre/news/statements/2011/breastfeeding_20110115/en/».

2. Meek, J. Y. y Noble, L. (2022). «Section on breastfeeding; Policy statement: Breastfeeding and the use of human milk». *Pediatrics, 150*(1), Artículo e2022057988. doi:10.1542/peds.2022-057988

3. Wright, C. M., Cameron, K., Tsiaka, M., *et al.* (2011). «Is baby-led weaning feasible? When do babies first reach out for and eat finger foods? *Maternal & Child Nutrition, 7*(1), 27-33. doi:10.1111/j.1740-8709.2010.00274.x

4. Cleary, J., Dalton, S., Harman, A., *et al.* (2020). «Current practice in the introduction of solid foods for preterm infants». *Public Health Nutrition, 23*(1), 94-101. doi:10.1017/S1368980019002337

5. Palmer, D. J. y Makrides, M. (2012). «Introducing solid foods to preterm infants in developed countries». *Annals of Nutrition & Metabolism, 60*(Supl. 2), 31-38. doi:10.1159/000335336

6. Brown, A. y Harries, V. (2015). «Infant sleep and night feeding patterns during later infancy: Association with breastfeeding frequency, daytime complementary food intake, and infant weight». *Breastfeeding Medicine, 10*(5), 246-252. doi:10.1089/bfm.2014.0153

7. Nelson, S. P., Chen, E. H., Syniar, G. M., *et al.* (1997). «Prevalence of symptoms of gastroesophageal reflux during infancy. A pediatric practice-based survey. Pediatric Practice Research Group». *Archives of Pediatrics & Adolescent Medicine, 151*(6), 569-572. doi:10.1001/archpedi.1997.02170430035007

8. Hegar, B., Satari, D. H., Sjarif, D. R., *et al.* (2013). «Regurgitation and gastroesophageal reflux disease in six to nine months old Indonesian infants». *Pediatric Gastroenterology, Hepatology & Nutrition, 16*(4), 240-247. doi:10.5223/pghn.2013.16.4.240

9. Campanozzi, A., Boccia, G., Pensabene, L., *et al.* (2009). «Prevalence and natural history of gastroesophageal reflux: pediatric prospective survey». *Pediatrics, 123*(3), 779-783. doi:10.1542/peds.2007-3569

10. Coulthard, H., Harris, G. y Fogel, A. (2014). «Exposure to vegetable variety in infants weaned at different ages». *Appetite, 78*, 89-94. doi:10.1016/j.appet.2014.03.021

11. Fangupo, L. J., Heath, A. M., Williams, S. M., *et al.* (octubre de 2016). «A baby-led approach to eating solids and risk of choking». *Pediatrics, 138*(4), Artículo e20160772. doi:10.1542/peds.2016-0772

12. Ertekin, C., Keskin, A., Kiylioglu, N., *et al.* (2001). «The effect of head and neck positions on oropharyngeal swallowing: A clinical and electrophysiologic study». *Archives of Physical Medicine & Rehabilitation, 82*(9), 1255-1260. doi:10.1053/apmr.2001.25156

13. Shune, S. E., Moon, J. B. y Goodman, S. S. (2016). «The effects of age and preoral sensorimotor cues on anticipatory mouth movement during swallowing». *Journal of Speech, Language, & Hearing Research, 59*(2), 195-205. doi:10.1044/2015_JSLHR-S-15-0138

14. Sasegbon, A. y Hamdy, S. (2017). «The anatomy and physiology of normal and abnormal swallowing in oropharyngeal dysphagia». *Neurogastroenterology & Motility, 29*(11). doi:10.1111/nmo.13100

15. Organización Mundial de la Salud. (2023). «WHO Guideline for complementary feeding of infants and young children 6-23 months of age». https://www.ncbi.nlm.nih.gov/books/NBK596427/

16. Meek, J. Y. y Noble, L. (2022).

Capítulo 8

1. Sakaguchi, K., Mehta, N. R., Maruyama, T., *et al.* (2023). «Effect of sitting posture with and without sole-ground contact on chewing stability and masticatory performance». *Journal of Oral Science, 65*(4), 251-256. doi:10.2334/josnusd.23-0172

2. Moriceau, S. y Sullivan, R. M. (2005). «Neurobiology of infant attachment». *Developmental Psychobiology: The Journal of the International Society for Developmental Psychobiology, 47*(3), 230-242. doi:10.1002/dev.20093

3. Karen, R. (1998). *Becoming attached: First relationships and how they shape our capacity to love.* Oxford University Press.

4. Sakaguchi, K., Mehta, N. R., Maruyama, T., *et al.* (2023).

5. Uesugi, Y., Ihara, Y., Yuasa, K., *et al.* (2019). «Sole-ground contact and sitting leg position influence suprahyoid and sternocleidomastoid muscle activity

during swallowing of liquids». *Clinical & Experimental Dental Research*, 5(5), 505-512. doi:10.1002/cre2.216

6. Morris, S. E. y Klein, M. D. (2000). *Pre-feeding skills* (2.ª ed.). Therapy Skill Builders.

7. Sistema Electrónico de Vigilancia de Lesiones de EE. UU. (NEISS). (2021). Comisión de Seguridad de Productos del Consumidor de EE. UU. (CPSC).

8. Comisión de Seguridad de Productos del Consumidor de EE. UU. (CPSC) (abril de 2024). Sistema Electrónico de Vigilancia de Lesiones de EE. UU. (NEISS) 2004-2023. Base de datos en línea de NEISS. Recuperado el 13 de agosto de 2024 de «https://www.cpsc.gov/cgibin/NEISSQuery/home.aspx».

9. Black, M. M. y Aboud, F. E. (2011). «Responsive feeding is embedded in a theoretical framework of responsive parenting». *Journal of Nutrition*, 141(3), 490-494. doi:10.3945/jn.110.129973

Capítulo 9

1. FoodSafety.gov (21 de septiembre de 2013). «People at risk: Children under five». «https://www.foodsafety.gov/people-at-risk/children-under-five».

2. Centros para el Control y la Prevención de Enfermedades de EE. UU. (CDC). (29 de abril de 2024). «About four steps to food safety». «https://cdc.gov/food-safety/prevention/».

3. Health Canada (marzo de 2015). «Safe food handling for children ages 5 and under». Recuperado el 5 de noviembre de 2021 de «https://www.canada.ca/content/dam/hc-sc/documents/services/food-safety-vulnerable-populations/food-safety-vulnerable-populations/children-under-5-moins-enfant-eng.pdf».

4. Food Standards Agency. (mayo de 2024). «Salmonella». Recuperado el 5 de agosto de 2024 de «https://www.food.gov.uk/safety-hygiene/salmonella».

5. California Office of Environmental Health Hazard Assessment (24 de mayo de 2019). «Mercury in fish and shellfish». «https://oehha.ca.gov/fish/mercury-fish-information-people-who-eat-fish».

6. Augustin, J., Augustin, E., Cutrufelli, R. L., *et al.* (1992). «Alcohol retention in food preparation». *Journal of the American Dietetic Association*, 92(4), 486-488.

7. Gaw, C. E. y Osterhoudt, K. C. (10 de diciembre de 2020). «Babies can get sick from alcohol». «https://injury.research.chop.edu/blog/posts/babies-can-get-sick-alcohol».

8. Gaw, C. E., Lim, C. G., Korenoski, A. S., *et al.* (2021). «Beverage ethanol exposures among infants reported to United States poison control centers». *Clinical Toxicology*, *59*(7), 619-627. doi:10.1080/15563650.2020.1843660

9. Gupta, P. M., Hamner, H. C., Suchdev, P. S., *et al.* (2017). «Iron status of toddlers, nonpregnant females, and pregnant females in the United States». *American Journal of Clinical Nutrition*, *106*(Supl. 6), 1640S-1646S. doi:10.3945/ajcn.117.155978

10. Moscheo, C., Licciardello, M., Samperi, P., *et al.* (2022). «New insights into iron deficiency anemia in children: A practical review». *Metabolites*, *12*(4), 289. doi:10.3390/metabo12040289

11. van der Merwe, L. F. y Eussen, S. R. (2017). «Iron status of young children in Europe». *American Journal of Clinical Nutrition*, *106*(Supl. 6), 1663S-1671S. doi:10.3945/ajcn.117.156018

12. Bates, M., Gupta, P. M., Cogswell, M. E., *et al.* (2020). «Iron content of commercially available infant and toddler foods in the United States, 2015». *Nutrients*, *12*(8), 2439. doi:10.3390/nu12082439

13. Katiforis, I., Fleming, E. A., Haszard, J. J., *et al.* (2021). «Energy, sugars, iron, and vitamin B12 content of commercial infant food pouches and other commercial infant foods on the New Zealand market». *Nutrients*, *13*(2), 657. doi:10.3390/nu13020657

Capítulo 10

1. Fangupo, L. J., Heath, A. M., Williams, S. M., *et al.* (octubre de 2016). «A baby-led approach to eating solids and risk of choking». *Pediatrics*, *138*(4), Artículo e20160772. doi:10.1542/peds.2016-0772

2. Shune, S. E., Moon, J. B. y Goodman, S. S. (2016). «The effects of age and preoral sensorimotor cues on anticipatory mouth movement during swallowing». *Journal of Speech, Language, & Hearing Research*, *59*(2), 195-205. doi:10.1044/2015_jslhr-s-15-0138

3. Sakamoto, M., Watanabe, Y., Edahiro, A., *et al.* (2018). «Self-feeding ability as a predictor of mortality Japanese nursing home residents: A two-year

longitudinal study». *Journal of Nutrition*, Health & Aging, *23*(2), 157-164. doi:10.1007/s12603-018-1125-2

4. Simione, M., Loret, C., Le Révérend, B., *et al.* (2018). «Differing structural properties of foods affect the development of mandibular control and muscle coordination in infants and young children». *Physiology & Behavior*, *186*, 62-72. doi:10.1016/j.physbeh.2018.01.009

5. Smith, C. H., Teo, Y. y Simpson, S. (2013). «An observational study of adults with Down syndrome eating independently». *Dysphagia*, *29*(1), 52-60. doi:10.1007/s00455-013-9479-4

6. Organización Mundial de la Salud. (2023). «WHO Guideline for complementary feeding of infants and young children 6-23 months of age». «https://www.ncbi.nlm.nih.gov/books/NBK596427/».

7. Hill, L. F., Lowe, C. U., Smith, C. A., *et al.* (1958). «On the feeding of solid foods to infants». *Pediatrics, 21*, 685-692.

8. Samady, W., Campbell, E., Aktas, O. N., *et al.* (2020). «Recommendations on complementary food introduction among pediatric practitioners». *JAMA Network Open, 3*(8), Artículo e2013070. doi:10.1001/jamanetworkopen.2020.13070

9. Trulsson, M. y Johansson, R. S. (2002). «Orofacial mechanoreceptors in humans: Encoding characteristics and responses during natural orofacial behaviors». *Behavioural Brain Research, 135*(1-2), 27-33. doi:10.1016/s0166-4328(02)00151-1

10. Simione, M., Loret, C., Le Révérend, B., *et al.* (2018).

11. Takahashi, T., Miyamoto, T., Terao, A., *et al.* (2007). «Cerebral activation related to the control of mastication during changes in food hardness». *Neuroscience, 145*, 791-794. doi:10.1016/j.neuroscience.2006.12.044

12. Jadcherla, S. R., Hogan, W. J. y Shaker, R. (2010). «Physiology and pathophysiology of glottic reflexes and pulmonary aspiration: From neonates to adults». *Seminars in Respiratory & Critical Care Medicine, 31*(5), 554-560. doi:10.1055/s-0030-1265896

13. Bayley, N. (2006). Bayley scales of infant and toddler development (Las escalas Bayley de desarrollo infantil). *Psychological Corporation.* [Las escalas Bayley de desarrollo infantil son un instrumento formal de evaluación para el diagnóstico de retraso en el desarrollo infantil].

14. Fangupo, L. J., Heath, A. M., Williams, S. M., *et al.* (2016).

15. Geisel, E. G. (1991). «Effect of food texture on the development of chewing of children between six months and two years of age». *Developmental Medicine & Child Neurology, 3,* 69-79. doi:10.1111/j.1469-8749.1991.tb14786.x

16. da Costa, S. P., Remijn, L., Weenen, H., *et al.* (2017). «Exposure to texture of foods for 8-month-old infants: Does the size of the pieces matter?». *Journal of Texture Studies, 48*(6), 534-540. doi:10.1111/jtxs.12271

17. Harris, G. y Mason, S. (2017). «Are there sensitive periods for food acceptance in infancy?». *Current Nutrition Reports, 6*(2), 190-196. doi:10.1007/s13668-017-0203-0

18. Northstone, K., Emmett, P., Nethersole, F. y equipo del estudio ALSPAC (Avon Longitudinal Study of Pregnancy and Childhood). (2001). «The effect of age of introduction to lumpy solids on foods eaten and reported feeding difficulties at 6 and 15 months». *Journal of Human Nutrition & Dietetics, 14*(1), 43-54. doi:10.1046/j.1365-277x.2001.00264.x

19. Coulthard, H., Harris, G. y Emmett, P. (2009). «Delayed introduction of lumpy foods to children during the complementary feeding period affects child's food acceptance and feeding at 7 years of age». *Maternal & Child Nutrition, 5*(1), 75-85. doi:10.1111/j.1740-8709.2008.00153.x

Capítulo 11

1. Scaglioni, S., De Cosmi, V., Ciappolino, V., *et al.* (2018). «Factors influencing children's eating behaviours». *Nutrients, 10*(6), 706. doi:10.3390/nu10060706

2. Tylka, T. L., Lumeng, J. C. y Eneli, I. U. (2015). «Maternal intuitive eating as a moderator of the association between concern about child weight and restrictive child feeding». *Appetite, 95,* 158-165. doi:10.1016/j.appet.2015.06.023

3. Visser, M. (2015). *The rituals of dinner: The origins, evolution, eccentricities, and meaning of table manners.* Open Road Media.

4. Thompson, S. D. y Raisor, J. M. (2013). «Individualizing in early childhood: The what, why, and how of differentiated approaches: Meeting the sensory needs of young children». *YC Young Children, 68*(2), 34-43. «https://issuu.com/naeyc/docs/meeting_sensory_needs_thompson_0513».

5. Nekitsing, C., Hetherington, M. M. y Blundell-Birtill, P. (2018). «Developing healthy food preferences in preschool children through taste exposure,

sensory learning, and nutrition education». *Current Obesity Reports, 7*, 60-67. doi:10.1007/s13679-018-0297-8

6. Cappellotto, M. y Olsen, A. (2021). «Food texture acceptance, sensory sensitivity, and food neophobia in children and their parents». *Foods, 10*(10), 2327. doi:10.3390/foods10102327

7. Nederkoorn, C., Houben, K. y Havermans, R. C. (2019). «Taste the texture. The relation between subjective tactile sensitivity, mouthfeel and picky eating in young adults». *Appetite, 136*, 58-161. doi:10.1016/j.appet.2019.01.015

8. Nederkoorn, C., Jansen, A. y Havermans, R. C. (2015). «Feel your food. The influence of tactile sensitivity on picky eating in children». *Appetite, 84*, 7-10. doi:10.1016/j.appet.2014.09.014

Capítulo 14

1. Organización de las Naciones Unidas para la Alimentación y la Agricultura (FAO) y Organización Mundial de la Salud (OMS). (2022). «Risk assessment of food allergens. Part 1-Review and validation of Codex Alimentarius priority allergen list through risk assessment». Meeting report. Food Safety and Quality Series N.º 14.

2. Vickery, B. P., Berglund, J. P., Burk, C. M., *et al.* (2017). «Early oral immunotherapy in peanut-allergic preschool children is safe and highly effective». *Journal of Allergy & Clinical Immunology, 139*(1), 173-181.e8. doi:10.1016/j.jaci.2016.05.027

3. Gupta, R.S., Warren, C.M., Smith, B.M., Blumenstock, J.A., Jiang, J., *et al.* (2018). «The public health impact of parent-reported childhood food allergies in the United States». *Pediatrics, 142*(6):e20181235.

4. Investigación y educación sobre alergias alimentarias (FARE). «Facts & Statistics». Recuperado el 17 de abril de 2024 de «https://www.foodallergy. org/resources/facts-and-statistics».

5. Du Toit, G., Katz, Y., Sasieni, P., *et al.* (2008). «Early consumption of peanuts in infancy is associated with a low prevalence of peanut allergy». *Journal of Allergy & Clinical Immunology, 122*(5), 984-991. doi:10.1016/j. jaci.2008.08.039

6. Du Toit, G., Roberts, G., Sayre, P. H., Bahnson, H.T., Radulovic, S., Santos, A.F., *et al.* (2015). Equipo del estudio LEAP. «Randomized trial of peanut

consumption in infants at risk for peanut allergy». *New England Journal of Medicine, 372*(9):803-13. Errata en: *New England Journal of Medicine*, 28 de julio de 2016; 375(4):398. doi:10.1056/NEJMx150044

7. Investigación y educación sobre alergias alimentarias (FARE). (n. d.). «Learning early about peanut allergy (LEAP)». Recuperado el 17 de abril de 2024 de «https://www.foodallergy.org/resources/learning-early-about-peanut-allergy-leap».

8. Perkin, M. R., Logan, K., Marrs, T., *et al.* y equipo del estudio EAT (2016). «Enquiring About Tolerance (EAT) study: Feasibility of an early allergenic food introduction regimen». *Journal of Allergy and Clinical Immunology, 137*(5), 1477-1486. doi.org/10.1016/j.jaci.2015.12.1322

9. Natsume, O., Kabashima, S., Nakazato, J., *et al.* (2017). «Two-step egg introduction for prevention of egg allergy in high-risk infants with eczema (PETIT): A randomised, double-blind, placebo-controlled trial». *Lancet, 389*(10066), 276-286. doi:10.1016/S0140-6736(16)31418-0

10. Togias, A., Cooper, S. F., Acebal, M. L., *et al.* (2017). «Addendum guidelines for the prevention of peanut allergy in the United States: Report of the National Institute of Allergy and Infectious Diseases-sponsored expert panel». *Journal of Allergy & Clinical Immunology, 139*, 29-44. doi:10.1016/j.jaci.2016.10.010

11. Fleischer, D. M., Chan, E. S., Venter, C., *et al.* (2021). «A consensus approach to the primary prevention of food allergy through nutrition: guidance from the American Academy of Allergy, Asthma, and Immunology; American College of Allergy, Asthma, and Immunology; and the Canadian Society for Allergy and Clinical Immunology». *Journal of Allergy & Clinical Immunology: In Practice, 9*(1), 22-43. e4. doi:10.1016/j.jaip.2020.11.002

12. Joshi, P. A., Smith, J., Vale, S. y Campbell, D. E. (2019). «The Australasian Society of Clinical Immunology and Allergy infant feeding for allergy prevention guidelines». *Medical Journal of Australia, 210*(2), 89-93. doi.org/10.5694/mja2.12102

13. Tham, E. H., Shek, L. P., Van Bever, H. P. y Academia de Inmunología, Respirología y Alergia Pediátrica de Asia y el Pacífico (APAPARI). (2018). «Early introduction of allergenic foods for the prevention of food allergy from an Asian perspective—An Asia Pacific Association of Pediatric Allergy, Respirology & Immunology (APAPARI) consensus statement». *Pediatric Allergy & Immunology, 29*, 18-27. doi:10.1111/pai.12820

14. Abrams, E. M., Hildebrand, K., Blair, B., *et al.* (2019). «Timing of introduction of allergenic solids for infants at high risk». *Paediatrics & Child Health*, *24*, 56-57. doi:10.1093/pch/pxy195

15. Ebisawa, M., Ito, K., Fujisawa, T., Comité de Pautas Pediátricas para las Alergias Alimentarias, Sociedad Japonesa de Inmunología Clínica y Alergología Pediátrica y Sociedad Japonesa de Alergología. (2020). «Japanese guidelines for food allergy 2020». *Allergology*, *69*, 370-386. doi:10.1016/j.alit.2020.03.004

16. Halken, S., Muraro, A., de Silva, D., *et al.* y grupo de trabajo sobre alergias alimentarias y anafilaxia de la Academia Europea de Alergología e Inmunología Clínica. (2021). «EAACI guideline: Preventing the development of food allergy in infants and young children» (actualización de 2020). *Pediatric Allergy & Immunology*, *32*, 843-858. doi:10.1111/pai.13496

17. Soriano, V. X., Peters, R. L., Ponsonby, A. L., *et al.* (2019). «Earlier ingestion of peanut after changes to infant feeding guidelines: The EarlyNuts study». *Journal of Allergy & Clinical Immunology*, *144*(5), 1327-1335.e5. doi:10.1016/j.jaci.2019.07.032

18. Gupta, R. S., Walkner, M. M., Greenhawt, M., *et al.* (2016). «Food allergy sensitization and presentation in siblings of food allergic children». *Journal of Allergy & Clinical Immunology: In Practice*, *4*(5), 956-962. doi:10.1016/j.jaip.2016.04.009

19. Keet, C., Pistiner, M., Plesa, M., *et al.* (2021). «Age and eczema severity, but not family history, are major risk factors for peanut allergy in infancy». *Journal of Allergy & Clinical Immunology*, *147*(3), 984-991.e5. doi:10.1016/j.jaci.2020.11.033

20. Gupta, R. S., Walkner, M. M., Greenhawt, M., *et al.* (2016).

21. Fleischer, D. M., Chan, E. S., Venter, C., *et al.* (2021).

22. Kvenshagen, B., Jacobsen, M. y Halvorsen, R. (2009). «Atopic dermatitis in premature and term children». *Archives of Disease in Childhood*, *94*(3), 202-205. doi:10.1136/adc.2008.142869

23. Fleischer, D. M., Chan, E. S., Venter, C., *et al.* (2021).

24. Roberts, G., Bahnson, H. T., Du Toit, G., *et al.* (2023).

25. Keet, C., Pistiner, M., Plesa, M., *et al.* (2021).

26. Investigación y educación sobre alergias alimentarias (FARE). (n. d.). «What is a food allergy?». Recuperado el 17 de abril de 2024 de «https://www.foodallergy.org/resources/what-food-allergy».

27. Sicherer, S. H., Wood, R. A., Stablein, D., *et al.* (2010). «Immunologic features of infants with milk or egg allergy enrolled in an observational study (Consortium of Food Allergy Research) of food allergy». *Journal of Allergy & Clinical Immunology, 125*(5), 1077-1083.e8. doi:10.1016/j.jaci.2010.02.038

28. Nowak-Węgrzyn, A., Chehade, M., Groetch, M. E., *et al.* (2017). «International consensus guidelines for the diagnosis and management of food protein-induced enterocolitis syndrome: Executive summary— Workgroup Report of the Adverse Reactions to Foods Committee, American Academy of Allergy, Asthma & Immunology». *Journal of Allergy & Clinical Immunology, 139*(4), 1111-1126.e4. doi:10.1016/j.jaci.2016.12.966

29. Storhaug, C. L., Fosse, S. K. y Fadnes, L. T. (2017). «Country, regional, and global estimates for lactose malabsorption in adults: a systematic review and meta-analysis». *Lancet. Gastroenterology & Hepatology, 2*(10), 738-746. doi:10.1016/S2468-1253(17)30154-1

30. Vandenplas, Y., Broekaert, I., Domellöf, M., *et al.* (2023). «An ESPGHAN position paper on the diagnosis, management and prevention of cow's milk allergy». *Journal of Pediatric Gastroenterology & Nutrition.* doi:10.1097/ MPG.0000000000003897

31. Investigación y educación sobre alergias alimentarias (FARE). (n. d.) «Recognizing and treating reaction symptoms». Recuperado el 17 de abril de 2024 de «https://www.foodallergy.org/resources/recognizing-and-treating-reaction-symptoms».

32. Emmert, V., Lendvai-Emmert, D., Eklics, K., Prémusz, V., Tóth, G.P. (2023). «Current Practice in Pediatric Cow's Milk Protein Allergy-Immunological Features and Beyond». *International Journal of Molecular Sciences, 6*;24(5):5025. doi:10.3390/ijms24055025

33. Roberts, G., Bahnson, H. T., Du Toit, G., *et al.* (mayo de 2023). «Defining the window of opportunity and target populations to prevent peanut allergy». *Journal of Allergy & Clinical Immunology, 151*(5), 1329-1336. doi:10.1016/j. jaci.2022.09.042

Capítulo 15

1. Breij, L. M., Mulder, M. T., van Vark-van der Zee, L. C., *et al.* (2017). «Appetite-regulating hormones in early life and relationships with type of

feeding and body composition in healthy term infants». *European Journal of Nutrition, 56*(4), 1725-1732. doi:10.1007/s00394-016-1219-8

2. Zhao, F., Sun, Y., Zhang, Y., *et al.* (2023). «Comparison of mothers' perceptions of hunger cues in 3-month-old infant under different feeding methods». *BMC Public Health, 23*(1), 444. doi:10.1186/s12889-023-15325-3

3. Hodges, E. A., Wasser, H. M., Colgan, B. K., *et al.* (2016). «Development of feeding cues during infancy and toddlerhood». *MCN: The American Journal of Maternal/Child Nursing, 41*, 244-251. doi:10.1097/NMC.0000000000000251

4. McNally, J., Hugh-Jones, S., Caton, S., *et al.* (2016). «Communicating hunger and satiation in the first 2 years of life: a systematic review». *Maternal & Child Nutrition, 12*(2), 205-228. doi:10.1111/mcn.12230

5. Hodges, E. A., Propper, C. B., Estrem, H., *et al.* (2020). «Feeding during infancy: interpersonal behavior, physiology, and obesity risk». *Child Development Perspectives, 14*(3), 185-191. doi:10.1111/cdep.12376

6. Yeung, A. Y. y Tadi, P. (2022). «Physiology, obesity neurohormonal appetite and satiety control». *StatPearls*. «https://www.ncbi.nlm.nih.gov/books/NBK555906/».

7. Hodges, E. A., Propper, C. B., Estrem, H., *et al.* (2020).

8. Bouret, S. G. (2009). «Early life origins of obesity: Role of hypothalamic programming». *Journal of Pediatric Gastroenterology & Nutrition, 48*, S31-S38. doi:10.1097/MPG.0b013e3181977375

9. Savino, F., Lupica, M. M., Liguori, S. A., *et al.* (2012). «Ghrelin and feeding behaviour in preterm infants». *Early Human Development, 88*(Supl. 1), S51-S55. doi:10.1016/j.earlhumdev.2011.12.028

10. Breij, L. M., Mulder, M. T., van Vark-van der Zee, L. C., *et al.* (2017). «Appetite-regulating hormones in early life and relationships with type of feeding and body composition in healthy term infants». *European Journal of Nutrition, 56*(4), 1725-1732. doi:10.1007/s00394-016-1219-8

11. Gasmi, A., Nasreen, A., Menzel, A., *et al.* (2022). «Neurotransmitters regulation and food intake: The role of dietary sources in neurotransmission». *Molecules, 28*(1), 210. doi:10.3390/molecules28010210

12. McNally, J., Hugh-Jones, S. y Hetherington, M. M. (2020). «"An invisible map"— maternal perceptions of hunger, satiation and "enough" in the context of baby led and traditional complementary feeding practices». *Appetite, 148*, 104608. doi:10.1016/j.appet.2020.104608

13. Pérez-Escamilla, R., Jimenez, E. Y. y Dewey, K. G. (2021). «Responsive feeding recommendations: Harmonizing integration into dietary guidelines for infants and young children». *Current Developments in Nutrition, 5*(6), nzab076. doi:10.1093/cdn/nzab076.

14. Burnette, C. B., Hazzard, V. M., Hahn, S. L., *et al.* (2022). «Like parent, like child? Intuitive eating among emerging adults and their parents». *Appetite, 176,* 106132. doi:10.1016/j.appet.2022.106132

15. Rodgers, R. F., Hazzard, V. M., Franko, D. L., *et al.* (2022). «Intuitive eating among parents: Associations with the home food and meal environment». *Journal of the Academy of Nutrition & Dietetics, 122*(7), 13361344. doi:10.1016/j.jand.2022.01.009

16. Christoph, M., Järvelä-Reijonen, E., Hooper, L., *et al.* (2021). «Longitudinal associations between intuitive eating and weight-related behaviors in a population-based sample of young adults». *Appetite, 160,* 105093. doi:10.1016/j.appet.2021.105093

17. Black, M. M. y Aboud, F. E. (2011). «Responsive feeding is embedded in a theoretical framework of responsive parenting». *Journal of Nutrition, 141*(3), 490-494. doi:10.3945/jn.110.129973

18. Sinha, R. (2018). «Role of addiction and stress neurobiology on food intake and obesity». *Biological Psychology, 131,* 5-13. doi:10.1016/j. biopsycho.2017.05.001

19. Yeung, A. Y. y Tadi, P. (2023). Physiology, obesity neurohormonal appetite and satiety control». *StatPearls.* «https://www.ncbi.nlm.nih.gov/books/ NBK555906/».

20. Michaelsen, K. F., Grummer-Strawn, L. y Bégin, F. (2017). «Emerging issues in complementary feeding: Global aspects». *Maternal & Child Nutrition, 13*(Suppl 2), Artículo e12444. doi:10.1111/mcn.12444

21. Carnell, S., Thapaliya, G., Jansen, E., *et al.* (2023). «Biobehavioral susceptibility for obesity in childhood: Behavioral, genetic and neuroimaging studies of appetite». *Physiology & Behavior, 271,* 114313. doi:10.1016/j. physbeh.2023.114313

22. Scaglioni, S., De Cosmi, V., Ciappolino, V., *et al.* (2018). «Factors influencing children's eating behaviours. *Nutrients, 10*(6), 706. doi:10.3390/nu10060706

23. Tylka, T. L., Lumeng, J. C. y Eneli, I. U. (2015). «Maternal intuitive eating as a moderator of the association between concern about child weight and

restrictive child feeding». *Appetite, 95*, 158-165. doi:10.1016/j. appet.2015.06.023

24. Savage, J. S., Fisher, J. O. y Birch, L. L. (2007). «Parental influence on eating behavior: Conception to adolescence». *Journal of Law, Medicine & Ethics, 35*(1), 22-34. doi:10.1111/j.1748-720X.2007.00111.x

25. Øverby, N. C., Hillesund, E. R., Røed, M., *et al.* (2020). «Association between parental feeding practices and shared family meals. The Food4toddlers study». *Food & Nutrition Research, 64*. doi:10.29219/fnr.v64.4456

26. Fildes, A., van Jaarsveld, C. H., Llewellyn, C., *et al.* (2015). «Parental control over feeding in infancy. Influence of infant weight, appetite and feeding method». *Appetite, 91*, 101-106. doi:10.1016/j.appet.2015.04.004

27. Carper, J. L., Orlet Fisher, J. y Birch, L. L. (2000). «Young girls' emerging dietary restraint and disinhibition are related to parental control in child feeding». *Appetite, 35*(2), 121-129. doi:10.1006/appe.2000.0343

28. Jensen, M. L., Dillman Carpentier, F. R., Corvalán, C., *et al.* (2022). «Television viewing and using screens while eating: Associations with dietary intake in children and adolescents». *Appetite, 168*, 105670. doi:10.1016/j. appet.2021.105670

29. Eli, K., Howell, K., Fisher, P. A., *et al.* (2014). «"Those comments last forever": Parents and grandparents of preschoolers recount how they became aware of their own body weights as children». *PLoS One, 9*(11), Artículo e111974. doi: 10.1371/journal.pone.0111974

30. Organización Mundial de la Salud. (2023). «WHO Guideline for complementary feeding of infants and young children 6-23 months of age». «https://www.ncbi.nlm.nih.gov/books/NBK596427/».

31. Patel, J. K. y Rouster, A. S. (2022). «Infant nutrition requirements and options». *StatPearls*. «https://www.ncbi.nlm.nih.gov/books/NBK560758/».

32. Patel, J. K. y Rouster, A. S. (2022).

33. Organización Mundial de la Salud. (2017). «Nutritional anaemias: tools for effective prevention and control». «https://www.who.int/publications/i/item/9789241513067».

34. Daniels, L., Taylor, R. W., Williams, S. M., *et al.* (2018). «Impact of a modified version of baby-led weaning on iron intake and status: A randomised controlled trial». *BMJ Open, 8*(6), Artículo e019036. doi:10.1136/bmjopen-2017-019036

35. Martinez-Torres, V., Torres, N., Davis, J. A., *et al.* (2023). «Anemia and associated risk factors in pediatric patients». *Pediatric Health, Medicine & Therapeutics, 14*, 267-280. doi:10.2147/PHMT.S389105

36. Graczykowska, K., Kaczmarek, J., Wilczyńska, D., *et al.* (2021). «The consequence of excessive consumption of cow's milk: Protein-losing enteropathy with anasarca in the course of iron deficiency anemia-case reports and a literature review». *Nutrients, 13*(3), 828. doi:10.3390/nu13030828

37. Administración de Alimentos y Medicamentos de EE. UU. (FDA). (2024). «Arsenic in Food». «https://www.fda.gov/food/environmental-contaminants-food/arsenic-food».

38. Administración de Alimentos y Medicamentos de EE. UU. (FDA). (2022). «What You Can Do to Limit Exposure to Arsenic». «https://www.fda.gov/food/environmental-contaminants-food/arsenic-food».

39. Administración de Alimentos y Medicamentos de EE. UU. (FDA). (2022). «What You Can Do to Limit Exposure to Arsenic and Lead in Fruit Juices». «https://www.fda.gov/food/environmental-contaminants-food/what-you-can-do-limit-exposure-arsenic-and-lead-juices».

40. Administración de Alimentos y Medicamentos de EE. UU. (FDA). (2023). «Help Protect Children from Environmental Contaminants: Healthy Food Choices for Your Baby Aged 6 to 12 Months». «https://www.fda.gov/food/environmental-contaminants-food/help-protect-children-environmental-contaminants-healthy-food-choices-your-baby-aged-6-12-months».

41. Administración de Alimentos y Medicamentos de EE. UU. (FDA). (2024). «Mercury in Food». «https://www.fda.gov/food/environmental-contaminants-food/mercury-food».

42. Emmerik, N. E., de Jong, F. y van Elburg, R. M. (2020). «Dietary intake of sodium during infancy and the cardiovascular consequences later in life: A scoping review». *Annals of Nutrition & Metabolism, 76*(2), 114-121. doi.org/10.1159/000507354

43. Scaglioni, S., De Cosmi, V., Ciappolino, V., *et al.* (2018). «Factors influencing children's eating behaviours». *Nutrients, 10*(6), 706.

44. Yang, S. y Wang, H. (2023). «Avoidance of added salt for 6-12-month-old infants: A narrative review». *Archives de Pédiatrie.*

45. Strazzullo, P., Campanozzi, A. y Avallone, S. (2012). «Does salt intake in the first two years of life affect the development of cardiovascular disorders in adulthood?». *Nutrition, Metabolism and Cardiovascular Diseases, 22*(10), 787-792. doi:10.1016/j.numecd.2012.04.003

46. Liem, D. G. (2017). «Infants' and children's salt taste perception and liking: A review». *Nutrients, 9*(9), 1011.

47. Jansen, E., Mulkens, S., Emond, Y. y Jansen, A. (2008). «From the Garden of Eden to the land of plenty: Restriction of fruit and sweets intake leads to increased fruit and sweets consumption in children». *Appetite, 51*(3), 570-575. doi:10.1016/j.appet.2008.04.012

48. Tylka, T. L., Lumeng, J. C. y Eneli, I. U. (2015). «Maternal intuitive eating as a moderator of the association between concern about child weight and restrictive child feeding». *Appetite, 95*, 158-165.

49. Fildes, A., van Jaarsveld, C. H. y Llewellyn, C., *et al.* (2015). «Parental control over feeding in infancy. Influence of infant weight, appetite and feeding method». *Appetite, 91*, 101-106.

50. Carper, J. L., Fisher, J. O. y Birch, L. L. (2000). «Young girls' emerging dietary restraint and disinhibition are related to parental control in child feeding». *Appetite, 35*(2), 121-129. doi:10.1006/appe.2000.0343

51. Johannsen, D. L., Johannsen, N. M. y Specker, B. L. (2006). «Influence of parents' eating behaviors and child feeding practices on children's weight status». *Obesity, 14*(3), 431-439. doi:10.1038/oby.2006.57

52. Heyman, M. B., Abrams, S. A., Heitlinger, L. A., *et al.* (2017). «Fruit juice in infants, children, and adolescents: Current recommendations». *Pediatrics, 139*(6). doi:10.1542/peds.2017-0967

53. Park, S., Lin, M., Onufrak, S. y Li, R. (2015). «Association of sugar-sweetened beverage intake during infancy with dental caries in 6-year-olds». *Clinical Nutrition Research, 4*(1), 9.

54. Øverby, N. C., Hillesund, E. R., Røed, M., *et al.* (2020). «Association between parental feeding practices and shared family meals. The Food4toddlers study». *Food & Nutrition Research, 64*. doi:10.29219/fnr.v64.4456

55. Emmerik, N. E., de Jong, F. y van Elburg, R. M. (2020). «Dietary intake of sodium during infancy and the cardiovascular consequences later in life: A Scoping Review». *Annals of Nutrition & Metabolism, 76*(2), 114-121. doi. org/10.1159/000507354

56. Scaglioni, S., De Cosmi, V., Ciappolino, V., *et al.* (2018). «Factors influencing children's eating behaviours». *Nutrients, 10*(6), 706.

57. Øverby, N. C., Hillesund, E. R., Røed, M., *et al.* (2020).

58. Garza, C. y de Onis M. (2004). «Rationale for developing a new international growth reference». *Food & Nutrition Bulletin, 25*(Supl. 1), S5–S14. doi:10.1177/15648265040251S102

Capítulo 16

1. Arvedson, J. C., Brodsky, L. y Lefton-Greif, M. (2019). *Pediatric swallowing and feeding: Assessment and management* (3.ª ed.). Plural.

2. Singleton, N. y Shulman, B. (2014). *Language development: Foundations, processes, and clinical applications* (2.ª ed.). Jones & Bartlett Learning.

3. Del Rosario, C., Slevin, M., Molloy, E. J., *et al.* (2021). «How to use the Bayley scales of infant and toddler development. Archives of Disease in Childhood-Education and Practice», *106*(2), 108-112.

4. Bayley, N. (2006). «Bayley scales of infant and toddler development (Las escalas Bayley de desarrollo infantil)». *Psychological Corporation.* [Las escalas Bayley de desarrollo infantil son un instrumento formal de evaluación para el diagnóstico de retraso en el desarrollo infantil].

5. Madigan, S., Prime, H., Graham, S. A., *et al.* (2019). «Parenting behavior and child language: A meta-analysis». *Pediatrics, 144*(4), Artículo e20183556. doi:10.1542/peds.2018-3556

6. Weisleder, A. y Fernald, A. (2013). «Talking to children matters: Early language experience strengthens processing and builds vocabulary». *Psychological Science, 24*(11), 2143-2152. doi:10.1177/0956797613488145

Capítulo 17

1. Bayley, N. (2006). «Bayley scales of infant and toddler development (Las escalas Bayley de desarrollo infantil)». *Psychological Corporation.* [Las escalas Bayley de desarrollo infantil son un instrumento formal de evaluación para el diagnóstico de retraso en el desarrollo infantil].

2. Arvedson J. C., Brodsky L. y Lefton-Greif, M. (2019). *Pediatric swallowing and feeding: Assessment and management* (3.ª ed.). Plural.

3. Singleton, N. y Shulman, B. (2014). *Language development: Foundations, processes, and clinical applications* (2.ª ed.). Jones & Bartlett Learning.

4. Del Rosario, C., Slevin, M., Molloy, E. J., *et al.* (2021). «How to use the Bayley scales of infant and toddler development». *Archives of Disease in Childhood-Education and Practice*, *106*(2), 108-112.

Capítulo 18

1. Bayley, N. (2006). «Bayley scales of infant and toddler development (Las escalas Bayley de desarrollo infantil)». *Psychological Corporation*. [Las escalas Bayley de desarrollo infantil son un instrumento formal de evaluación para el diagnóstico de retraso en el desarrollo infantil].

2. Arvedson, J. C., Brodsky, L. y Lefton-Greif, M. (2019). *Pediatric swallowing and feeding: Assessment and management* (3.ª ed.). Plural.

3. Singleton, N. y Shulman, B. (2014). *Language development: Foundations, processes, and clinical applications* (2.a ed.). Jones & Bartlett Learning.

4. Del Rosario, C., Slevin, M., Molloy, E. J., *et al.* (2021). «How to use the Bayley scales of infant and toddler development». *Archives of Disease in Childhood-Education and Practice*, *106*(2), 108-112.

Capítulo 19

1. Bayley, N. (2006). «Bayley scales of infant and toddler development (Las escalas Bayley de desarrollo infantil)». *Psychological Corporation*. [Las escalas Bayley de desarrollo infantil son un instrumento formal de evaluación para el diagnóstico de retraso en el desarrollo infantil].

2. Arvedson, J. C., Brodsky, L. y Lefton-Greif, M. (2019). «Pediatric swallowing and feeding: Assessment and management» (3.ª ed.). Plural.

3. Del Rosario, C., Slevin, M., Molloy, E. J., *et al.* (2021). «How to use the Bayley scales of infant and toddler development». *Archives of Disease in Childhood-Education and Practice*, *106*(2), 108-112.

4. Arvedson, J. C., Brodsky, L. y Lefton-Greif, M. (2019).

5. Singleton, N. y Shulman, B. (2014). *Language development: Foundations, processes, and clinical applications*. (2.ª ed.). Jones & Bartlett Learning.

6. Meek, J. Y., Noble, L., & Section on Breastfeeding. (2022). «Policy statement: breastfeeding and the use of human milk». *Pediatrics, 150*(1), e2022057988.

Resolución de problemas

1. Tabbers, M. M., DiLorenzo, C., Berger, M. Y., *et al.* (2014). «Evaluation and treatment of functional constipation in infants and children: Evidence-based recommendations from ESPGHAN and NASPGHAN». *Journal of Pediatric Gastroenterology & Nutrition, 58*(2), 258-274. doi:10.1097/MPG.0000000000000266

2. Tabbers, M. M., DiLorenzo, C., Berger, M. Y., *et al.* (2014). «Evaluation and treatment of functional constipation in infants and children: Evidence-based recommendations from ESPGHAN and NASPGHAN». *Journal of Pediatric Gastroenterology & Nutrition, 58*(2), 258-274. doi:10.1097/MPG.0000000000000266

3. National Institutes of Health. (2020). «Symptoms & causes of GER & GERD in infants. National Institute of Diabetes and Digestive and Kidney Diseases». «https://www.niddk.nih.gov/health-information/digestive-diseases/acid-reflux-ger-gerd-infants/symptoms-causes».

4. GI Kids. (n. d.). «GERD & reflux in infants». «https://gikids.org/gerd/gerd-infants/».

Recursos para las familias que conviven con alergias

1. Weir, W. B., Fred, L. Y., Pike, M., *et al.* (2018). «Expired epinephrine maintains chemical concentration and sterility». *Prehospital Emergency Care, 22*(4), 414-418. doi:10.1080/10903127.2017.1402109

2. Simons, F. E., Gu, X. y Simons, K. J. (2000). «Outdated EpiPen and EpiPen Jr autoinjectors: Past their prime?» *Journal of Allergy & Clinical Immunology, 105*(5) 1025-1030. doi:10.1067/mai.2000.106042

3. Rachid, O., Simons, F. E., Wein, M. B., *et al.* (2015). «Epinephrine doses contained in outdated epinephrine auto-injectors collected in a Florida allergy practice». *Annals of Allergy, Asthma & Immunology, 114*(4), 354-356. e1. doi:10.1016/j.anai.2015.01.015

¡QUE LO BUENO SIGA!

Escanea el código para seguir en contacto, ver más recomendaciones y acceder a ofertas especiales en nuestra aplicación y otros recursos.

SolidStarts.com